走在前、做示范

中国式现代化的苏州新实践

杨军 主编

ZOU ZAI QIAN
ZUO SHIFAN
ZHONGGUOSHI
XIANDAIHUA DE
SUZHOU
XIN SHIJIAN

苏州大学出版社
Soochow University Press

图书在版编目（CIP）数据

走在前、做示范：中国式现代化的苏州新实践 / 杨军主编. -- 苏州：苏州大学出版社, 2024. 12. -- ISBN 978-7-5672-4092-6

Ⅰ. D675.33

中国国家版本馆 CIP 数据核字第 2024KL8428 号

书　　　名：	走在前、做示范：中国式现代化的苏州新实践
主　　　编：	杨　军
责任编辑：	王　娅
装帧设计：	吴　钰
出版发行：	苏州大学出版社（Soochow University Press）
社　　　址：	苏州市十梓街 1 号　邮编：215006
印　　　刷：	苏州工业园区美柯乐制版印务有限责任公司
邮购热线：	0512-67480030
销售热线：	0512-67481020
开　　　本：	700 mm×1 000 mm　1/16　印张：17　字数：253 千
版　　　次：	2024 年 12 月第 1 版
印　　　次：	2024 年 12 月第 1 次印刷
书　　　号：	ISBN 978-7-5672-4092-6
定　　　价：	58.00 元

图书若有印装错误，本社负责调换
苏州大学出版社营销部　电话：0512-67481020
苏州大学出版社网址　http://www.sudapress.com
苏州大学出版社邮箱　sdcbs@suda.edu.cn

前　言

　　自党的十八大以来，以习近平同志为核心的党中央基于中华人民共和国成立特别是改革开放以来的长期探索和实践，从理论和实践上创新突破，成功推进和拓展了中国式现代化。习近平总书记关于中国式现代化的重要论述博大精深、内涵丰富，蕴含着强大的真理力量和实践伟力，是我们党领导现代化建设实践经验的理论总结，为正确理解和大力推进中国式现代化提供了科学指引。江苏和苏州的现代化建设承载着习近平总书记和党中央的深切厚爱、殷切期望。早在2009年，时任国家副主席的习近平同志在江苏调研时指出："像昆山这样的地方，包括苏州，现代化应该是一个可以去勾画的目标。"自党的十八大以来，总书记五次亲临江苏，三次参加全国人民代表大会江苏代表团审议，为江苏发展把脉定向、指路引航。从建设"强富美高"新江苏，到"争当表率、争做示范、走在前列"，从"四个必须"到"四个走在前""四个新"重大任务，再到"牢牢把握高质量发展这个首要任务，因地制宜发展新质生产力"，一以贯之又与时俱进地擘画了江苏发展的"路线图""施工图"。2023年7月，习近平总书记在苏州考察时指出："苏州在传统与现代的结合上做得很好，不仅有历史文化传承，而且有高科技创新和高质量发展，代表未来的发展方向。"这是对苏州干部群众的亲切勉励，也是对苏州未来发展的殷切期盼。

　　殷殷嘱托，重若千钧。苏州坚持以习近平总书记对江苏工作重要讲话重要指示精神为根本遵循，坚定不移贯彻高质量发展这个新时代的硬道理，聚焦落实"四个走在前""四个新"重大任务，牢固树立领先率先争先意识，以"排头兵"的果敢担当和奋进姿态，助推江苏在推进中国式现代化中走在前、做示范，以一域出新出彩为全局增光添彩。这一年多来，苏州大力提振内需，因地制宜发展新质生产力，持续深化改革、扩大开放，切实保障和改善民生，坚决兜牢安全底线，推动经济加快回升向好，保持社会大局平安稳定。苏州的现代化建设是中国式现代化理论的鲜活样本，充分彰显了中国式现代化的真理力量和实践伟力。

2024年7月15日至18日，党的二十届三中全会胜利举行，站在新的历史起点上，以习近平同志为核心的党中央科学谋划进一步全面深化改革。全会审议通过了《中共中央关于进一步全面深化改革、推进中国式现代化的决定》，擘画了进一步全面深化改革、推进中国式现代化的新蓝图，吹响了新时代、新征程上推动全面深化改革向广度和深度进军的号角。下一步，苏州将继续自觉扛起走在前、做示范的责任担当，在进一步全面深化改革上当先锋、打头阵，以钉钉子精神抓好改革落实，全力以赴推动各项改革任务落地见效，为谱写"强富美高"新苏州现代化建设新篇章而努力奋斗！

为进一步推进中国式现代化理论创新发展，推动中国式现代化理论在苏州落地开花，为探索推进中国式现代化的苏州新实践贡献智慧力量，同时积极展现自党的二十大以来中国式现代化建设的苏州故事，激励广大党员干部以一往无前的精神状态、舍我其谁的奋进姿态加快推动中国式现代化美好图景率先在苏州变为现实，中共苏州市委党校组织编写了《走在前、做示范：中国式现代化的苏州新实践》一书，供广大党员干部学习参考和使用。

编　者

2024年11月

目 录

绪　论　在牢牢把握高质量发展这个首要任务上迈开新步伐　/001

第一篇　抓经济、稳增长：在坚决扛起经济"压舱石"责任担当上体现新作为　/010

第二篇　谋创新、增动力：在创新驱动新质生产力上取得新突破　/034

第三篇　强产业、调结构：在扎实推进新型工业化上谱写新篇章　/068

第四篇　抓改革、促开放：在加快构建新发展格局上激发新活力　/103

第五篇　相辉映、双面绣：在推进人文与经济交融互促上探索新经验　/129

第六篇　惠民生、强治理：在增进民生福祉和加快社会治理现代化上实现新提升　/160

第七篇　提品质、优环境：在城乡建设品质和生态环境持续改善上展现新图景　/195

第八篇　防风险、守底线：在高质量发展和高水平安全良性互动上交出新答卷　/240

后　记　/264

绪 论

在牢牢把握高质量发展
这个首要任务上迈开新步伐

自党的二十大以来,苏州深入贯彻习近平新时代中国特色社会主义思想和党的二十大精神,坚持以习近平总书记关于江苏工作的重要讲话重要指示精神为遵循,胸怀"两个大局",牢记"国之大者",坚决扛起"争当表率、争做示范、走在前列"的光荣使命。特别是2023年,习近平总书记亲临苏州视察,做出重要指示,充分体现了习近平总书记和党中央对苏州发展的高度重视和深切关怀。习近平总书记的谆谆嘱托与殷切期望,进一步激发了苏州全市上下"走在前、做示范"的磅礴力量。

这一年,我们用心感悟习近平总书记重要讲话和重要指示精神。带着嘱托、带着感情、带着责任,持续加强理论武装,筑牢思想根基,统一思想、统一意志、统一行动。从习近平总书记对江苏工作的系列重要讲话和重要指示精神中深刻感悟讲话的丰富内涵,深刻感悟总书记对江苏、对苏州的关心、关怀和关爱,深刻感悟"两个确立"的决定性意义。从习近平总书记高质量发展的系列重要论述中深刻感悟实现经济良好开局、实现质的有效提升和量的合理增长的重大意义,牢牢把握高质量发展这个新时代的硬道理,不断增强苏州推动高质量发展的决心与信心。从习近平总书记赋予江苏的重大责任中深刻感悟苏州的职责使命,以更加昂扬的精神状态,坚定信心、鼓足干劲、勇挑大梁。

这一年，我们用力推动习近平总书记重要讲话和重要指示精神落地落实。我们把感恩之心转化为发展之力，牢记嘱托、感恩奋进，坚持以习近平新时代中国特色社会主义思想为指导，对标习近平总书记赋予江苏新时代、新征程的光荣使命和"四个走在前""四个新"的重大任务，每项工作都从中央及省委最新部署中找方向、找遵循，确保始终在正确的轨道上推动发展。强实体、促消费、扩投资、稳外贸，及时制定出台推动经济率先整体好转的系列政策措施，激发经济活力，增强创新动力，提振发展预期，全力推动经济运行恢复向好。更大力度保护好、挖掘好、运用好千年古城资源，更大力度集中攻关，推动项目投产见效，一手抓扩产、投产，一手抓引进、推进。坚持目标导向、问题导向、效果导向，以"1+7"制度清单和"5+5"工作体系为抓手，全力推进重大产业、科技创新、民生实事、文化和基础设施五类项目，组织实施党建引领、深化改革、法治建设、社会安全和生产安全五大工程，致力于出实招、见实效。

这一年，我们在牢牢把握高质量发展这个首要任务上迈开了新步伐。全市实现地区生产总值24653亿元，按可比价计算，增长4.6%；一般公共预算收入2457亿元，增长5.5%；固定资产投资增长5%；社会消费品零售总额增长6.4%；居民人均可支配收入与经济增长基本同步，主要指标保持全国城市前列。特别在高质量发展方面，城市发展方式正在发生深刻变化，创新驱动发展取得显著成效，质量效益导向下的增长韧性和发展活力进一步彰显，可持续发展能力进一步提升。科技创新动能更强，全社会研发投入达到1055亿元，占地区生产总值比重达到4.1%左右。高新技术企业超过1.57万家，国家专精特新"小巨人"企业突破400家，均位居全国第四。科创板上市企业55家，位居全国第三。全球"灯塔工厂"增至7家，国家级科技企业孵化器达到76家，国家科技型中小企业达到2.5万家，均位居全国第一。贸易结构发生重要变化，贸易方式、主体、市场、业态不断优化。投资结构持续改善，工业投资总量1881亿元，占固定资产投资比重达到31.2%。产业结构加快转型，规模以上工业总产值保持全国第二，高新技术产业占比达到

52.7%,服务业占地区生产总值比重提高到52.4%,先进制造业和现代服务业"两业融合"经验在全国推广。

回顾这一年,苏州之所以能够面对复杂性、严峻性、不确定性持续上升的外部环境,顶住压力、迎难而上、齐心协力、攻坚克难,取得来之不易的成绩,根本上在于以习近平同志为核心的党中央的坚强领导,在于习近平新时代中国特色社会主义思想的正确指引,也来自苏州全市上下始终坚定沿着习近平总书记指引的方向,展现新担当新作为,奋力推进中国式现代化苏州新实践。

一是全力以赴抓经济、谋发展,牢牢把握经济高质量发展这个中心工作。坚持完整、准确、全面贯彻新发展理念,坚定扛起经济大市"挑大梁"的责任担当,稳信心、强预期,提效率、强调度,扩需求、强支撑,引导全市上下树牢正确政绩观,把精力放在提升发展质量和效益上,把力量使在推动经济运行率先整体好转上。制定出台苏州市《关于推动经济运行率先整体好转的若干政策措施》《关于进一步促进产业投资助推实体经济高质量发展的若干政策措施》《苏州市关于推动外贸稳规模优结构的若干措施》,全面强化要素保障,加快项目扩产投产和引进推进,投资拉动支撑有力,消费市场有效激活,对外贸易量稳质升,回升向好态势持续巩固。

全年完成固定资产投资6031亿元,其中工业投资增长10.1%,基础设施投资增长25.9%。43个江苏省重大项目、468个苏州市重点项目均超额完成年度计划投资。博世汽车电子、大尺寸硅材料、盛虹储能等一批百亿级产业项目落地建设,英诺赛科氮化镓、舍弗勒新能源二期、星巴克产业园等顺利投产,新签约亿元以上项目1331个。组建全国首个市级科技招商中心,新增科创项目超1万个。积极运用地方政府专项债、不动产投资信托基金(REITs)等政策工具,有力保障重点项目资金需求。

持续打响"五五""双12""夜ZUI苏州"等购物节品牌,开展多轮汽车、家电促消费活动,推出优化房地产发展系列政策,促进市场企稳回升。文旅消费全面复苏,旅游总收入、接待国内外游客人次分别增长11.4%和64%。商贸新业态蓬勃发展，仁恒仓街、阿尔卑斯雪世界等项目开业，平江九巷等网红街区快速出圈，苏州市跻身十大首店城市行列。线下购物无理由退货经验向全国推广，连续两年在中国消费者协会全国百城消费者满意度测评中位居第一。

全年实现进出口总额2.45万亿元，一般贸易占比达到42%，对"一带一路"共建国家和地区贸易占比提高到36.2%，民营企业进出口增长17.3%。用好进出口博览会、广交会、电博会等平台，"一企一策"帮助企业稳订单、拓市场。贸易新业态多点开花，跨境电商增长63.4%，二手车出口试点落地实施，保税维修业务先行先试，全面深化服务贸易创新发展试点任务圆满完成。

二是聚力聚焦科技创新和产业创新深度融合，创新驱动新质生产力加快发展。2023年7月，习近平总书记在听取江苏省委、省政府工作汇报时强调，要把坚守实体经济、构建现代化产业体系作为强省之要。落实"强省之要"，必须坚持以先进制造业为骨干，以传统优势产业和战略性新兴产业、未来产业为重点，扎实推动制造大省向制造强省迈进，不断形成江苏产业发展的先导优势、特色优势和综合竞争优势，为经济高质量发展提供更加坚实的支撑。这一年，苏州大力实施创新驱动发展战略，制定出台《苏州市实施"八大工程"全面提升科技创新能力的若干政策》《苏州市打造科技服务业发展先导城市三年行动计划》，围绕强力量、聚人才、优生态，强化企业创新主体地位，加快推进高水平科技自立自强。以创新联合体作为产业创新集群发展的生力军，围绕"1030"（即10个重点产业集群和30条重点产业链）产业体系，积极推动产业集群式创新、数字化改造、融合式发展，加快构建以先进制造业为骨干、以现代服务业为支撑的现代化产业体系。

着力打造科技创新平台。苏州实验室总部基地开工建设，成功获批5家全国重点实验室，"深时数字地球"国际大科学计划获国务院批复立项，"一区两中心"等科创平台加快建设，纳米真空互联实验站二期完成验收，中科可控信息产业有限公司获批筹建国家新一代人工智能公共算力开放创新平台，全年新增国家级、省级企业技术中心与研发机构

470多家。新增国家级人才215人，186人入选江苏省"双创"人才，占全省32.6%，新立项顶尖人才团队、重大创新团队13个，高层次人才达到42万人。出台科技创新促进条例，强化企业科技创新主体地位，在全国率先建成知识产权国际服务平台，获评首批国家知识产权保护示范区建设城市，知识产权质押融资额超过155亿元，科技服务生态持续优化。

加快实施建设制造强市行动方案，积极推动产业集群式创新、数字化改造、融合式发展，聚焦前沿新材料、量子技术、元宇宙等领域，加快布局未来产业，加快构建以先进制造业为骨干、现代服务业为支撑的现代化产业体系。加快推进数实融合，算力产业规模达到2000亿元，大数据交易所交易活跃，数字经济核心产业增加值占地区生产总值比重超过16.5%。智能化改造和数字化转型实现规模以上工业企业全覆盖，以评分第一入选全国首批中小企业数字化转型试点城市。获评国家"数字领航"企业3家，新增国家级智能制造示范工厂3个、智能制造优秀场景11个，建成首个本土国家级工业互联网"双跨"平台。培育建设首批22家数字经济特色产业园区，建成全省首个区块链测评中心，国家级互联网骨干直联点通过评审。

三是更大力度推进改革开放，持续增强高质量发展的内生动力和活力。改革开放是决定当代中国命运的关键一招，必须坚持依靠改革开放，增强发展的内生动力和活力。苏州地处全国、全省改革开放前沿，一年来，苏州立足新起点、把握新机遇，坚持用改革的办法、创新的思路破解制约发展的结构性短板和制度性约束，统筹推进深层次改革和高水平开放，不断解放和发展社会生产力，增强社会活力。

出台数字化改革"1+6"实施方案，"数字苏州驾驶舱"正式运行，数字人民币试点扎实推进，数字化改革全面实施。深入推进重点领域改革，完善"15分钟政务服务圈"，全面推进政务服务"一网通办""跨省通办"，项目审批"多线并行办理"持续深化，不动产交易全流程线上办理入选国务院典型经验案例。太仓在全国首创"限地价竞生态投入"土地出让模式。互联网法庭获批成立，苏州成为全国唯一同时拥有

5个专业化法庭的城市。巩固并释放经营主体活力，全年新增减税降费及退税缓费超过500亿元，新设经营主体30.9万户，26家企业入围"中国民营企业500强"。深入实施"育林计划""参天计划"，境内外上市公司达到263家，其中境内A股217家，新增量位居全国第三。纵深拓展区域一体化，"外联内聚"主动服务区域协调发展，"上海—苏州"科技集群首次跻身全球第五，与上海、浙江共建的全国首个跨省域高新区挂牌成立，与上海临港新片区共建长三角车联网，设立上海交通大学长三角（苏州）创新研究院，昆山、相城区获评G60科创走廊首批产城融合发展示范区。

打造"陆、海、空、网"四条开放大通道，深度融入"一带一路"建设，推进高水平制度型开放。中新、中德、中日和海峡两岸平台建设持续深化，工业园区在国家级经济技术开发区综合考评中实现"八连冠"，中国（江苏）自贸试验区苏州片区（以下简称"苏州自贸片区"）新增3项经验在全国示范推广，"淡马锡中新生命科学园"等一批研发型、总部型外资项目顺利落地，中荷（苏州）科技创新港正式启用，中国·沙特中心落户常熟，太仓招引德资经验做法获全国推广，对外开放水平迈上新台阶。承办第五届中美友城大会，习近平主席亲自致信。成功举办第29届智能交通世界大会、2023年国际能源变革论坛、第五届中法文化论坛、第七届中德环境论坛、首届中国—阿拉伯国家动漫产业论坛等重要会议活动，连续12年入选外籍人才眼中最具吸引力的中国城市，国际影响力不断提升。

四是倾力打造高品质生活苏州样本，全景展现"福气之城"具象图景。2023年3月，习近平总书记在参加第十四届全国人民代表大会第一次会议江苏代表团审议时指出，高质量发展必须以满足人民日益增长的美好生活需要为出发点和落脚点，同年7月，习近平总书记在苏州考察平江历史文化街区时，给出了"生活在这里很有福气"的评价。一年来，苏州牢记殷殷嘱托，不负人民群众对美好生活的向往，紧紧围绕"人的一天、人的一生"做好各项民生工作，强化基层治理和民生保障，推动实现更高水平的"民生七有"。坚持"人民城市人民建、人民城市为人民",统筹城乡融合发展,启动实施文化强市"811"计划,片区化组团式打造新时代鱼米之乡苏州样板,精耕细作提品质、优环境,推动传统与现代有机结合,持续优化人居环境。2023年,苏州城乡居民人均可支配收入分别达到8.3万元和4.6万元,收入差距缩小至1.79∶1,高质量发展的动力和活力进一步增强,苏州蝉联中国最具幸福感城市。

深入实施就业优先战略,纵深推进青年发展型城市建设,建成"家门口就业服务站"207个。强化"一老一幼"服务保障,完成家庭适老化改造1.3万户,为1万户空巢独居老人免费安装烟雾报警器,新增养老机构床位1438张,新建助餐点66个,建设166个"家门口的老年大学",苏大附一院·苏州瑞颐老年病医院正式挂牌,新增托位6700余个,获评全国首批婴幼儿照护服务示范城市,入选国家儿童友好城市建设名单。社会保障提档升级,市区城乡居民基础养老金标准提高至每月655元,全市城乡居民最低生活保障标准提高到每月1115元;加大困难群众帮扶力度,累计发放生活救助金6.9亿元。建成棚户区改造安置房3766套,新筹集保障性租赁住房3.6万套(间)。强化优质教育资源供给,新改扩建中小学、幼儿园37所,新增学位4.6万个,560所公办中小学校教室全部装配空调,中小学校配备专职校医和心理教师实现全覆盖。推动优质医疗资源扩容下沉,获批中医类国家区域医疗中心,新增三级医院2家、三甲医院1家、国家临床重点专科建设项目4个,苏州市康复医院、苏州市疾控中心新址启用,在全国率先建立商业医疗保险"一键式"快速理赔体系。

入选国土空间总体规划低效用地再开发国家试点。实施城市更新项目192个,完成老旧小区改造93个、惠及居民3.8万户,创新推出"古城保护更新伙伴计划",向全国推广古城保护经验,桃花坞唐寅故居文化区开街,同里、黎里、周庄和明月湾村入选全国历史文化保护与传承示范案例。沪宁沿江高铁通车运营,轨交11号线与上海轨交实现"无感换乘",苏台高速相城段建成全国首条全息感知智慧高速,海绵城市建设全域推进,城市信息模型平台获得全国金奖,基础设施全面提质。新建和改造提升高标准农田13.6万亩，建成全国农村一、二、三产业融合发展先导区1个、国家农业产业强镇4个、中国重要农业文化遗产4个，新增特色康居乡村300个、省特色田园乡村16个，新增3项国家级农村改革试点，乡村振兴加快推进。强力推动各类问题整治、污染防治攻坚，累计建成幸福河湖2200条，新增受保护湿地10万亩，完成营造林4.4万亩，打造山地森林步道35条。高标准建设太湖生态岛，国省考断面水质优Ⅲ比例提升至95%，阳澄湖湖心水质首次达到Ⅲ类，太湖水质创十年来最好水平，生态环境持续优化。深入开展地域文明探源、江南文化研究，长江、大运河国家文化公园加快建设，大运河文化旅游博览会、江南文化艺术旅游节、长江文化节、文博会、百戏盛典、费城交响乐团访苏交流等活动成功举办，文艺精品推陈出新，文化事业繁荣发展。

五是始终坚持系统观念和底线思维，坚决筑牢高质量发展的安全底板。深入贯彻总体国家安全观，更好统筹发展与安全，不断完善社会治理体系，风险隐患防范有力有效，安全生产常抓不懈。一方面强化系统观念，坚持前瞻性思考、全局性谋划，注重把握和处理好速度与质量、发展经济与改善民生等关系；另一方面，树牢底线思维和极限思维，统筹高质量发展和高水平安全，坚定维护政治和意识形态安全，强化风险防范"四项机制"，加强重点领域安全能力建设，确保能源资源、重要产业链与供应链的安全，积极防范化解安全生产、地方债务、房地产等各领域风险，对可能出现的"黑天鹅""灰犀牛"事件时刻保持警惕、及时有效应对，牢牢守住不发生区域性、系统性风险的底线。

全面打造"苏城善治"社会治理现代化新模式，获评全国市域社会治理现代化试点合格城市和社会治安防控体系建设示范城市。坚持和发展新时代"枫桥经验"，全面建成"一站式"矛盾纠纷调处化解中心，从源头化解各类社会矛盾。扩大教育、医疗、交通、居住、养老等领域数字化服务供给，不断提升社会治理的数字化水平。健全网络综合治理体系，文明城市常态长效建设持续巩固。

落实"1+7"工作清单制度，高效运行社会稳定风险合成化解处置机制。"一楼一策"化解问题楼盘矛盾，推进"保交楼、保民生、保稳定"。持续化解安置房、商品房等不动产登记的历史遗留问题，涉及房屋3.2万套。坚决防范化解金融风险与地方债风险，持续优化债务结构，将风险等级保持在低风险区间。建设数据出境安全合规服务平台，打造数据安全保障体系。

开展"专项整治巩固提升年""基础建设强化推进年""重大事故隐患排查整治"三个专项行动，推进化工（危化品）企业老旧装置改造更新，实施群租厂房安全整治提升行动，推动工业企业、重点领域和"九小"场所落实风险报告动态监管，推进落实安全生产"六化"工作，不断提升安全水平。加大安全宣传力度，强化基层安全生产和消防监管能力建设，生产安全事故起数、死亡人数较上年分别下降11.3%、10.7%，安全发展水平得到新提升。

实践充分证明，新时代的发展必须是高质量发展。解决当前和未来发展中面临问题的基础和关键是推动高质量发展。苏州只有在高质量发展上继续走在前列，才能为在推进中国式现代化中走在前、做示范提供坚实的支撑和保证。有习近平总书记的掌舵领航，有习近平新时代中国特色社会主义思想的正确指引，沿着习近平总书记指引的方向，苏州高质量发展定能乘风破浪、行稳致远，不断谱写中国式现代化的苏州新篇章，为全国、全省发展大局做出新的更大贡献。

第一篇

抓经济、稳增长：在坚决扛起经济"压舱石"责任担当上体现新作为

核心提要：2023年，苏州继续全力以赴抓经济、稳增长，着力加强经济运行服务保障，制定出台推动经济率先整体好转的55条"锦囊妙计"，全面强化要素保障，加快项目扩产投产和引进推进，内外需求协同发力，在服务全国、全省经济发展大局中坚决扛起"压舱石"责任担当，在推动全市经济加快回升向好上迈出坚实步伐。在投资方面，苏州全面提升金融服务实体经济质效，促进实体经济进一步跃升发展；在消费方面，苏州依托品牌消费活动、苏式特色文旅、高质量消费环境打造、首店经济等抓手，持续释放消费活力；在外贸外资方面，苏州强化大中外资项目服务推进，依托自贸片区先闯先试，始终保持对外开放的韧劲和对外资的强劲吸引力。

党的二十大以来，习近平总书记多次对江苏发展做出重要指示，赋予江苏"在改革创新、推动高质量发展上争当表率，在服务全国构建新发展格局上争做示范，在率先实现社会主义现代化上走在前列"的光荣使命。苏州作为经济大市，是"先行军"和"探路者"，应坚决扛起责任担当，始终聚焦经济建设这一中心工作和高质量发展这一首要任务，勇当"压舱石"，以奋发有为的精神、迎难而上的状态、只争朝夕的干劲，为全国、全省发展做出更大贡献。

一、55条"锦囊妙计"助力经济加快回升向好

为贯彻落实江苏省委、省政府推动经济运行率先整体好转的要求，提振市场信心，用政策红利激发市场主体活力，2023年1月30日，苏州印发《关于推动经济运行率先整体好转的若干政策措施》，针对苏州实际情况，以江苏省出台的42条政策为蓝本，细化落实，新增政策点62个，推出12个方面55项含金量十足的最新政策，用真招、实招、细招，帮助企业轻装上阵、行稳致远，全力以赴推动经济运行率先整体好转。

（一）投资赋能实体经济发展

加大财税政策支持。2023年，苏州安排专项资金24亿元，支持创新型企业培育、产业核心技术攻关、工业企业扩大有效投入、智能化改造和数字化转型等；对产业创新集群工业企业当年度设备投入2000万元以上的项目，按项目设备投资额给予6%—15%的奖励；对引进的重大创新团队、创新创业领军人才分别给予最高5000万元、1000万元的资助。充分发挥综合金融服务平台和地方征信平台作用，落实设备购置与更新改造贷款贴息政策，加大普惠金融引导督促力度，对发放普惠小微贷款较好的地方法人金融机构，按普惠小微贷款余额增量的2%给予激励资金。

以重大项目为抓手，强化重大项目建设要素保障，在符合规划、自然资源与生态环境保护等法律法规及相关政策规定的前提下，积极做好所需用地、用林、用能及煤炭替代、排污总量等资源要素保障。精简审

批流程,市级权限节能审查项目审批时间精简为5个工作日。开设重大项目建设"线上专窗""线下专区""热线专席",建立重大项目联动服务机制。支持更多的民间投资进入交通、能源、水利、城建、环保,以及文化、旅游、教育、卫生、体育、养老、农业农村等重点行业和领域,支持民营资本通过基础设施不动产投资信托基金(REITs)等金融工具盘活存量资产。

(二)促消费拉动经济增长

持续稳固传统消费,加快培育新型消费,优化消费环境,打响苏州消费品牌。组织开展"苏新消费·笑拼苏州""双12苏州购物节""夜ZUI苏州"等系列促消费活动,鼓励举办高水平专业展会,推动会展企业国际化发展。加大汽车消费促进力度,延续实施新能源汽车免征车辆购置税政策。大力支持刚性和改善性购房需求,开展苏州"云上房展",线上线下联动促进住房消费。支持各地开展早餐进商务楼宇、早餐摊位集中配送等工作。鼓励各地通过数字人民币红包等形式发放消费券,开展系列数字人民币促消费活动。

(三)巩固拓展外贸外资优势

统筹国家、省级和地方商务发展专项资金,安排3亿元支持外贸稳中提质工作,支持企业参加境外展会,对出境参展企业展位费给予最高80%的补助,对企业参加境外展会的展位费和大型展品回运费给予补贴。充分发挥出口信用保险作用,加大对"一带一路"沿线国家、新兴市场国家、《区域全面经济伙伴关系协定》(Regional Comprehensive Economic Partnership,RCEP)缔约国出口业务的支持力度。指导符合条件的银行积极参与贸易外汇收支便利化试点,将更多符合条件的优质企业纳入便利化政策覆盖范围,推进服务贸易试点企业扩面。

(四)优化政务服务保障

综合运用预留份额、价格扣除、价格评审优惠、优先采购等举措,支持中小企业参与政府采购,提高中小企业在政府采购中的份额。实施全国一体化行政处罚修复"不见面"办理,将市级受理时间缩短至1个工作日。加快在市场监管、税收管理、进出口等领域建立健全信用分级分类监管制度,依据风险高低实施差异化监管,适当降低对信用风险低企业的抽查比例与频次。优化升级"一网通办"平台,实现办事"一键直达",方便企业"一站式"办理。推出企业开办、涉企不动产登记、企业简易注销登记等12件涉企"一件事",推进"一件事"线上全流程办理。

苏州市政务服务一网通办网页端首页
(图片来源:网站截图)

2023年,苏州市各级各部门按照55条政策措施要求,逐项制定实施细则、服务指南,推动政策措施精准滴灌、触手可及、直达快享,让广大市场主体感受到"苏州力度""苏州速度""苏州温度",进一步激发各类市场主体的积极性和主动性,不断增强广大市场主体的获得感和满意度。

二、以产业投资为抓手,力撑实体经济稳增快转攀高

党的二十大报告明确提出,坚持把发展经济的着力点放在实体经济上。实体经济是苏州的立市之本、强市之基。新冠疫情之后,外部经济环境变差,不确定性增加,市场主体遭遇多种困难。苏州坚持把发展经济的着力点放在实体经济上,积极推动新型工业化、产业集群创新、数实融合发展,加快构建以先进制造业为骨干、现代服务业为支撑的现代

化产业体系。2023年5月9日，苏州出台《关于进一步促进产业投资助推实体经济高质量发展的若干政策措施》，以促进产业投资为抓手，围绕完善招商奖励政策、强化主导产业招商、布局发展新兴产业、创新丰富招商模式、狠抓招商载体建设、优化提升招商力量等方面，"六箭齐发"，力撑苏州实体经济跃升发展。

（一）实体经济发展再亮新成绩

2023年，苏州规模以上工业总产值达4.4万亿元。工业大盘支撑有力。自2023年下半年以来，规模以上工业增加值累计增速逐月上行，全年以增长3.6%收官，工业经济在持续承压中走出回升向好复苏曲线。万亿级产业沉锚压舱。装备制造业实现产值14241.9亿元，占规模以上工业产值比重32.1%，比2022年提升0.5个百分点；电子信息行业产值13441.1亿元，增长4.3%，成为工业经济稳定回升的重要支撑。转型发展动力优化，科技创新成效显现，实验室建设加快，并获批5家全国重点实验室；创新主体规模壮大，2023年年末，全市有高新技术企业1.57万家，全市高新技术产业产值占规模以上工业总产值的比重达52.7%；国家级科技型中小企业达到2.54万家，国家级专精特新"小巨人"企业401家，数量跃升全国第四，居全省第一；2023年入选中国"独角兽"企业17家、潜在"独角兽"企业75家。高技术制造业实现产值16565亿元。高技术产品产量增长较快。智能手机、传感器、3D打印设备、智能电视等新一代信息技术产品产量分别比2022年增长51%、62.8%、16.2%和10.9%。现代服务业量质齐升。服务业增加值占地区生产总值比重达52.4%；金融业增加值占地区生产总值比重首次突破10%；生产性服务业营业收入占规模以上服务业的比重达到70.1%；全市高技术服务业营业收入比2022年增长6.0%，其中科技成果转化服务、数字内容及相关服务、检验检测服务分别增长36.7%、15.6%、11.7%。经营主体活力不断释放。全年新设经营主体30.9万户，总量位居全省第一。2023年年末，全市境内外上市公司达到263家，其中境内A股上市公司217家，居全国第五。重点聚焦电子信息、装备制造、生物医药、先进材料四大产业。民营企业有力支撑实体经济。全市规模以上民营工业企业产值达到20689.1亿元。民营企业进出口交易额占进出口总额的比重为39.5%。全市共26家企业入围"中国民营企业500强",连续五年入选全国"万家民营企业评营商环境"最佳口碑城市。其中苏州百强企业实现产值1.54万亿元,拉动规模以上工业总产值增长2.6个百分点。

(二)扩产投产再亮新成绩

2023年,苏州全面强化要素保障,加快项目"扩产投产"和"引进推进",有效投资不断扩大,投资结构持续优化。据统计,全年亿元以上项目完成投资3126.6亿元,快于固定资产投资9.7%,占固定资产投资的比重达51.8%,拉动固定资产投资增长7.0%。高技术制造业和高技术服务业投资分别增长6.1%和12.9%,全年利润再投资完成16.1亿美元,占实际使用外资总额的23.3%。在项目投资上,新兴产业的新能源、高端装备制造、软件和集成电路、生物技术和新医药产业投资分别比2022年增长32.5%、26.3%、14.1%和12.4%。

《关于进一步促进产业投资助推实体经济高质量发展的若干政策措施》指出,对引进的承担国家重大战略任务、率先打破国外垄断、国内首次示范应用等重大战略性新兴产业项目,按照规定最高给予项目投资的30%、不超过1亿元的支持;对引进投资规模大、带动作用强、示范效应好的其他先进制造业项目,按照规定给予不超过项目投资的10%、最高1亿元的支持。激励力度空前巨大。

在此背景下,一批重大项目落地苏州。2023年年底,太阳油墨中国区研发中心在苏州高新区开启运营。该研发中心主要研发生产集成电路产业制造领域关键材料,打造在海外唯一的研发中心,为区域一流产业集群高质量发展增色添彩。"安踏国际一体化运营中心暨创建碳中和示范基地项目"在苏州工业园区开工,项目总投资超10亿元人民币,计划2025年建成投用。"协鑫光电储能产业一体化项目"签约落户昆山,协鑫集团将在昆山高新区分两期建设全球首条大规格2GW钙钛矿生产线,旨在打造千亿级产业基地。这是苏州项目扩产投产和引进推进的一个缩影。

太阳油墨中国区研发中心
(图片来源:"苏州高新区发布"微信公众号)

数据显示,苏州2023年全年固定资产投资比2022年增长5%,其中工业投资增长10.1%。43个省重大、468个市重点项目均超额完成年度计划投资。博世汽车电子、大尺寸硅材料、盛虹储能等一批百亿级产业项目落地建设。在轨道交通、电网扩容等项目的带动下,2023年全年基础设施投资比2022年增长25.9%,拉动固定资产投资增长3.2%。

(三) 金融服务实体经济再亮新成绩

制造业是实体经济的中坚力量。制造业规模、配套能力是苏州的发展"长板"。苏州持续畅通金融血脉,全面提高金融服务实体经济的效率和水平,努力促进金融和实体经济实现双向奔赴,重点聚焦先进制造业、战略性新兴产业等,实现项目与资金双向匹配。截至2023年12月,全市制造业本外币贷款余额9730亿元,同比增长15.2%,连续45个月保持两位数增长。

苏州创新融资模式,企业用"科创指数"也能贷款。2023年12月19日,苏州博思得电气有限公司获得苏州银行500万元信用贷款。这是苏州首单"科创指数"融资模式下的专项贷款。作为苏州提升科技金融服务的又一次创新，该模式主要通过建立统一的"科创指数"评价体系，为科技型企业打分评估，用作银行发放信用贷款的依据，增强了科创企业融资的可得性、便利性。

苏州市相关部门携手同行支持科创，联合开展"一行一链一品牌"行动，搭建科技金融实验室、科技金融大讲堂等平台，大力加强金融对高水平科技自立自强的支持。同时，苏州还加大对民营、小微、外贸、"三农"、绿色企业等的支持力度，开展"金企联沙龙"、普惠金融"滴灌润苗"专项行动等，促进金融资源向更多重点领域和薄弱环节倾斜。2023年9月，苏州成功入选中央财政支持普惠金融发展示范区。

2023年9月12日，苏州召开数字金融大会，系统全面地展示了苏州数字金融蓬勃发展的良好态势。作为全国首个提出发展数字金融的城市，苏州正加速集聚政策、机构等数字金融发展资源，塑造金融发展新优势，抢抓数字人民币、金融科技创新监管、小微企业数字征信实验区3项国家级试点契机，充分发挥金融服务实体经济的作用。

2023年，苏州新增境内外上市公司23家，其中境内A股上市公司20家，列全国第三位。截至2023年年末，上市公司总数达263家，其中境内A股上市公司217家，列全国第五位；科创板上市公司55家，列全国第三位。苏州拥抱资本市场呈现"246"现象，即苏州的经济总量约占全国的2%，上市公司数量占全国的4%，近3年新增上市公司数量占全国的6%。

有了资本的助力，实体企业发展快马加鞭。以江苏东方盛虹股份有限公司（以下简称"东方盛虹"）为例，自2018年重组上市以来，一路高歌猛进，2022年7月，企业通过定向增发的方式再融资41亿元，是当年全省货币资金募资额最大的一笔再融资项目。2022年12月，东方盛虹发行的全球存托凭证（Global Depository Receipts, GDR）顺利在瑞士证券交易所上市，募集资金超50亿元，为2022年国内企业在瑞交所发行全球存托凭证融资规模第一大的项目。截至2023年年末，东方盛虹依然为苏州境内A股市值最高的上市公司，达634.68亿元。

从托举大项目、大工程，到支持先进制造、科技创新，再到润泽小民企、小农户……苏州不断提升金融服务实体经济发展的质效，以源头活水浇灌实体经济苗壮成长。在苏州这片创新沃土上，资本生态体系欣欣向荣，产业与资本对接渠道畅通，更多优质企业登陆资本市场，成长为参天大树、聚合成丰茂森林，为实体经济发展带来新动能。

三、"传统""新型"互补，释放消费活力潜力

消费是整个经济循环的起点和终点，既是生产的目的，也是生产的动力，是经济稳增长的主引擎、压舱石。2023年12月底，中央经济工作会议明确提出，要激发有潜能的消费，推动消费从疫后恢复转向持续扩大，培育壮大新型消费，大力发展数字消费、绿色消费、健康消费，积极培育文娱旅游、国货"潮品"等新的消费增长点。近年来，在科技赋能和消费需求升级的共同驱动下，以网络购物、"互联网+服务"、移动支付、线上线下融合等新业态、新模式为主要特征的新型消费蓬勃发展，对满足居民生活需要、释放消费潜力、推动经济回升向好发挥了重要作用。

（一）品牌活动巩固影响力

2023年，"五五""双12""夜ZUI苏州"等购物节活动再度开展，苏州消费品牌影响力和知名度持续打响。联动上海"五五"购物节，为扩大汽车消费，苏州市级层面发放3000万元数字人民币购车专用红包，同时开启购车补贴活动，资金规模达1亿元，提振汽车销售作用明显。此外，苏州依托服装产业的优势，联动上海"五五"购物节，苏州市促消费活动的子活动"618"产业带专场也正式开启，活动与苏州众多产业带商家直接合作，主打棉麻女装，消费者只需打开淘宝APP，输入关键词"苏州五五购物节618产业带专场"即可直达活动专场，享受源头好物。

自2023年以来，苏州消费市场强劲复苏。全年实现社会消费品零售总额9582.9亿元，比2022年增长6.4%。住宿和餐饮业消费需求回

升。全市住宿和餐饮业零售额比2022年增长18.6%，高于批发和零售业零售额增速13.2%。汽车促消费政策取得较好市场反响，2023年全年新能源汽车零售额比2022年增长47.5%。升级类商品消费需求进一步释放，全年通信器材类、体育娱乐用品类、文化办公用品类、金银珠宝类商品零售额分别增长65.9%、29.5%、12.7%和10.4%。网络零售平稳增长。全市限额以上批发和零售业通过公共网络实现零售额比2022年增长6.0%。这些统计数据反映出苏州商贸业的繁荣发展及其蕴含的消费升级新趋势。

（二）苏式文旅展现独特魅力

苏州，古今交相辉映的"双面绣"城市，自古以来，这里不止有诗人笔下"君到姑苏见，人家尽枕河"的江南水乡风情，更是商贾云集的繁华之地，释放消费热情的人间天堂。当下，一批消费新模式、新业态、新服务在这里涌现，碰撞出独具苏州韵味的消费特色。2020年年底，苏州成功入选首批国家文化和旅游消费示范城市，苏州文旅消费成为国家级标杆。"2023年游客满意十佳城市"名单揭晓，苏州首次位列榜首。当城市间的消费提速战悄然开启时，苏州选择了在自己特色上下功夫——依托自身的资源禀赋、历史文化基底，塑造具有独特魅力和竞争力的消费标签。

从早起一碗苏式汤面，到夜游拙政园；从"精细雅洁"的苏绣手艺，到东升里文化艺术长廊上的时尚艺术；从昆曲博物馆，到苏绣小镇……在苏州，处处可获取全天候、全市域、全感官的高品质苏式文旅消费。苏州文化消费市场的火爆程度由"第五届中国苏州江南文化艺术·国际旅游节"的演出节目表可见一斑。500多场涵盖各年龄层的演出排得满满当当，为苏州市民及游客带来了一场场精彩纷呈的文旅盛宴，像芭蕾舞剧《红楼梦》这样的热门剧目更是一票难求。

芭蕾舞剧《红楼梦》剧照
（图片来源：引力播）

（三）高质量消费环境激发公众消费热情

消费环境关乎消费者的信心，关乎消费的增长。提振消费信心，不仅要有"新"意，更要有"心"意。只有打造安心、舒心、放心的消费环境，才能让消费者愿意消费、敢于消费、乐享高品质消费。

值得一提的是，苏州不仅在硬件建设上努力，其高质量的消费环境更是激发公众"能消费、敢消费、愿消费"热情的制胜法宝。为进一步提升消费服务水平，苏州不断提高公众消费体验的"含金量"，在全市各行各业倡建"诚信经营放心消费"承诺企业联盟，推行"先行赔付"等制度。此外，针对各类消费纠纷，苏州还在全市大型连锁企业、商超、商业综合体、景区实现了消费维权服务站全覆盖。这样的暖心举措既是消费者的安心保障，也让更多的人实现了"游在苏州、购在苏州、乐在苏州"，成为苏州的加分项。

2023年，苏州市12315平台处理群众诉求35.6万件次，按时处理率100%；全市线下购物无理由退货工作提质扩面，签约商户达10.9万家，建立无理由退货商圈91个；全域推广"吴优数购"，率先推出"吴优数险""吴优数贷"；参与起草全国首个《线下实体店无理由退货服务规范》省级地方标准；等等。苏州精准把握消费市场新特点、新模式、新趋势，以更高标准不断优化消费环境。2023年11月，在上海举行的"满意消费长三角"行动成果发布暨提升行动（2023—2025年）

启动仪式上，苏州市"开展线下购物无理由退货创新实践"课题获评"满意消费长三角"行动优秀案例，特色亮点做法引发全国诸多城市关注。苏州线下购物无理由退货经验在全国推广，连续两年在中国消费者协会全国百城消费者满意度测评中位居第一。苏州消费品牌的不断打响，为苏州"更有福气"注入了更多放心消费的底气。

（四）首店云集，培育品质消费新动能

近年来，苏州把首店经济作为加快创建国际消费中心城市、提升城市商业魅力、激发消费活力的重要抓手。2022年，首届苏州首店经济发展大会成功举办，打出了"首聚苏州"这一首店经济发展名片，苏州市首店经济促进联盟正式成立，"江诗丹顿""加拿大鹅"等新一批优质品牌首店在苏州落户，多元化、多样化的高端消费新场景、新体验被逐一解锁。当前，首店发展大会已然成为国内外品牌共商合作、共谋发展、共创未来的重要交流平台和展示舞台，也为消费者的消费需求升级提供了更加有力的支撑。日益繁荣的首店经济迅速唤醒商业活力，让市民消费潜力得到进一步释放。

在苏州，"首店经济"算不上一个陌生概念。早在2007年，苏州美罗百货（观前街店）就引入了知名国际品牌GUCCI（古驰）的省内第一家专卖店，一时间轰动全城，开业现场人头攒动、盛况空前，从产品陈列到店堂设计，无不展现出现代时尚魅力。一晃十多年过去，相似的场景仍在不断上演。苏州作为首店经济后起之秀的增长趋势强劲，近年来，首店经济发展步伐明显加快。2019年新增首店53家；2020年新增63家；2021年首店进驻呈爆发式增长，共引进各类首店158家，同比增长151%；2023年苏州新开首店202家，同比增长22.4%。首店的品牌类型更加丰富，形式更为多元，能级也更高，包含各类旗舰店、概念店、体验店等。放眼望去，各式各样的品牌首店正日益成为苏州美好生活的风向标。苏州首店经济"内外兼修"，国际品牌与本土文化品牌输出双轮驱动，未来也将成为引领消费热潮的重要渠道。

获得一众品牌首店的青睐，苏州靠的是什么？强大的购买力和潜在消费需求是重要原因。与此同时，苏州也持续完善相关政策，促进首店经济快速发展。2023年，苏州在全省率先出台了《关于支持发展品牌首店的若干措施》，将国内外知名品牌企业、"江南文化""苏州制造"企业、本地商业载体运营商，以及首发首秀活动等都纳入支持与奖励范围，着力打造首店经济发展生态圈。

近年来，苏州围绕促进消费苦练内功，创新性地打造一系列城市消费品牌，通过大力发展首店经济、夜经济，不断丰富消费场景，发放数字人民币红包等，多措并举，让城市消费活力、消费品质得到了全面提升。2023年5月19日，福布斯中国发布消费活力城市榜，苏州位列第10，成为全国20个最具商业活力与全球化愿景的城市之一。这也是继《2022年100个城市消费者满意度测评报告》《2023年一季度全国游客满意度调查报告》榜单位居第一后，苏州在消费领域获得的又一张"金名片"。

当前，苏州正在积极打造具有全球影响力和吸引力的国际消费中心城市。我们相信，随着消费环境的持续优化，消费诚信的不断建设，以及一批消费新模式、新场景、新服务的打造，一幅新时代的"姑苏繁华图"正在徐徐展开。

四、若干措施持续巩固拓展外贸外资优势

高水平对外开放是苏州在推进中国式现代化走在前、做示范中当好排头兵的重要抓手。开放型经济是苏州的特色和优势，必须继续坚持好、发展好，坚定不移走好改革开放这条"必由之路"。"外贸强"是苏州"经济强"的重要体现和重要支撑。自2023年以来，苏州外贸稳增长面临十分严峻的挑战，但实际使用外资依然持续增长，显示出苏州对外开放的韧劲、吸引外资的强劲。2023年，苏州市进出口总额2.45万亿元，实际使用外资69亿美元。截至2024年3月，在苏州投资的外资企业已近2万家，其中近160家世界500强跨国企业投资项目超过450个。苏州能够成为吸引外资的"强磁场"，靠的就是深厚的文化底蕴、面向全球集聚的高端要素，以及一流的营商环境。

（一）以优质措施供给，推动外贸外资持续稳定发展

2023年5月9日，《苏州市关于推动外贸稳规模优结构的若干措施》发布，措施围绕促进外贸规模稳定增长、培育外贸发展新动能、优化外贸发展环境三个方面，推动全市外贸稳规模、优结构，实现外贸高质量发展。该措施主要表现为"三个坚持"。一是坚持以更大力度激励稳外贸工作。加强对重点外贸企业、加工贸易产业、中小微外贸企业的支持激励。支持对外贸贡献显著的年度百强外贸进出口企业"一企一策"争取海外订单，支持头部企业在苏州增设分拨中心等功能性机构，支持加工贸易转型升级向价值链高端延伸，优化中小微企业服务力度，全力帮助企业走出去维护客户和参加各类展会。二是坚持以培育外贸新动能促进外贸提升。主动把握国际贸易前沿发展趋势，深入推进国家级进口贸易促进创新示范区建设，加快培育进口贸易主体，发挥太仓港口岸优势，持续推动招引总部型、龙头型、税源型物贸项目。三是坚持以提升服务水平优化外贸发展环境。着力提升服务水平，切实帮助外贸企业解决在海关通关、出口信保、出口融资、外汇服务等方面的实际问题，助力企业降本增效，持续提高综合竞争力，让全市外贸企业稳预期、强信心、增活力，实现外贸高质量发展。

帮助企业稳订单、拓市场是推动外贸稳规模、优结构的重要一步。鼓励企业参加境内外展会，拓展海外市场被置于各条措施之首。在首条措施中，苏州将对企业参加境外展会的展位费和大型展品回运费给予补贴。鼓励和支持外贸企业主动赴海外参加线下展会，广泛组织企业参加广交会、华交会、大阪展等197个境内外重点展会，实地拜访客户、全力争取订单。位于苏州工业园区的宝时得科技（中国）有限公司是一家集创新工具和智能服务机器人研发生产于一体的跨国集团，在广交会上，该公司带着明星产品见客户、争订单、拓市场，取得了良好成效。"2023年广交会的规模比历届都要大，整体参展人员也比较多。到我们展厅里面洽谈交流的意向客户也比往年有了比较大的增长。"宝时得科技（中国）有限公司亚洲市场负责人透露。苏州富昌阀门有限公司2023年打算到非洲拓展市场，公司负责人表示，对于中小微企业来说，

展品运费成本较高，而有了一定的运费补贴，就可以降低成本。此外，苏州还进一步加强与海外经贸促进机构、境外商（协）会合作，联合举办各类经贸、投资对接活动，带动企业国际联络和团组互访。苏州市商务局、苏州市公安局、苏州市财政局、苏州市人民政府外事办公室、苏州海关等机构全力帮助企业赴海外维护客户和参加各类展会，研究人员出入境、展品托运、物流配送的便利化措施，充分发挥了"苏州数字贸易公共服务平台"的作用。

在推动跨境电商发展方面取得新突破。苏州加大对跨境电商重点项目的招引力度，对符合苏州市产业发展定位的跨境电商重点项目给予支持。其中，苏州着力发展"跨境电商+产业带"、跨境电商企业对企业出口、跨境电商企业品牌化等。具体来说，支持创新品牌独立站、跨境电商直播等新业态。以建设独立站为例，支持建设独立站的好处是企业不必再依附亚马逊、沃尔玛等海外电商平台，可以自主运营，减少平台抽成的成本，还有益于中高端品牌企业在海外的口碑传播。

此外，苏州还加强对发展跨境电商所需的人才、院校，以及专业培养和社会化培训的支持力度。推动各专业化市场应用"市采通"平台拓宽出口渠道，发展"市场采购+跨境电商""市场采购+海外仓"等创新模式。同时，苏州还推动贸易数字化转型、绿色化发展，引导外贸企业应用数字化手段和互联网工具开展海外精准营销，探索跨境直播、社交电商、短视频、搜索引擎等新模式在贸易营销环节的应用。

（二）强化大中外资项目服务推进

2024年2月25—26日，苏州多地举行外资外贸新春座谈会，会议通报了2023年各地的开放型经济情况。2023年，苏州持续获得外资"加仓"集聚，通过服务改革、结构调整、布局优化等措施，苏州外资高质量发展呈现好势头。

为进一步激活外资企业的敢投敢干动能，苏州市探索推进外资企业登记信用承诺制改革，放宽市场准入、精简审批程序、优化审批服务，不断提升外资企业登记的便利化水平，以更优的营商环境吸引外资加速布局。

2023年1月，苏州显赫医疗科技有限公司急于落户投产，然而在设立过程中，存在因名称超期而导致提交的材料中时间错误及用扫描件代替原件等问题。掌握情况后，苏州市市场监督管理局通过"一事一议"，确定该企业属于沙溪镇信用良好的优势医疗科技项目，并由沙溪镇政府招商部门承诺部分材料原件限期内追缴到位，经"容缺登记"，企业顺利完成落户。

自2023年以来，随着"组团出海抢单"成效逐步显现，各地外资登记业务咨询量显著增长。为了提升服务效能，苏州采取"延时服务""容缺登记""告知承诺"等便利措施，同时推行"一窗受理、当场出照"服务，便利外资重点项目"零障碍"落户。例如，优化"快审快办"审批模式，对地方招商德资项目、急办企业或重大项目，一事一议、特事特办，提供专人指导服务，加快重点德资项目顺利落地，做优企业登记"全生命周期"服务链。

自推行"容缺登记"信用承诺以来，多家外资企业解决了因疫情原因无法办理登记注册的难题，为全市智能制造、航空航天、生物医药等13个重点领域项目零障碍落地或高效增资扩产提供了有力保障，为外资企业扎根、成长、壮大营造了良好的外部环境。

近年来，苏州迎来多个外资项目的开工开业，外资企业用实际行动对苏州投出"信任票"。苏州外资规模持续增长，结构不断优化。

2023年9月19日，星巴克中国咖啡创新产业园在昆山开园。经过两轮追加，该产业园投资总额达15亿元人民币，这是星巴克在中国投资最大的咖啡生产和物流基地项目，包括咖啡烘焙工厂、物流中心、体验中心等，实现了"从生豆到咖啡"垂直产业链的规模化整合。

该产业园满足星巴克中国门店不断增长的原料需求，同时，通过整合物流中心提高配送效率，方便向全国门店供应新鲜烘焙的咖啡豆。此外，该项目还助力中国精品咖啡行业升级，注重环境保护，在设计、建设和运营过程中采用可持续发展模式。

星巴克中国咖啡创新产业园项目的建成投用，对昆山咖啡产业链强链、补链、延链起到了重要推动作用。昆山聚焦"一粒咖啡豆、一杯可乐、一根冰激凌、一块巧克力",加快推动一批优质项目落地、落实,千亿级高端食品产业创新集群加速形成、不断壮大,持续擦亮"昆如意"营商服务品牌,加快打造市场化、法治化、国际化的一流营商环境。

太古可口可乐、阿迪达斯、利洁时等知名跨国巨头在苏州的新项目纷纷开工或启用,其中不乏在中国的最大单笔投资。涌动的投资热潮,释放出外资坚定看好苏州、持续加码中国的强烈信号。

2023年度,苏州市外资研发中心核定企业名单公布,全市共计173家企业入选,其中苏州工业园区66家,约占全市总数的40%,数量位列全市第一。"研发""中心""总部"等关键词在苏州工业园区频频出现,表明外商投资能级已出现质的飞跃。

2023年4月14日,空中客车在苏州工业园区举行开业活动,正式启用其在中国的研发中心。空中客车中国研发中心的启用,进一步扩大了空中客车在中国的布局范围,展现了空中客车扎根中国、深化合作,致力于成为中国航空产业长期值得信赖的合作伙伴的决心。研发中心的开业运营,也将带动苏州航空航天产业创新集群的发展,吸引更多优质外资项目集聚。

除了空中客车,2023年,苏州还迎来了德国斯顿威尔集团、日本光梁株式会社、Joimax医疗、恩斯克等一大批跨国企业总部或研发中心。据苏州市发展和改革委员会数据显示,2023年,苏州19家外资企业新获省级跨国公司地区总部和功能性机构认定,累计达210家。

(三)依托自贸片区先闯先试

苏州自贸片区挂牌设立四年来,大胆试、大胆闯、自主改,收获了累累硕果。

2023年3月,中国与新加坡双向投资再结新成果,大华继显控股有限公司获批江苏省首个外商独资基金管理公司合格境内有限合伙人(Qualified Domestic Limited Partnership,QDLP)试点项目。依托试点政策,公司将大力支持国内企业通过新加坡国际化平台布局海外,并带动海外优质项目落户工业园区,积极推进中新"国际化走廊"建设,促进双向投资。

金融的开放创新为苏州自贸片区注入源头活水，加速促进创新资本和创新资源"引进来""走出去"。国家外汇管理局支持片区的五项资本项目外汇业务创新试点全面落地，片区还获批外商投资股权投资企业委托登记权，成功开展自贸区版跨境双向人民币资金池等试点。

苏州自贸片区稳步扩大规则、规制、管理、标准等制度型开放，打造对外开放新优势。早在设立一周年之际，苏州自贸片区就开通了"服贸通"中新数据专线，这是一条点对点的国际数据专线，属于全国首创。"'服贸通'不仅大幅提高了企业的国际网络访问速度，还降低了国际网络使用成本，从根本上解决了企业的'用网'问题。"罗杰斯科技（苏州）有限公司亚太区域总监顾智倩说。如今，罗杰斯科技（苏州）有限公司从只有单一产线的制造基地，成长为拥有全品类事业部的全球标杆工厂和综合性亚太区总部。

2023年11月，江苏省首家外商独资医疗机构嘉会医疗（苏州）在苏州自贸片区开业，这是片区对准制度创新的痛点、堵点、难点的探路先行结出的又一个"创新果"，也标志着2020年江苏省政府赋予苏州自贸片区行政许可（委托）权力事项"医疗机构设置审批（含港澳台，设置三级医疗机构除外）"的正式落地。该机构致力于以先进的医疗管理和服务理念，提供高品质、国际化的医疗服务，成为片区加码"国际范"营商环境的新力量。

以更深入的改革推动更大的开放，以更大的开放倒逼更深入的改革，这是苏州自贸片区四年来一步一脚印交出的精彩答卷。苏州自贸片区自挂牌以来，就设定了建设"综合营商环境最优、比较优势最强的一流自贸试验区"的目标，主动对标国际国内最高水平，印发《苏州工业园区2023年营商环境建设方案》，通过三大方面的17条举措，为办事兴业提供全链条便利环境，为创新创业营造全过程安心环境，为产业发展创造全方位宽松环境。

高端化产业"新"跨越，让创新串珠成链，苏州自贸片区聚焦全产业链制度创新开展先行先试，推动创新由"单点策源"汇成"集群制胜"。

2023年9月，普方生物制药（苏州）有限公司收到了一份特殊的国际包裹，里面装的正是企业急需用于药物临床前研发的氯化钠注射液，标志着"研易达2.0"江苏省首单落地。"研易达"是《进口研发（测试）用未注册医疗器械分级管理办法》的简称，解决的是生物医药企业研发过程中面临的"无医疗器械注册证进口难"问题，通过打通研发供应链，从源头支持企业创新。该项制度创新举措自2020年推出以来，受惠面不断扩大，并在2022年入选江苏自贸试验区首批十佳制度创新案例。"研易达2.0"将片区企业研发用物品进口便利化举措适用范围由未注册医疗器械扩大到未注册研发用药品、试剂、化学原料。普方生物制药（苏州）有限公司和药明巨诺两家企业共6种物品被列入江苏省首批试点"白名单"。与"研易达"一样，已经实现2.0升级的还有"研易购"——苏州工业园区《购买研发或临床用对照样品登记管理办法（试行）》，该管理办法在打通研发和临床试验环节/企业难以购买对照药品的堵点基础上，进一步扩大了对照药品的购买范围和企业范围，并明确相关事项的办理时限。

生物医药是苏州自贸片区重点打造、面向未来的战略性新兴产业，在这条千亿级赛道上，"研易X"系列制度创新体系形成了重要驱动力，成为生物医药全产业链制度集成创新的重要一环。

打造苏州工业园区生物医药产业综合服务中心、苏州工业园区特殊物品风评中心、苏州市药品检验检测研究中心生物制品检测基地、长三角科技要素交易中心，江苏省首个高风险特殊物品联合监管机制试点落地，推进自产出口产品保税维修试点、长三角一体化风评结果互认试点、生物医药产业人才国际职业资格比照认定职称改革，全国率先探索生物制品分段生产，江苏省率先开展药品零售许可流程优化……一系列集成化创新带来了产业的迅速腾飞，目前，苏州工业园区上市企业数量、顶尖人才数量、近3年新获批一类新药临床批件数量、现有发酵罐总容量、近3年企业融资总额等5项指标均占全国20%以上。

县区实践

从一颗生豆到一杯咖啡：江苏昆山的醇香"大咖"梦

昆山是中国经济发展活力最强劲的区域之一，连续20年位居百强县之首。近年来，昆山提振当年"拆笔记本电脑招商"的精气神，以商引商、以链黏商，硬是"无中生有"形成了集物流分拨、平台交易、研发制造、品牌销售于一体的咖啡全产业链，催生出一个高端食品产业新版图。习近平总书记在江苏考察时，希望江苏在强链、补链、延链上展现新作为。昆山用一杯咖啡让高端食品产业链"又香又甜"，被誉为中国咖啡的"硅谷"，登上国内咖啡产业的核心"咖位"。

一、追忆耕耘过往：邂逅"脸盆"咖啡，埋下一颗咖啡的种子

1984年，靠着闯的精神，在没有政策、没有经验、没有资金的条件下，昆山在老城区以东划出3.75平方千米的土地，自费创办经济开发区。一座小院、两幢平房、50万元启动资金和十几个人，"昆山之路"由此开启。

1986年3月的一天，当时的昆山县长吴克铨提出要请昆山赛露达有限公司里的外国专家吃顿早饭，考虑到外国人喜欢喝咖啡，他就让时任公司董事长董太畏安排人到上海买些咖啡回来。结果招待所的服务员也不知道怎么冲泡咖啡，就把整整一罐咖啡粉倒在一个脸盆里，把咖啡伴侣和方糖也全部倒进去，然后加水搅拌。当装满一个脸盆的黑乎乎的咖啡端到餐桌上时，在场人员一脸错愕，然后哄堂大笑，咖啡也都没喝。董太畏害怕浪费，就提出要和同事们一起喝了那盆咖啡。那天他喝了4碗，是一生中喝咖啡最多的一次。这次难忘的经历，让董太畏养成了喝咖啡的习惯，也在昆山党员干部的心中埋下了有关咖啡的种子。虽然不懂咖啡的昆山人闹了个大笑话，但这也是昆山人"甘当店小二、服务显真诚"的真实写照。

1992年，摩卡咖啡进入昆山。2003年8月，星巴克在昆山城市公

园的第一家分店开张,这也是星巴克进入江苏市场的第一站。

2014年,顺大集团(主要研发生产咖啡、茶叶及食品添加剂)收购了开发区内的昆山弘惠食品有限公司,并决定在开发区投资设厂以布局咖啡产业,弘惠食品自此开始咖啡豆烘焙业务。

由于咖啡豆大多由国外进口,为实现企业生产经营效益最大化,在多轮考察后,顺大集团对昆山综合保税区的保税政策及区位优势非常满意,2017年,顺大集团在昆山综合保税区成立昆山亿政咖啡有限公司,为肯德基、Costa等国际知名餐饮连锁集团提供咖啡、茶等相关配套产品。

昆山亿政咖啡有限公司
(图片来源:昆山市融媒体中心)

2019年,昆山以《国务院关于促进综合保税区高水平开放高质量发展的若干意见》(国发〔2019〕3号)为契机,着力培育综合保税区在产业配套、营商环境等方面的综合竞争新优势,全力打造咖啡产业。2020年,昆山又与东南亚知名咖啡企业越南中原集团签约,在昆山设立全球咖啡销售中心。

二、萃取精品时刻:串"豆"成链,拼出一个全新产业版图

(一)突出顶层设计,引入星巴克中国"咖啡创新产业园"

2020年3月,美国咖啡巨头星巴克在中国投资的首个产业项目

"星巴克中国咖啡创新产业园"签约落户昆山开发区，不仅成为中国咖啡行业产业链中游里的典型案例，还获得了时任国务院总理李克强发来的贺信，"昆山咖啡"的产业故事自此落下了浓墨重彩的一笔。

星巴克中国咖啡创新产业园开工仪式现场
（图片来源：昆山市融媒体中心）

2023年9月19日，星巴克中国咖啡创新产业园正式投产，产业园占地面积8万平方米，核心主体分为咖啡烘焙工厂、整合物流中心、咖啡之旅体验中心，功能涵盖咖啡豆进口、烘焙、包装、储存及物流等。

产业园建设期间追加两轮投资，总投资额15亿元人民币，是星巴克在中国最大的生产性投资，也是全球最绿色节能的生产基地，不仅全面展现了星巴克的咖啡领导力，完成了星巴克"从生豆到咖啡"垂直供应链在中国的规模化落地，也刷新了中国咖啡行业的可持续发展标杆。产业园落地以来，带动了100多家国内外咖啡企业入驻昆山，一个串"豆"成链的千亿级产业发展势头强劲。

（二）坚持党建引领，成立产业项目工作专班

为了牵牢营商环境的"牛鼻子"，昆山市现代食品产业创新集群党委（以下简称"集群党委"）应运而生。集群党委由昆山市商务局党委委员、昆山市招商服务中心副主任担任书记，昆山开发区与张浦镇两大企业聚集重点板块的相关经济部门分管领导担任副书记，咖啡产业链上龙头企业党组织书记担任委员，集群党委发挥统筹协调功能，帮助企业协调相关职能部门，实现抱团发展。

为第一时间了解企业需求，昆山还推出专员化服务，抽调党员骨干

成立服务千亿咖啡产业项目工作专班，全面对接重大项目，跟进解决企业遇到的问题，开通"一站式"企业服务平台，24小时为企业答疑解惑。

从集群党委到工作专班，再到产业链各环节的每一名党员干部，都是党建助力咖啡产业最生动的诠释。昆山不断完善"市高端食品产业集群党委+区'两新'组织党委+党建指导员+企业党组织"四级组织体系，努力把党建阵地建到企业和员工身边，打造集党群活动、商务洽谈、行业交流、电商创业孵化于一体的咖啡产业党群服务中心，为咖啡产业发展提供组织保障。同时开展"海棠咖链·链上先锋"志愿服务、"海棠咖链·寻味初心"沉浸式教育学习、"咖啡杯里悟初心　苦尽甘来启新程"微体验等党员系列教育活动，"海棠咖链""咖啡党课""寻味咖啡"三个党建品牌应运而生，形成了党建链坚实稳固、服务链精准高效、产业链协同发展的生动格局。

（三）强化要素保障，打好政策扶持组合拳

昆山开发区将"链条式招商"成功复制到咖啡产业，短短几年便构建起一条"香醇"产业链，持续引进星巴克、瑞幸、亿政、诺丁顿等30余家生产规模大、技术水平高、带动作用强的咖啡头部企业。良好的营商环境使项目、资金、技术、人才等生产要素不断聚集于此，加速了昆山咖啡产业集群从无到有、从小到大、从弱到强的崛起。

昆山海关以"制度+科技"双轮驱动，赋能昆山综合保税区咖啡产品检验监管。积极对接星巴克等重大项目，跟进解决企业在质量控制、区内优惠政策、通关流程等方面遇到的问题，为进口咖啡检验检疫量身定制即检即放、一检分放、抽检立放的"三检三放"监管模式，实现90%的进口货物随报随检，通关时间压缩在1天以内，促进了昆山综合保税区咖啡企业更好地利用国际国内两个市场、两种资源，培育市场新增长点，提升国际竞争优势。

从当初的端着脸盆喝咖啡，到如今建立起集聚咖啡生豆物流分拨、平台交易、研发烘焙、品牌销售中心，昆山吸引星巴克、瑞幸等30余家国际国内咖啡头部企业落户，形成了全产业与国际化两大咖啡产业特色。下一步，昆山将持续推进亚太咖啡生豆物流分拨中心、平台交易中心、研发制造中心、品牌销售中心等四大中心建设，全力构筑起千亿级咖啡产业集群，为经济高质量发展注入新动能。

亚太咖啡生豆分拨中心
（图片来源：昆山市融媒体中心）

一颗小小的咖啡豆，传递着敢闯敢拼的毅力和勇气，也让咖啡成为昆山一张新的世界级城市名片。

2024年5月，国际咖啡品鉴者协会正式授予昆山"国际咖啡产业之都"称号。

（中共昆山市委党校　叶玲飞、王熙琪、任娟）

第二篇

谋创新、增动力：在创新驱动新质生产力上取得新突破

核心提要：新质生产力是由技术革命性突破、生产要素创新性配置、产业深度转型升级而催生的当代先进生产力。2024年3月5日，习近平总书记参加第十四届全国人民代表大会第二次会议江苏省代表团全体会议时，强调"要牢牢把握高质量发展这个首要任务，因地制宜发展新质生产力"①。苏州有基础、有条件、有责任发展新质生产力。自2023年以来，苏州以创新联合体建设、科技服务业发展、创新创业人才集聚为抓手，大力实施创新驱动发展战略，围绕强力量、聚人才、优生态，强化企业创新主体地位，加快推进高水平科技自立自强、创新驱动发展取得显著成效，不断为转型升级注入新动能。未来，苏州将坚持从实际出发，先立后破、因地制宜、分类指导，根据本地的资源禀赋、产业基础、科研条件等，有选择地推动新产业、新模式、新动能发展，用新技术改造提升传统产业，积极促进产业高端化、智能化、绿色化。

---

① 习近平. 因地制宜发展新质生产力 [N]. 人民日报，2024-03-06（1）.

· 第二篇 ·
谋创新、增动力：在创新驱动新质生产力上取得新突破

2023年9月，习近平总书记在黑龙江主持召开新时代推动东北全面振兴座谈会时强调："积极培育新能源、新材料、先进制造、电子信息等战略性新兴产业，积极培育未来产业，加快形成新质生产力，增强发展新动能。"① 习近平总书记关于新质生产力的重要论述是对马克思主义生产力理论的新发展，进一步丰富了习近平经济思想的内涵，为新时代全面把握新一轮科技革命和产业变革突破方向、推动生产力高质量发展、全面推进中国式现代化建设提供了根本遵循和行动指南。2024年3月5日，习近平总书记参加第十四届全国人民代表大会第二次会议江苏省代表团全体会议时，强调"要牢牢把握高质量发展这个首要任务，因地制宜发展新质生产力"②。习近平总书记同时指出，江苏发展新质生产力具备良好的条件和能力。作为地区生产总值超2.4万亿元的江苏经济强市苏州，更是发展新质生产力的沃土，肩负着全力以赴推动经济平稳健康发展的重任。苏州市政府工作报告也提出，2024年要着力构建现代化产业体系，加快形成新质生产力。发展新质生产力是推动高质量发展的内在要求和重要着力点，在苏州发展新质生产力重在发挥科技创新、新型工业化和新兴服务业的引领作用。

一、120个创新联合体打造联合技术攻关"苏州样板"

创新是实现高质量发展的第一动力。苏州是全球最大的制造业基地之一，跨国制造业企业高度集聚，但也面临关键核心技术被"卡脖子"的难题。为此，苏州聚焦全市重点产业发展瓶颈，以创新联合体作为产业创新集群发展的生力军，并初步形成了独特的模式和经验。

2023年2月6日上午，苏州市数字经济时代产业创新集群融合发展大会如约而至，成为继"四敢"动员大会后的"创新第一会"。会议强调，要加快锻造产业创新集群发展领先优势，构建深度融合的协同创新网络，全力推动龙头企业牵头组建创新联合体，培育更多专精特新"小

---

① 习近平. 牢牢把握东北的重要使命 奋力谱写东北全面振兴新篇章［N］. 人民日报，2023-09-10（1）.

② 习近平. 因地制宜发展新质生产力［N］. 人民日报，2024-03-06（1）.

巨人"企业。在这个士气高涨、全面起跑的暖春，苏州又一次凭借"敢为、敢闯、敢干、敢首创"的非凡勇气，迈上了产业创新集群融合发展的新征程。而这一次，创新联合体担当了苏州创新突破的生力军。

2023年2月6日，苏州召开苏州市数字经济时代产业创新集群融合发展大会
（图片来源：苏州新闻）

"创新联合体"是近年来科技产业界的高频词。2021年5月，习近平总书记指出，"要发挥企业出题者作用，推进重点项目协同和研发活动一体化，加快构建龙头企业牵头、高校院所支撑、各创新主体相互协同的创新联合体，发展高效强大的共性技术供给体系，提高科技成果转移转化成效"①。同年12月，"创新联合体"更是首次被写入新修订的《中华人民共和国科学技术进步法》（以下简称《科技进步法》），受到全社会的高度关注。

《科技进步法》第三十一条明确写道：国家鼓励企业、科学技术研究开发机构、高等学校和其他组织建立优势互补、分工明确、成果共享、风险共担的合作机制，按照市场机制联合组建研究开发平台、技术创新联盟、创新联合体等，协同推进研究开发与科技成果转化，提高科技成果转移转化成效。

事实上，创新联合体受重视背后的逻辑，是全球科技和产业竞争的激烈程度前所未有，带动创新的广度、深度、速度、精度大幅攀升，并

---

① 习近平. 在中国科学院第二十次院士大会、中国工程院第十五次院士大会、中国科协第十次全国代表大会上的讲话（2021年5月28日）[N]. 人民日报，2021-05-29（2）.

带来科学研究范式的深刻变革和学科交叉融合,导致技术创新的难度、复杂度及对资源整合集成度的要求全面提高。

这意味着,过去我国企业单打独斗式的技术攻关方式已无法快速解决如今更高层次、更大难度的核心关键技术突破问题,必须采取力量更多元、资源更集中、目标更精准、创新更自主、协作更灵活、转化更高效的新型跨组织协同创新模式,以强大的科创合力引领我国科技和产业创新走向世界前沿。可以说,创新联合体是新时代我国推进和落实创新驱动发展战略的关键一招。

(一) 创新联合体是科技强国创新突围的高级密钥

创新联合体主要是由行业领军企业发挥主导作用,由政府发挥引导作用,以有效组织产业链上下游优势企业、高等院校及科研机构协同攻关的体系化、任务型创新组织。与国家实验室、国家科研机构、国家技术创新中心等传统技术攻关组织相比,创新联合体的牵头主体是企业,市场化色彩十分明显,企业对借助创新联合体来提高自身技术话语权和产品竞争力的渴求更迫切。与校企联盟模式、技术交流模式等传统产学研联动机制相比,创新联合体更强调"有效市场"和"有为政府"的结合,所以技术攻关目标更为清晰明确,资源的配套和导入也更加精准。一方面,创新联合体的主角是企业,这意味着以科技领军企业、专精特新企业等为代表的创新型市场主体有了更多的参与感、价值感和获得感,可以在某些重点领域的技术创新垂直突破中担当重任、获得支持,并在一定机制下持续获益。回溯过去全球科技发展的几十年,类似创新联合体的协同攻关组织曾多次出现在发达国家科技竞争的关键时刻,并催生出一大批非同凡响的重大科研成果和全球科技领军企业,其重要性和优势显而易见。例如,20世纪80年代,全球半导体竞争空前激烈,日本凭借重大技术创新,快速成为全球半导体产业高地,直接动摇了美国的霸主地位,并引发了美日半导体大战。就在两国酣战之际,韩国政府凭借敏锐的洞察力,快速推出"超大规模集成电路技术共同开发计划",协调与集结三星、现代、LG等本土集成电路巨头,合作成立国家研究开发小组,大力攻关DRAM核心技术。最终,韩国的DRAM

存储器技术成功赶超日本,成为新的全球集成电路产业高地。而几乎在同一时间,面对来自日本的强势竞争,美国也支持英特尔、IBM、美光等14家半导体制造公司成立半导体制造技术战略联盟,并联动美国国家实验室、高校及产业链上下游企业开展垂直技术突破。最终,美系企业在光刻、熔炉、等离子体蚀刻等制造设备工艺及关键加工技术上取得突破,成功重塑了美国半导体产业的国际竞争力。另一方面,由龙头企业牵头和主导的创新联合体,具有较强的市场意识,可高效集聚、整合并灵活调配各类资金、信息、人才、平台等创新资源要素,大幅提升科技创新资源配置效率。

目前,我国众多城市,如上海、深圳、杭州、南京等已围绕创新联合体建设开展先行先试,各地在组织形式、资源配置等方面各展所长、优势互补。例如,深圳"科创中国"大湾区联合体配套建立了相关产业发展基金,通过"1个联合体+n个中心+1个产业基金"的运营模式,为创新联合体的技术攻关和成果转移转化提供强大资金保障。又如,浙江碳达峰碳中和科技创新联合体通过汇聚9家省内高等院校、7家科研机构和16家省级学会,设立囊括近200名专家组成的专家库,为创新联合体深入攻关"卡脖子"技术夯实人才基础。再如,南京市智能感知决策技术创新联合体的成员单位可获得行业内全部资源支持,在政府牵头支持下,创新联合体各方可充分共享利用彼此的重点实验室、工程实验室、企业技术中心、制造业创新中心、检验检测平台、中试平台等载体资源。总体来看,创新联合体能够让企业、高校、研发机构等多元主体在垂直、紧密、互利的合作中深度捆绑,形成具有高默契度和长延续性的创新伙伴关系,最大限度提高科技创新合作效率。

(二)创新联合体是苏州突破创新发展天花板的必然选择

创新联合体将多个单位、多方资源、多种人才集结起来,联合攻关、联合作战,以此实现更加高效的创新。苏州正在用自己独特的方式演绎着一幅创新联合体的别样画卷。创新联合体不单单是苏州跟随时代发展的选择,更是其全面破题高端产业创新不足的题眼。2022年5月,苏州科技局召开"苏州市创新联合体建设"专家研讨会,为苏州市智能纤维与可穿戴技术创新联合体筹备工作征求意见。同年 7 月,这一创新联合体正式授牌成立,成为苏州市首批 3 个创新联合体之一,并明确未来将瞄准世界和中国智能可穿戴材料科学创新前沿,积极开创引领性技术研究,打造世界级智能纤维织物高端创新联合体,为现代纺织业发展提供有力支撑。

一直以来,苏州都非常清楚自己的短板在哪里——作为全球最大的制造业基地之一,外商在苏州的投资主要集中在生产制造环节,较少投入高端技术研发方面,这导致苏州经常在关键环节面临被"卡脖子"的风险。如何通过核心关键技术突破,来引领产业创新集群发展、未来产业布局?创新联合体的出现正好帮助苏州加快解决这一问题。

目前,苏州已围绕四大重点产业立项建设了 13 家创新联合体,且牵头单位多为上市公司、"专精特新"等具有高创新投入、强资源网络的本土科技领军企业。在这些龙头企业的动员和引领下,越来越多的产业链上下游企业和高能级科研机构加入其中,协同开展技术攻关,全方位助力苏州加快突破技术难题,并取得了一系列突出成果。其中,在技术产品化层面,由江苏新视界先进功能纤维创新中心有限公司牵头的苏州市智能纤维与可穿戴技术创新联合体已取得不小成就,通过发挥创新团队在智能传感变色变形能源纤维等领域的技术优势,研发出可单独控制不同区域温度的布料,并将其应用于运动康复领域的肌肉疲劳缓解。

在技术产业化层面,由江苏亨通光电股份有限公司(中国民企 100 强)牵头组建的苏州市海洋信息技术创新联合体,授牌不到半年便已在超低损耗海纤产业化关键技术上取得重大突破,推动海纤损耗值再创新低,顺利完成进口替代,并继续向国际一流水平迈进。

在产品量产化层面,由苏州长光华芯光电技术股份有限公司牵头的苏州市高功率半导体激光创新联合体,成立仅半年就成功把 35W 高功率半导体激光芯片送到生产线,实现小批量生产。高功率激光芯片是先进制造业的基础核心,苏州这一成绩对于芯片制造尤其是外延材料的原材料国产化意义重大。

苏州的创新联合体建设有自己独特的模式。思维活跃、敢为人先的苏州一直在用实际行动，探索突破地级市天花板的创新驱动发展新模式、新路径。针对不同发展程度、不同发展模式的产业，苏州已探索出市场驱动型、平台支撑型、战略引领型3种各具特色的创新联合体发展模式。

市场驱动型是苏州相对成熟且使用最多的模式，它侧重强调龙头企业要承担起科技创新"出题者""答题者""应用者"的多重职责，并积极牵引其他相关主体协同创新。以苏州市单克隆抗体研发和产业化创新联合体为例，在龙头企业信达生物制药（苏州）有限公司的牵头下，多家知名医疗机构、上下游企业和高校等按照"风险共担、利益共享"的市场化原则开展定点技术攻关，并优先将技术成果整合应用到信达生物制药（苏州）有限公司的产业链上，以加快实现关键技术和关键材料的国产替代。

平台支撑型主要通过大院大所搭建的创新平台协调各方，展开联合创新，一般适用于尚无领军企业诞生且发展不充分或细分领域过多、链条过短的产业。例如，苏州市氢能创新联合体主要针对尚处发展初期的氢能产业展开布局，围绕制氢、储氢、运氢、氢燃料电池4大环节建立4个研发联合体，为未来产业发展奠定平台基础。苏州市高端医疗器械产业创新联合体则因其产业链特性成为苏州现有唯一由研究机构牵头成立的创新联合体，该联合体采用龙头企业分头领衔的研发模式，形成以人才、技术、资金、机制为核心要素的运行机制。

战略驱动型则以国家重大科技战略突破为导向，致力于攻克制约国家持续发展的"卡脖子"难题。例如，苏州市海洋信息技术创新联合体主要聚焦海洋光纤通信，开展"卡脖子"技术攻关，核心目的是消除我国因海洋通信落后所存在的重大海洋信息安全隐患。

多元缤纷的创新联合体为苏州科技企业的成长与发展提供了更高更大的舞台。以苏州市高功率半导体激光创新联合体为例，自成立以来，内部的企业成员除进行日常的技术攻关外，还参与建设"太湖光子中心"，积极参加和拟参加太湖光子中心光制造产业论坛、世界光子大会等一系列高能级产学研活动,获得与全球知名企业、专家学者等同台交流的宝贵机会。

(三) 从探路到范本——创新联合体建设的苏州经验

全力以赴集聚高能企业,从"孤军深入"到"并肩作战"。诚邀广大企业持续深耕苏州,共同凝聚起推动数字经济时代产业创新集群建设的磅礴力量。建设创新联合体需要牵头企业实力强劲、创新活跃,而非大而不强、固化死板;需要成员企业优势互补、协同攻关,而非成本分摊、粗糙合作。只有坚持优中选优、强强联合,才能让联合体的技术攻关事半功倍。因此,政府要躬身入局、慧眼识珠,选拔一批研发投入高、创新意愿强的科技领军企业或高科技"潜力股",努力为创新联合体找好优质"领头羊"。

不遗余力创新体制机制,从"生搬硬套"到"量体裁衣"。建设创新联合体需要政府与牵头企业高度了解当地产业发展特征,并据此对联合体的组织形式(虚拟组织或实体组织)、动力来源(战略引领或市场推动)、投入分享标准等体制机制进行恰当的"排兵布阵"与迭代升级。同时要设定科学的绩效评定与监督管理制度,确保创新联合体高效运行,坚持市场化、产业化导向,确保各方权责清晰、协作高效、互惠互利。

面向全球导入顶尖资源,从"一夫当关"到"八面来风"。要持续提供更加优质的"苏式服务",把最好的资源、最新的政策第一时间落实到位。这个"最好的资源"不仅仅是地方所能提供的本地最好的资源,还应全面对标同行业国际顶尖水平,进一步链动、整合、配置全球资源。因此,要积极发挥"有为政府"的牵引作用,盯紧前沿、高端、核心、关键的创新资源要素,如通过绘制全球科技人才地图、组建全球科创招商团队等方式,大力集聚全球战略科学家、高端开放创新平台、跨境资本和人才等一系列优质资源要素,助力创新联合体站在高处、望向远处、干在实处。

二、"六大工程"打造科技服务业发展先导城市

2022年12月，苏州市政府印发《苏州市打造科技服务业发展先导城市三年行动计划》。2023年以来，苏州坚持以习近平新时代中国特色社会主义思想为指导，认真学习贯彻党的二十大精神，坚持"全球视野、问题导向、突出重点、集群发展"的原则，聚焦研究开发、科技评估、信息服务、技术转移、创业孵化、科技金融、知识产权、检验检测认证等领域，实施科技服务业高质量发展"六大工程"，着力开辟新领域、新赛道，不断塑造新动能、新优势，加快打造科技服务业发展先导城市，为提升科技创新体系整体效能、高水平建设创新型城市和产业创新集群提供有力支撑，目标是到2025年，市级科技服务业集聚区和特色基地达70家，全市拥有规模以上科技服务机构1500家、科技服务领域高新技术企业1000家、科技服务从业人员25万人，科技服务业收入超过2500亿元。

（一）实施科技服务载体支撑工程

强化国家战略科技力量。举全市之力支持、服务、保障苏州实验室建设。推进生物医药、脑科学、海洋通信、人工智能等领域重大创新载体建设，努力成为有关国家重大科研载体的基地或网络，按"一事一议"方式给予企业大力支持。加快建设国家新一代人工智能创新发展试验区、国家生物药技术创新中心、国家第三代半导体技术创新中心（苏州）、深时数字地球国际大科学计划、国家超级计算昆山中心等战略科技力量，构建大协作、开放式、网络化创新格局，以国家战略需求为导向，积聚力量进行原创性、引领性科技攻关，实现更多从"0"到"1"的突破、从"1"到"10"的转化。

构建实验室体系。围绕电子信息、装备制造、生物医药、先进材料四大产业创新集群，聚焦16个细分领域，全力争创全国重点实验室（基地）、江苏省实验室及江苏省重点实验室，主动布局建设苏州市重点实验室，构建定位清晰、充满活力的实验室体系。加大支持力度，鼓励高校院所、科研机构、创新型企业采取牵头新建、共同建设、参与建

设等方式,争创全国重点实验室(基地),分阶段全过程给予最高 2 亿元资助;对新建的江苏省重点实验室、江苏省工程技术联合实验室给予最高 2000 万元资助;对新建的苏州市重点实验室给予最高 100 万元资助,建设期满后根据运行绩效给予最高 100 万元持续资助。

建设产业技术创新平台。鼓励高校院所、科研机构、创新型企业统筹资源,建设产业技术创新平台,对新建的国家技术创新中心、产业创新中心给予 5000 万元资助,对新建的国家工程研究中心给予 2000 万元资助,对新获认定的国家级制造业创新中心按"一事一议"方式给予支持。创新新型研发机构建设模式,聚焦四大产业创新集群及未来产业,通过"揭榜挂帅"等方式,面向全球吸引大院大所、创新型龙头企业、著名科学家、创业团队在苏州建设新型研发机构,最高给予 1000 万元资助;支持新型研发机构把"研发作为产业、技术作为商品",强化合同科研导向,为科技型中小企业提供更多研发服务,实现自身可持续发展,实现到 2025 年,市级以上新型研发机构累计达 150 家,研发服务收入占总收入的比重超过 50%。加快建设龙头企业牵头、高校院所支撑、各创新主体协同的创新联合体,发展高效强大的共性技术供给体系,提高科技成果转移转化成效;支持科技服务机构参与创新联合体建设,实现到 2025 年,全市创新联合体累计达 50 家。

提升科技基础能力。鼓励采用政府与社会资本合作的模式,支持社会资本参与重大科技基础设施、大科学装置等建设,建立联合互动机制,推动可持续发展。着力推进纳米真空互联实验站三期建设,超前布局建设材料科学分析表征、极端核磁共振、中能多粒子加速器、全脑在体单神经元解析成像实验等大科学装置,并力争进入国家重大科技基础设施行列。鼓励重大科技基础设施加大对外开放力度,瞄准国际前沿提供前瞻性研发服务。积极建设超算中心、生物信息中心、实验动物中心、生物种子与实验材料资源库、科技图书文献中心等基础性科技设施,为科技创新提供基础服务支撑。

加快科技公共服务平台建设。以企业需求为导向,整合现有研发资源,共享服务平台、科技成果转化平台、科技金融生态圈平台、科技人才地图平台等,建设统一的苏州市科技公共服务平台,并有效对接"苏商通"APP,构建全过程的线上科技公共服务。完善科技创新券制度,坚持"全国使用、苏州兑付",降低企业创新成本,激发企业使用苏州市科技公共服务平台的积极性,提高平台使用率和影响力,对符合条件的企业每年发放最高250万元的科技创新券。围绕四大产业创新集群,聚焦技术研发、成果转化等关键环节,鼓励建设成果转化中间性试验、检验检测认证、药物转化、临床试验等专业科技公共服务平台,根据服务绩效给予最高200万元支持。利用大数据、云计算、人工智能技术,整合各类科技资源,建设科技服务云平台"苏科云",实现科技信息互联互通、资源共建共享,并实行平台上移、服务下延,通过手机APP移动互联直通到创新主体,提供全天候、全方位的科技信息服务。构建苏州市科技公共服务平台联合体,统筹整合成员科技服务资源,汇聚提升成员科技服务能力。

(二) 实施服务机构雁阵打造工程

集聚高水平科技服务机构。强化科技招商,面向国内外引进创新能力强、服务水平高、行业影响力大的高端科技服务机构;支持全球知名科技服务机构在苏州设立功能总部、地区总部或独立法人机构。实施本土科技服务骨干机构培育计划,支持培育对象加强服务工具、模式和产品创新,牵头或参与制定服务标准,加快做大做强,对首次成长为规模以上科技服务企业的给予最高50万元奖励;对年营业收入首次达到5000万元的,给予最高100万元奖励。支持高水平科技服务机构"走出去",采取独立设置、联合运营、并购重组等方式,拓展国内外科技服务市场。实现到2025年,年营业收入超过1亿元的高端科技服务机构达100家。

发展科技服务高新技术企业和研发型企业。支持研发能力强、市场前景好、发展潜力大的科技服务企业加大研发投入,提高技术服务收入,成长为高新技术企业,给予最高100万元奖补。围绕创新链完善研发服务链,支持以自主技术研发服务为主业的科技服务企业持续提升为其他企业提供研究开发、成果转化、技术服务和整体性解决方案的能力,努力成长为研发型企业,对首次被认定为江苏省研发型企业的机构给予最高50万元支持;鼓励研发型企业建设重点实验室、工程研究中心、技术创新中心等研发平台。力争到2025年,江苏省研发型企业达30家。

壮大科技服务中小微机构。鼓励高校院所、科研机构、企业有经验的科技人员创办科技服务机构;支持民营企业独立创办或与其他社会力量联合兴办科技服务机构;支持合伙制科技服务企业发展,鼓励有条件的科技服务事业单位转企改制,促进科技服务中小微机构不断涌现。探索科技服务专业孵化器建设,放宽住所登记条件,实行"一址多照"和集群注册,对首次获得市级及以上科技孵化器、众创空间备案或认定的,给予最高100万元奖励;每年开展科技孵化器、众创空间绩效评估,对评估结果为优良的,给予最高100万元运营补贴。建立科技服务机构积分制度,从服务工具、服务团队、服务模式、服务成效等方面建立指标体系,对科技服务机构进行量化打分,并把积分情况作为项目申报、人才评选、信贷支持、荣誉激励等的重要依据。

培育新型科技服务机构。培育概念验证机构,支持高校院所、科研机构、创新型企业建设概念验证中心,为实验室成果提供技术可行性和商业化论证,优选可转化的科技成果,提高科技成果转化供给质量,打通科技成果转化"最初一公里",对新建的概念验证中心给予最高100万元建设资助。培育科技成果中间性试验(简称"中试")工程化服务机构,围绕四大产业创新集群,面向科技成果转化和产业化需求,支持建设中试工程化服务平台,通过工程化手段,推进科技成果转化,打通转化工艺流程,提升批量化生产能力,突破科技成果转化"最后一公里",对新建的中试工程化服务平台给予最高100万元建设资助。培育科学数据服务机构,建设苏州市科学数据中心,并围绕四大产业创新集群细分领域,依托高校院所、科研机构、创新型企业建设分中心,汇聚整合科学数据资源,形成一批全国有影响的科学数据集,积极争创省级以上科学数据中心;建立健全统筹服务体系,依托苏州市科技公共服务平台、科技服务云平台"苏科云",强化科学数据开放共享服务,力争实现到 2025 年，年服务企业及高校院所、科研机构研发人员超过 5000 家（人）次。

(三) 实施服务人才精英汇聚工程

汇聚高层次科技服务人才。坚持人才是第一资源，面向全球引进科技服务高端人才、紧缺人才、拔尖人才，特别是懂技术、懂市场、懂管理的复合型人才；各级相关人才计划对科技服务人才给予优先支持。借鉴国际知名猎头公司的专业化引才办法，培育引进一批具有较强的市场意识、战略执行、经营管理和开拓创新能力的科技服务职业经理人。创新数字化引才手段，依托领军人才发现系统、创新集群人才支撑系统、科技招商智能导航系统，运用大数据、人工智能技术，开发全球科技服务人才地图，提高精准招才引智能力。坚持"筑巢"和"引凤"相结合，强化各类载体平台建设，推动"人才+项目+平台"一体化引进。

强化科技服务人才培养。鼓励在苏高校设立知识产权、创业孵化、科技金融等领域学院（研究院），或设置科技服务学科专业，开展相应学历教育。提升国家技术转移人才培养基地、长三角知识产权实用人才培训基地、苏州科技商学院、苏州市产学研学院等科研机构的建设水平，完善培训课程设置，增加案例研讨、实训演练等内容，努力培养适应市场需求的应用型人才；加强与知名高校院所的合作，构建产、学、研、用相结合的人才培养机制。建设科技服务国际化人才培训基地，与国内外知名服务机构联合开展人才培养。实现到 2025 年，全市持证技术经纪（经理）人达 5000 人，创业导师达 6000 人，培训科技评估师 1000 人，新增持证国家专利代理师 900 人。

健全科技服务人才激励机制。引导行业协会建立健全技术经纪人、科技咨询师、科技评估师、信息分析师等职业资格认定体系。建立科技服务人才评价体系，完善职业资格制度，激发高校院所、科研机构、企业等单位的各类人才在科技服务领域创业创新的积极性。鼓励高校院所、科研机构、医疗卫生机构完善薪酬分配制度，将科技成果转化与职称评定、岗位聘任、人才评价、绩效考核等相挂钩。认真落实高校院所、科研机构等事业单位科技人员在职与离岗创业政策，建立科技人员柔性流动制度，支持符合条件的高校院所、科研机构科技人员经所在单位批准，带着科研项目和成果、保留3年人事关系，到企业开展科技创新，提供技术服务，或创办科技服务机构。支持科技服务人才加强能力建设，对自费参加国家级科技服务培训机构培训并取得结业证书的，按培训费用的50%给予最高1万元资助。

（四）实施科技服务集聚发展工程

推进科技服务业集群发展。坚持"关联功能集中、产业专业集聚、土地集约利用、区域联动发展"，以发展基础较好的科技服务业为重点，强化产业规划引领，加快集聚科技服务载体、人才、机构等资源，营造良好的产业发展生态，打造一批特色鲜明、功能完善、布局合理的科技服务业集群。引导各县级市（区）发挥自身优势，打造彰显特色、错位发展的科技服务业集群。支持张家港市建设半导体研发服务集群、检验检测认证服务集群，支持太仓市建设药物临床前安全性评价服务集群、检验检测认证服务集群，支持常熟市建设汽车及零部件研发服务集群、声功能材料检验检测认证服务集群，支持昆山市建设高端装备研发服务集群、生物医药检测认证服务集群，支持吴江区建设智能网联汽车关键技术研发服务集群、功能纺织品检验检测认证服务集群，支持吴中区建设生物医药检验检测认证服务集群、高低压电器检验检测认证服务集群，支持相城区建设智能车联网研发服务集群、先进材料研发服务集群，支持姑苏区建设软件开发和信息技术服务集群、节能环保领域检验检测认证服务集群，支持苏州工业园区建设药物研发服务集群、智能传感器设计制造研发服务集群，支持苏州高新区建设知识产权服务集群、科技金融服务集群。

建设科技服务业集聚区。深入开展苏州工业园区、苏州高新区国家科技服务业集聚区试点，努力形成一批可复制、可推广的新经验、新模式。建设市级科技服务业集聚区，汇集高端服务机构，拓展服务功能，打造服务品牌，构建贯通产业链上下游的科技服务链，努力在科技服务业集聚发展中发挥示范带动作用。支持各县级市（区）围绕重点产业，建设科技服务业特色基地，发展特色科技服务业。结合发展楼宇经济，打造科技服务特色楼宇，集聚各类科技服务资源，建设科技服务垂直开发区。研究制定市级科技服务业集聚区与特色基地的建设标准、认定办法和管理服务措施，促进规范发展、可持续发展。实现到2025年，建设市级科技服务业集聚区20家、市级科技服务特色基地50家。

探索建设科技金融改革试验区。 支持有条件的县级市（区）、高新技术产业开发区、经济技术开发区等深化科技金融改革，推动科技与金融深度融合，建设科技金融改革试验区。健全科技金融机构组织体系，鼓励商业银行在科技金融试验区设立科技金融事业部、科技支行、科技金融专营机构等，探索差别化管理方式；支持境内外科技保险公司在科技金融试验区建立总部研发和创新中心；加快发展法律、会计、管理咨询、评估认证、创业孵化、中介服务等科技金融辅助服务机构。推动科技金融产品创新，支持保险公司研发推出生物医药相关责任保险、首台（套）重大技术装备保险、新材料首批次应用保险、知识产权质押贷款保证保险、专利综合保险等产品；提升面向科创企业的首贷比，扩大信贷产品覆盖面。充分利用多层次资本市场体系，畅通科创企业上市融资渠道，加强上市后备科创企业资源库建设，对优质科创企业进行孵化培育和分类支持；强化股权投资基金培育引导，争取国家重大产业投资基金在科技金融试验区落地，加大对科技金融试验区科创类基金尤其是民营科创类基金的配套支持力度。推进科技赋能金融，引导科技金融试验区的金融科技产业集聚；深化金融科技开发和应用，引导金融机构运用数据挖掘、机器学习等技术优化风险防控，提升风险识别与处置的准确性和及时性。

推进科技服务协同联动发展。 认真落实长三角一体化等国家战略、江苏省区域协调发展部署，积极参与沿沪宁产业创新带、G60科创走廊建设，加快打造环太湖科创圈、吴淞江科创带，依托四个带状空间，完善全市域创新布局，将城市产业空间重点用于承载科技创新和科技服务能力的提升。参与长三角科技创新服务战略联盟建设，共享信息资源、共创特色品牌、共育人才队伍、共促产业发展；支持更多科技服务机构加入联盟，加强与联盟成员的务实合作，实现互利共赢、共同发展。坚持市域一体化，支持各县级市（区）交流联动，实现布局互补、资源共享、产业互动，打造区域一体化科技服务发展格局，努力构建全市域科技服务融合发展生态，实现到2025年，认定10家苏州市域一体化科技服务联动发展区。

(五) 实施服务机制模式创新工程

发展数字科技服务。推进科技服务数字化，加强大数据、云计算、人工智能技术与科技服务的深度融合，发展第三方云平台服务，打造"互联网+科技服务"模式，推动科技服务从线上线下相结合向线上全流程服务转变。鼓励科技服务机构深化产学研合作，强化数字领域技术攻关，突破关键核心技术，提高数字科技服务水平。支持科技服务机构运用数字技术，挖掘有效服务需求，提高响应速度，拓宽服务维度，加快服务产品迭代升级，提升精准服务能力和核心竞争力。

构建市场化运行机制。引导科技服务机构紧贴市场，提高自我造血功能，实现可持续发展。支持科技服务机构开展行业融合、垂直整合，努力提供覆盖产业链不同阶段的"一条龙"科技服务，提高整体竞争力。支持科技服务机构根据服务痕迹，了解用户潜在需求，及时向用户提供能够提升用户产品性能、质量、竞争力的增值服务。支持科技服务机构发展平台经济，面向科技服务供需方，搭建开放服务平台，强化资源展示、信息查询、合作交易等功能，并提供代理服务、仪器耗材销售、服务产品宣传推广，以及仪器设备租赁、调剂、买卖等市场化衍生服务。支持科技服务机构加强与金融机构的深度合作，在为用户提供科技服务的同时，发挥自身优势，帮助推介金融服务和产品，参与收益分成，拓展收入来源。

完善科技服务要素市场。聚焦技术交易等重点领域，强化市场机制和需求导向，发展层次多元、特色鲜明、功能完备的技术要素市场，强化确权、定价、交易、信用、监管等功能，推动要素价格市场决定、流动自主有序、配置高效公平，不断激发市场活力。整合国家技术转移苏南中心、长三角科技要素交易中心、江苏国际知识产权运营交易中心、苏州市产权交易所、苏州大数据交易所等，探索建设统一开放、互联互通的技术交易市场。深化科技成果产权改革,支持苏州大学深入开展赋予科研人员职务科技成果所有权或长期使用权试点,形成一批可复制、可推广的新经验、新模式,明晰科技成果转化收益的产权关系。促进技术要素与资本要素融合发展,探索通过天使投资、创业投资、知识产权证券化、科技保险等方式,推动科技成果资本化,促进科技成果进场交易和价值实现。完善技术交易市场科技成果和知识产权确权、登记与公示等基础功能,提供评估、咨询、匹配、投融资对接等增值服务,推动科技成果加快转移转化。支持技术交易市场探索建立技术转移交易指数、技术交易区域指数、技术交易行业指数,以此衡量技术交易市场的活跃程度,反映全市、各县级市(区)及相关行业技术的交易状况和变化情况。鼓励高校院所、科研机构、企业单位、事业单位开展技术交易,对输出方、吸纳方、中介方给予最高50万元支持。实现到2025年,全市技术合同成交额超过1200亿元。

建设苏州市科技服务业发展联盟。整合全市科技服务业资源,加快联盟建设,打造科技服务共同体,提升科技服务综合效能。支持联盟会同科技服务行业协会、行业学会等,研究制定科技服务发展规范,推动科技服务持续健康发展。鼓励联盟发挥桥梁纽带作用,举办论坛、沙龙、路演、培训、专场对接会等形式多样的活动,促进联盟成员常态化的互动交流。支持联盟发挥优势,强化战略研究和咨询服务,为政府部门科学决策提供智力支持。支持联盟牵头研究制定科技服务质量体系、标准化体系,推动打造一批国内外有影响的科技服务品牌,不断提升科技服务业的综合竞争力。

(六)实施科技服务生态营造工程

加大支持力度。成立由市领导任召集人的苏州市科技服务业发展工作联席会议,定期听取工作进展情况汇报,及时解决遇到的困难和问题。发挥财政资金的杠杆作用,统筹各级各类财政专项资金,强化对科技服务载体能力建设、高水平科技服务机构培育、高层次科技服务人才培养、科技服务业集群发展等方面的支持。在科技招商项目评估、产业发展知识产权导航、人才创新创业指导、科技发展战略研究、科技人员教育培训、法律服务等方面，购买公共科技服务，努力为科技服务提供更多应用场景。认真落实涉及科技服务业发展的扶持政策，加强土地、人才、房租等方面的配套支持，为科技服务业发展提供良好的支撑条件。

拓展融资渠道。建立多元化融资体系，引导银行信贷、创业投资、资本市场等加大对科技服务机构的支持力度。鼓励保险、担保机构为科技服务机构提供相关融资服务，支持科技服务机构上市融资、再融资及挂牌，支持符合条件的科技服务机构发行企业债券、公司债券、非金融债务融资工具等。用好科技服务机构积分制度，激发金融机构为科技服务机构提供信贷支持的积极性。

强化统计监测。建立健全科技服务业统计制度，完善指标体系，优化统计方法，强化分析研究，定期发布统计监测结果，准确把握行业发展态势。编制年度发展白皮书，展示科技服务业发展成效，引导科技服务业持续健康发展。加强智库建设，为制定科技服务业发展规划、支持政策等提供智力支持。

营造良好环境。加强科技服务机构信用体系建设，建立科技服务机构及其从业人员信用记录披露制度，建设科技服务机构信用信息管理系统；构建统一开放、竞争有序的市场体系，为科技服务业发展营造公平竞争的环境。举办科技服务业发展大会。开展"苏州市科技服务业集聚区（特色基地）10 强"评选。对科技服务载体、机构、人才进行若干类别的细分，每个类别分别评选 20 强，入选的科技服务载体、机构，由"苏商通"推送给科技型企业，在服务企业的同时扩大影响力，形成一批具有知名度的科技服务品牌。加大政策宣传力度，强化对优秀科技服务载体、机构、人才、品牌的宣传，努力形成全社会支持科技服务业发展的良好氛围。

三、加速集聚创新创业人才

作为新质生产力的创造者和使用者，人才是生产力生成中最活跃、最具决定意义的能动主体。人才要素跟得上，区域创新才有活力，新质生产力才能成为有源之水。随着地区生产总值越过 2.5 万亿元大关，苏州这座充满魅力、动力、活力的人才之城正成为一颗璀璨的明珠。在苏州，人才和城市之间不仅是一种"双向奔赴"，更是一种"相互成就"。

"苏州人才网"工作标识

（一）下足引才"真功夫"，集聚人才资源"最大增量"

千秋基业，人才为本。当今时代，面对新一轮科技革命和产业变革，加快形成新质生产力，亟待集聚更多高水平创新型人才。近年来，苏州科技部门深入实施创新驱动和人才引领发展战略，着力以优质创新生态集聚优秀科技人才，切实发挥"第一资源"助推"第一动力"的作用。扎实的产业基础、浓厚的创新氛围、优越的营商环境，吸引了一大批科技人才来到苏州创新创业。

截至 2023 年 12 月，苏州全市人才总量达 370 万人，高层次人才总量突破 38 万人，660 余人入选国家级人才计划，1500 余人入选省"双创计划"，连续 16 年位列全省第一。立项资助顶尖人才（团队）10 个、重大创新团队 46 个、姑苏创新创业领军人才近 3500 人。连续 12 年入选"魅力中国——外籍人才眼中最具吸引力的中国城市"十强榜单，全市持证外国人才超 1 万人，占全省近 1/2。人才企业中，已有 180 家入选苏州市"独角兽"培育企业，占全市"独角兽"培育企业总数的 60%；285 家被认定为"瞪羚"企业，占全市"瞪羚"企业总量的 17%；171 家被认定为专精特新中小企业，占全市专精特新中小企业总量的 14%；1281 家获高新技术企业认定，占人才企业总数的 45%，占全市高新技术企业总量的 7%。

（二）瞄准用才"真需要"，激活人才创新"一池春水"

使用是最好的培养。引进人才、拥有人才不能束之高阁，而要推动广大人才各展其长、竞相成长。苏州始终多渠道、多层次搭建让人才发光发热的广阔舞台，倾心倾情为人才兴业"导航续航"，为高质量发展厚植创新动力，为加快形成新质生产力储备人才。苏州在全国率先建设科技商学院，与顶尖高校合作规划培训体系，以实体化校区建设，搭建"政产学研用金"高效协同赋能生态，探索复合型人才培养和新型科技成果转化新模式，成为创新驱动高质量发展的重要实践。

苏州以优质产业为基石，以科创平台为阵地，以创新生态为底色，聚焦人才发展关键环节，精准施策，着力建设高水平、高质量的人才发展高地，通过多方合力，为科技人才提供创新交流平台，让人才的创新创造活力竞相迸发。

（三）倾注爱才"真感情"，做好人才服务"关键小事"

茂材需沃土，良禽择良木。关爱人才贵在精准，因地制宜、因人施策解决新质生产力人才的难点痛点问题，最能打动人才。苏州对于每一位人才的服务，只有"升级版"，没有"最终版"，将优厚礼遇给予人才，吸引了一批又一批"千里马"。

苏州始终牢固确立人才引领新质生产力发展的理念，持续优化与完善人才政策体系，多措并举推动高层次人才集聚，倾心引才、悉心用才、真心爱才，为跑赢创新发展新赛道注入澎湃动力。

着眼高端引领，坚持以人才高峰引领创新高峰。聚焦世界前沿科技和"卡脖子"技术，以"一事一议"、特事特办、上不封顶的特殊支持，大力引进具有科技前沿引领力、科研资源集聚力、国际话语影响力的顶尖科学家和团队。

突出产才融合，坚持以领军集群做强创新集群。聚焦数字经济时代产业创新集群发展需求，深入实施"姑苏创新创业领军人才计划"，形成引进人才、培育企业、发展产业的良性循环。

立足以育为基，坚持以人才矩阵构筑创新矩阵。加强青年人才引育，组织"科创苏州"青年科技创业大赛，通过"以赛代评"方式，引导社会资本和科创资源向青年创业团队集聚。以苏州科技商学院为抓手，培育复合型创新人才。

聚焦以"留"为本，坚持以服务打造引才"强磁场"。柔性集聚全球智力资源，设立21家外籍院士工作站，省、市级外国专家工作室累计达318家。在全省率先设立外国高端人才工作许可证、居留证办证专窗，目前苏州大市范围内已实现"单一窗口"全覆盖，有效提高了外国人才来华许可审批的效率。

2024年的工作主要聚焦在切实把人才作为重要战略资源，围绕建设具有全球影响力的产业科技创新中心主承载区目标定位，深化科技体制、教育体制、人才体制等改革，聚焦产业、科技、文化、教育、医疗等领域，进一步优化人才发展环境，充分发挥人才在发展新质生产力中的重要作用。具体来说，一要更大力度推动产才融合，聚焦"1030"产业体系，瞄准产业方向，健全完善以企业为主体的招才引智新模式，引育一批掌握关键核心技术的战略科学家、科技领军人才和创新团队，面向海内外靶向引进一批高端人才，进一步优化高校学科设置，持续壮大高层次人才队伍。更大力度提升平台能级，争创高水平人才平台，建强高能级科创载体，促进高质量成果转化。二要更大力度实现松绑赋能，深化人才发展体制机制改革，完善人才评价体系，创新人才使用机制，丰富人才激励方式，让人才的创造活力竞相迸发、聪明才智充分涌流。三要更大力度打造一流环境，深化人才创新创业全周期"一件事"改革，常态化开展人才走访，统筹协调解决子女教育、医疗、住房等"关键小事"，对顶尖人才、重点人才打造"量身定制""一对一"专项服务，加快开发苏州"人才云"大数据系统，优化"苏州人才总入口"线上服务平台，逐步实现"苏才码"人才服务全域共享，打造更多人才有感、治理有效的应用场景。

四、"八大工程"全面提升科技创新能力

2024年，苏州加强科技创新和产业创新对接，大力实施科技创新"八大工程"，做强创新主引擎，加快打造具有全球影响力的产业科技创新中心主承载区，推动科技创新再上新台阶。"八大工程"具体包括：科技战略平台能级提升工程、高水平大学建设高峰工程、产业技术攻坚突破工程、创新企业培育壮大工程、创新创业人才集聚工程、创新

成果转化加速工程、科技金融赋能助力工程、开放创新合作拓展工程。

如何实施好科技创新"八大工程"？2024年3月正式出台的《苏州市实施"八大工程"全面提升科技创新能力的若干政策》提出了"五个新"目标、20项政策举措，努力以科技创新推动产业创新，全面提升苏州的科技创新能力。该政策自2024年4月1日起施行，有效期至2026年12月31日。

2024年4月8日，第二届全国先进技术成果转化大会在江苏苏州开幕
（图片来源：新华网）

（一）企业：给予"独角兽"企业5年最高1000万元支持

企业是创新的主体，苏州将强化对高科技企业的培育，打造产业创新新势力。具体措施包括鼓励企业加大研发投入、支持外资及港澳台企业建设研发机构、推动高成长企业持续涌现、促进科技企业加速集聚、提升创业载体建设质效等五项政策。比如，支持规模以上工业企业建设研发机构，对争创省级以上研发机构的企业给予重点支持，推进规模以上工业企业研发机构建设实现动态全覆盖。对年度研发费用加计扣除额超过3000万元且年度新增1000万元以上的企业，给予最高200万元支持。对年度基础研究投入超过500万元的企业，给予最高100万元支持。

对获得认定的高新技术企业，给予最高100万元支持。对获评的苏州市"瞪羚"企业，给予每年最高100万元科技贷款贴息补助。对获评的苏州市"独角兽"培育企业，给予每年最高200万元支持，最多支持5年，累计不超过1000万元。

围绕创新链开展科技招商，布局建设城市协同创新中心，符合条件的给予最高 100 万元支持；实施"全球科创伙伴计划"，对纳入计划的单位给予每年最高 300 万元支持。对在苏州举办的"全球科技创业大赛"等创新创业大赛中获奖并落地苏州的项目，给予最高 200 万元支持；符合条件的给予市、县级市（区）领军人才计划、贷款贴息和风险补偿等政策支持。

构建"孵化器—加速器—未来产业科技园"孵化链条，对获评的省级及以上科技孵化器（含大学科技园），给予最高 100 万元支持，并根据建设绩效每年给予最高 100 万元支持。支持龙头企业建设高质量科技孵化载体，给予最高 200 万元支持。对获评的国家级、省级未来产业科技园，分别给予最高 600 万元、最高 300 万元支持。

（二）创新：给予关键核心技术攻关项目最高 1000 万元支持

创新链为产业链提供动力，产业链为创新链提供载体。苏州强化构建全过程创新链，提升产业科技新效能。一方面，加强以产业化为导向的应用基础研究。加强支撑产业发展的应用基础研究，设立省、市自然科学联合基金，每个基金项目给予最高 500 万元支持。支持争创国家基础科学中心、国家前沿科学中心、国家基础学科研究中心，对获批的给予最高 500 万元支持。支持符合条件的医疗机构、科研院所自主组织实施应用基础研究，每年给予最高 1000 万元支持。另一方面，加强关键核心技术攻关。推动科技创新深度对接产业创新，面向全球实施"揭榜挂帅"项目，开展前沿技术和关键核心技术攻关，对苏州市关键核心技术攻关项目给予最高 1000 万元支持。对国家技术创新中心、创新联合体组织实施的重大"揭榜挂帅"项目，按项目投入最高 50% 配套，给予最高 1000 万元支持。支持创新药物和高端医疗器械研发，每个项目分类分阶段给予最高 3000 万元支持。

同时，加速科技成果转化和产业化。设立苏州市科技成果转化专项基金，培育一批重大创新产品，每个项目给予最高 2000 万元支持。支持建设苏州市成果供需对接服务平台，给予最高 500 万元支持。此外，鼓励承担国家科技项目。对牵头承担国家科技重大专项、国家重点研发计划项目的高校院所、企业，每个项目分别给予最高 100 万元、最高 300 万元支持。对获得国家科学技术奖的主持和参与完成单位，按国家奖励资金最高 1∶2 比例给予奖励。对获得江苏省科学技术奖二等奖及以上的主持完成单位，按省奖励资金最高 1∶1 比例给予奖励。

（三）载体：给予全国重点实验室最高 2 亿元支持

近年来，苏州坚持把推进重大科技创新载体建设作为实施创新驱动发展战略、提升科技创新策源功能、推动区域经济创新发展的重大举措。未来，苏州将不断强化高能级载体集群建设，打造创新策源新引擎。

推动国家战略科技力量布局，保障苏州实验室建设。推动建设国家实验室基地、江苏省实验室，按"一事一议"方式给予支持。按产业领域组建科创联盟，对科创联盟实施的有组织科研、协同创新项目给予最高 1000 万元支持。

构建多层次实验室体系。鼓励争创全国重点实验室，分类、分阶段给予最高 2 亿元支持。对获批的江苏省重点实验室、江苏省工程技术联合实验室，给予最高 2000 万元支持。布局建设苏州市重点实验室，给予最高 100 万元支持；建设期满后，根据建设绩效每年给予最高 100 万元支持。

打造一流产业技术创新平台。支持争创国家、江苏省技术创新中心，对获批的中心分别给予最高 5000 万元、最高 1000 万元支持。高水平建设苏州市新型研发机构，给予最高 1000 万元支持，建设期满后按建设绩效给予滚动支持。

加快建设重大科技基础设施。支持建设重大科技基础设施、实施国际大科学计划和大科学工程，按"一事一议"方式给予支持。对列入江苏省预研筹建的重大科技基础设施，给予最高 5000 万元配套支持。

（四）人才：给予领军人才（团队）最高 5000 万元项目支持

人才是第一资源，苏州将强化高水平人才引育，打造引领发展新动能。一是靶向招引全球顶尖人才。面向全球招引具有前瞻性判断能力、跨学科理解能力、协同攻关能力的战略科学家，按"一事一议、量身定制、上不封顶"的方式予以支持。推行顶尖人才（团队）首席专家负责制，在技术路线、团队组建、经费使用等方面赋予自主权。二是引进集聚科技领军人才。支持链主企业和龙头企业加大人才招引力度，引进掌握核心技术和知识产权的创新创业领军人才（团队），符合条件的每个给予最高 5000 万元项目支持。对经评估获得认定资格的未落户重大创新团队和创新创业人才，给予绿色通道支持；落户后通过实地考察的，予以立项并兑现相关政策。三是发掘培育拔尖青年人才。面向全球知名高校院所、企业，大力引进具有较强成长潜力的青年人才（团队），符合条件的给予最高 200 万元项目支持。对入选国家级人才计划项目的青年人才，给予最高 200 万元项目支持。

（五）生态：给予创新联合体最高 200 万元运营经费支持

激发创新活力，需要创新要素的高度集聚、创新生态的持续优化。苏州将强化高层次要素集聚，打造协同创新新生态。为此，苏州不断强化金融赋能科技创新，完善科技服务体系；强化产学研协同创新，完善包容创新制度环境。比如，对拥有创新技术、具有发展潜力的科技企业，给予股权投资支持。鼓励金融机构依托"科创指数"创新金融产品。对金融机构为科技企业提供科技信贷所产生的损失，给予最高 1000 万元风险补偿。建立科技保险风险补偿机制，对科技保险创新险种产生的损失，给予最高 500 万元补偿。

鼓励围绕技术研发、成果转化等关键环节，建设科技公共技术服务平台，对新建平台按建设总投资的 20% 给予最高 2000 万元支持；鼓励平台对外开放共享，根据年度服务成效每年给予最高 500 万元绩效补助。对使用苏州算力平台服务的本市企业，按实际支付人工智能算力费用的 20% 给予每年最高 200 万元补贴。支持建设专业化科技服务机构，符合条件的给予最高 200 万元支持。支持建设苏州市海外离岸创新中心，给予每年最高 500 万元支持。支持建设苏州市创新联合体，给予最高 200 万元运营经费支持。支持举办科技创业大赛、科技招商活动，以及有助于推进科技创新的产业技术峰会和各类展会，每场活动给予最高 200 万元支持。

县区实践

解读争创世界一流背后的"创密码"

2023年7月5日下午,习近平总书记来到苏州华兴源创科技股份有限公司(以下简称"华兴源创"),走进展厅、研发车间、光电实验室,视察产品研发、生产、测试流程,询问企业设备产品的性能、用途、市场等情况。华兴源创是位于苏州工业园区的一家高科技民营企业,聚焦晶圆、芯片、封装、模组、系统等专业检测设备领域,曾在2019年以84天的超快速度首次公开募股,成为中国"科创板第一股"。

苏州华兴源创科技股份有限公司
(图片来源:华兴源创)

一、初心成就梦想,科创第一股横空出世

回顾创业历程,华兴源创创始人、董事长陈文源说,自己从未忘记"站到国际装备产业顶峰"的夙愿,那颗为国产检测设备而奋斗的心永远澎湃。陈文源说:"那个时候,我在一家日本检测设备公司工作,发现在中国液晶面板显示器市场上,几乎所有的设备、材料,甚至小小的耗材都是国外生产的。"面对庞大市场和巨大商机,中国公司却几乎没有话语权。

电子产业蓬勃发展,中国该从哪里下手呢?

2005年,陈文源注册了苏州华兴源创电子科技股份有限公司,寓意"中华振兴,源于科创"。他选择了自己熟悉的检测行业,研发手机液晶屏幕的检测设备。

液晶面板检测设备涉及电子、机械、自动化、机器视觉、软件等多领域技术,涉及面之广、难度之高可想而知。当时,液晶屏技术都掌握在日本、韩国的厂商手里,做检测必须吃透这些技术,才能做到有的放矢。面对挑战,陈文源带领团队积累经验、攻克难关。2008年,华兴源创研发出第一款拥有完全自主知识产权的国产屏幕检测设备。

从一把螺丝刀、一把电烙铁起家,华兴源创给面板商做检测、做设备维护,严谨踏实的工匠精神给陈文源带来一次次机遇。2011年,苹果公司在一家日本知名液晶大厂内偶然看到了华兴源创的检测设备,便找上门要求与华兴源创进行联合研发。凭借刻苦钻研的精神和过硬的技术,华兴源创很快就成为三星、LG、夏普、JDI等国际知名厂商的设备供应商。

2017年,苹果采用有机电激光显示(Organic Light-Emitting Diode,简称OLED)屏幕,华兴源创与三星公司合作,开始研发相关的检测设备。这次科技含量高、时间紧的合作,极大地提升了公司的研发和交付能力。

面板检测领域成熟后,华兴源创没有故步自封,又开启了集成电路检测设备业务。面对新项目,华兴人还是一如既往地严谨,在分析产业趋势、研究发展方向后,开始大踏步地跨入集成电路领域。短短时间,已经收获颇丰,研发出数款检测设备。

初心成就梦想。2019年,华兴源创成功上市,成为中国"科创板第一股"。

二、点燃创新引擎,勇攀科技的珠峰

"一块薄如蝉翼的液晶屏幕,可以在毫秒之内完成多种性能检测。"介绍的内容正是公司内部号称"珠峰小队"的科研成果。历经7年卧薪尝胆,华兴源创填补了该领域国产专业的空白,打破了外国企业垄断的局面,在攀登科技高峰的道路上迈出坚实的步伐。"我在向总书记汇报突破科研难关卡脖子问题的时候,总书记勉励我们一定要继续勇攀科技高峰,要不断追求科技自立自强。"陈文源说。

华兴源创公司实验室一角
(图片来源:华兴源创)

在华兴人心中,追赶世界一流,攀登科技高峰,才是最大的前进动力。共产党员赵天骄就是这样一位展现坚韧和毅力的楷模。在晶圆缺陷检测设备的自主研发过程中,面对国外技术的垄断,他没有畏惧,而是带领团队自主攻关,设计出了国产化方案,并亲自领导软件开发工作。他和团队不断攻克技术难题,持续提升检测精度和运行效率,最终取得了显著成果——全部性能达到设计要求,而且产品价格远低于进口设备。

工匠精神代代相传。赵天骄所做的不仅仅是技术上的突破,他还将自己对半导体行业标准和技术规范的理解整理成文档资料,举办了多场内部培训,培养了一批新人,为攀登科技高峰踏出一条路径。

华兴源创制定了符合国家科技政策的创新激励和育才留才政策。鼓励技术人员参与自主研发,制定了攻关项目奖励和技术成果转化的激励机制。同时,良好的薪酬待遇、职业发展空间和持续学习机会,设立的专家岗位及晋升通道，让人才发挥出了最大价值。公司政策与国家政策相得益彰，留住了更多优秀人才。

未来，华兴源创将始终把"科技创新、自立自强"这个历史使命作为立业根本，依靠自主研发及与行业头部企业客户合作的优势，继续夯实高端工业检测领域的地位。同时，围绕智能化、数字化建设不断进军高端装备制造产业，做强做优"数智云网链"。

三、人才强区战略，高科技产业园区的"绝学秘籍"

放眼华兴源创的研发车间和实验室，工位上、机器旁是一张张朝气蓬勃的年轻面孔。"总书记十分关心人才培养，细致询问我们哪一年毕业的、在单位工作多久了，令人倍感亲切温暖。"华兴源创先进技术研究院光电视觉部算法工程师刘梦茹说。

华兴源创的腾飞离不开工业园区打造的聚才"强磁场"。在工业园区这片创新创业的热土上，人才始终是"第一资源"。工业园区为建设开放创新的世界一流高科技园区，努力引聚、用好一流人才，积蓄创新澎湃动能。

先行先试，工业园区以制度的先进性引才、聚才、留才。依托国家实验室、国家技术创新中心等平台释放引才效应，工业园区坚持科研条件、管理机制、人才团队"三个配套"，成建制"带土移植"顶尖人才。紧贴产业技术前沿和强链、延链、补链的需求，深化人才图谱绘制，创新"圈层+基金+驿站"多重引才方法组合，为人才创新创业提供精准导流。

大胆突破，工业园区创新管理方式，赋予人才活力。赋予人才更大技术路线决定权、更大经费支配权、更大资源调度权。加强科技创新与产业创新的对接，梳理产业难题，形成攻坚"榜单"，广泛"发榜"，遴选"挂帅"，并行"赛马"，构建"科学家+工程师"科研新模式。整合人才资源和创新要素，组建人才攻关联合体，探索"总指挥+技术总师"的科研攻关体系。

苏州工业园区花语江南人才会客厅
（图片来源：苏州工业园区管委会网站）

贴心服务，工业园区创造"综合最优"的人才生态。创新创业关键是环境选择，园区以创新集群赋能人才，坚持产业链、创新链、人才链、资金链四链融合；以热情服务关爱人才，争当识才聚才伯乐，解决好人才关心的关键小事；以宜居城市留住人才，对标国际一流，布局更多创新街区、人才社区，推出优医、优教、优居等举措，以良好的城市环境吸引人才、悦纳人才、留住人才。

（中共苏州工业园区工委党校　王亦乐）

名校与名城的双向奔赴

南京大学已实现"一校两城四校区"办学,其中,鼓楼校区是"寻根性办学",浦口校区是"开放性办学",仙林校区是"扬优性办学",苏州校区则是"开拓性办学"。建设苏州校区,推动四校区高效、有序、良性联动,是南京大学面向国家战略需求和区域产业布局、服务"强富美高"新江苏建设的切实举措,也是构建"一校两城四校区"办学新格局的具体行动方案。

南京大学苏州校区俯视图

[图片来源:中共苏州高新区工委(虎丘区委)宣传部融媒体中心]

南京大学苏州校区位于素有"真山真水园中城"美誉的苏州高新区,是"环太湖科创圈"和"沿沪宁产业创新带"的黄金交会点,享有得天独厚的地理环境和区位优势。苏州高新区是全国首批国家级高新技术产业开发区,也是苏州市重要的产业高地和创新高地,其综合实力在国家高新区及全省开发区中名列前茅。

2019年3月16日,苏州市与南京大学正式签署全面战略合作暨南京大学苏州校区建设协议,开启了名城名校合作新纪元。2020年9月8日,苏州校区建设工程全面启动。2021年7月14日,苏州校区首栋建筑顺利封顶。2022年6月28日,校地双方召开南京大学苏州校区建设工作领导小组会议,签署多个共建战略合作框架协议。2023年2月27日,校地双方共同召开苏州校区建设工作领导小组第六次会议,双方就进一步深化校地合作、推动苏州校区建设等展开深入交流,共谋未来双赢发展，为南京大学苏州校区发展迈入新阶段注入全新内涵。

南京大学苏州校区内部建筑图
[图片来源：中共苏州高新区工委（虎丘区委）宣传部融媒体中心]

一、建设科研创新平台，吸引人才集聚

苏州高新区将以南京大学苏州校区建设为契机，对接南京大学创新资源，加快集聚一批重大创新平台，引进一批创新产业项目，推动太湖科学城建设和发展。截至2023年9月，南京大学苏州校区已成立深空探测科学与技术研究院、功能材料与智能制造研究院、空间地球科学研究院等9个研究院，已成立数据管理创新研究中心、视觉计算与智能感知研究中心、高端控制与智能运维研发中心等4个研究中心。市委、市政府发布《关于支持南京大学苏州校区加速引进高端创新人才的若干意见》，着力引进学术素养深厚，能够把握科技大势、领衔担纲重大科技任务的战略科学家和国际顶尖人才，围绕电子信息、装备制造、生物医药、先进材料、绿色低碳等领域重点投入布局一批具有国际影响力的高能级创新载体和产学研协同创新、融合发展平台，全面推进江苏省集成电路先进制程工程技术联合实验室、中移南大云计算联合实验室等一批高端科研平台建设。南京大学苏州校区作为国家战略的服务区、南京大学理想的新寄托、留学归国人才的集聚地，将打造引进海外人才、各类人才竞相成长、服务高层次人才的示范区，更好地服务苏州产业转型升级的需求，努力让更多科研成果在苏州落地开花，提升服务苏州产业创新集群发展的能力，为把苏州打造成为世界级产业创新高地做出贡献。

南京大学苏州校区建筑内部图
[图片来源：中共苏州高新区工委（虎丘区委）宣传部融媒体中心]

二、畅通产学研通道，推动产业创新集群发展

目前，南京大学苏州校区已与地方联合建立了多个校地/校企科研机构，为学校与地方互利共赢的实现和地方经济的发展提供了支撑。为进一步提高与地方的对接效率，加快科技成果到产业的转化速度，实现"把论文写在祖国大地上"，以及从基础研究、关键技术到成果转化的"全链条"创新目标，南京大学苏州校区还单独设置了跨科研机构、跨校企的联合攻关组织——产研总院。人才培养、学科建设、产学研紧密衔接，大院大所和重点大学在苏州高新区的布局已不仅仅是学校"双一流"建设和竞争力提升的增长极，也让苏州高新区的科教资源、校企合作、产教融合等都有了极大的提升。南京大学苏州校区位于环太湖科创圈和沿沪宁产业创新带相交的切点位置，当前，苏州高新区抢抓长三角一体化、长江经济带、共建"一带一路"等重大机遇，以数字经济时代产业创新集群建设为抓手，推进科技和产业创新，这正是高校大显身手、实现创新成果转化的最好平台。苏州高新区也全力畅通产学研合作通道，积极支持高校将学科建设与研发任务相结合。为进一步推动产学研深度融合，加快科研成果落地转化，仁烁光能（苏州）有限公司全钙钛矿叠层太阳能电池项目、南京大学苏州校区产研总院与普源精电科

技股份有限公司共建先进电子测量融合发展中心等11个南京大学服务苏州经济社会发展代表项目顺利签约，将通过校地合作共建、校企融合发展、横向项目合作、技术转移转让等方式，进一步密切校地关系，有效提升苏州产业发展质量。

三、加强基础研究，服务未来产业

面向国家战略和区域产业布局，南京大学苏州校区紧密结合教育部《关于建设长江教育创新带的实施意见》等文件精神，聚焦人工智能、信息技术、生命健康、生态环保等领域"卡脖子"问题，大力推进新兴学科和专业建设。目前已建成智能科学与技术学院、智能软件与工程学院、集成电路学院、数字经济与管理学院、前沿科学学院等7个未来学院，开设智能科学与技术、软件工程（智能化软件）、集成电路设计与集成系统、数字经济4个本科专业，以及人工智能、软件工程、微电子学与固体电子学、电子信息、材料与化工等研究生专业，紧密对接信息技术、光电科技、新材料、新能源、智能制造等领域对人才的需求，创新人才培养模式，为区域未来产业发展注入新动能。充分发挥学校原有学科领域的优势，重点在苏州延伸建设固体微结构物理国家重点实验室等7个国家重点实验室，同时拓展研究方向，积极筹建新的全国重点实验室。以国际科技前沿和地方优势产业为导向，同时考虑学校"新工科"建设需求，重点打造人工智能与信息技术、功能材料与智能制造、化生医药与健康工程、地球系统与未来环境、数字经济与管理科学5大学科群，并成立了若干个实体研究中心。除校区所设学院以外，这些科研机构将成为南京大学苏州校区独立的科研力量和国家级科研机构的有益补充。

[中共苏州高新区工委（虎丘区委）党校 许通]

第三篇

强产业、调结构：在扎实推进新型工业化上谱写新篇章

核心提要： 推进新型工业化是推进中国式现代化苏州新实践的关键任务。当前，苏州围绕推进新型工业化，瞄准建成全球具有领先地位的"智造之城"的战略目标，加快构建"1030"产业体系，以政策引领一体构建现代产业体系，加强制造业和生产性服务业"两业"融合，以创新发展引领传统产业、新兴产业和未来产业三业联动。深入推进智改数转网联，多措并举拓展智能化改造，点面结合深化数字化转型，深耕基础，加强网络化连接。促进专精特新企业培育和发展，推进企业梯度培育，持续升级精细化服务，助力企业创新发展。推进绿色集约化发展，加快建设绿色制造体系，全面推行"工业上楼"，加快实施"数据得地"。构建多维立体的企业服务体系，强化数字化系统平台建设，加强企业服务中心实体化运营，优化企业诉求处办机制。

推进新型工业化，是以习近平同志为核心的党中央着眼全面建成社会主义现代化强国做出的战略部署。工业是苏州最靓丽的名片，也是构筑未来竞争优势的最强支撑。苏州是全国工业体量最大、配套最全、垂直整合能力最强的城市之一，是长三角地区乃至国内很多产业循环的发起点和连接点。近年来，苏州坚持把壮大实体经济、构建现代化产业体系作为立市之本、强市之基，2023年规模以上工业总产值超4.4万亿元，全社会研发投入达1055亿元，占地区生产总值比重达4.1%，已拥有国家级高新技术企业1.57万家、专精特新"小巨人"企业401家，数量均居全国第四。作为总书记"勾画现代化目标"和"代表未来发展方向"的殷殷嘱托承载地，苏州有条件、也有能力为全省乃至全国推进新型工业化积累经验、提供范例。2024年1月，苏州召开"新年第一会"，聚焦推进新型工业化，吹响了大踏步迈向"智造之城"的号角。

一、"1030"产业体系建设持续提升产业创新能力

构建"1030"产业体系是苏州推进新型工业化，加快构建现代产业体系的实施路径。苏州建设"1030"产业体系注重体系化、集成化和协同化，主要体现在三个方面。

（一）政策引领，一体构建现代产业体系

当前，苏州加快构建"1030"产业体系，即10个重点产业集群和30条重点产业链，提出到2025年，打造形成4个万亿级主导产业，规模以上工业总产值达5万亿元。到2035年，基本形成具有世界一流竞争力的现代工业体系，建成具有全球领先地位的"智造之城"，率先实现新型工业化。

苏州构建现代产业体系主要从8个方面发力。一是提升产业链综合竞争力。完善产业发展规划，推进产业基础升级再造，加强重大技术装备攻关，深化产业链、供应链开放合作。聚焦"1030"产业体系，打造5个五千亿、4个三千亿和一批超千亿产业集群产业链。二是推动产业结构优化升级。推动传统产业高端转型、新兴产业做大做强、未来产

业精准布局、产业存量培优育强、产业增量招大引强、产业布局完善优化。三是增强产业科技创新能力。打造科创森林体系，完善产业创新平台，畅通成果转化渠道，提升"苏州制造"品牌。四是构建企业梯度培育体系。做强做大"链主"企业，做优专精特新企业，做实中小微企业群体。五是促进数字经济与实体经济深度融合。深入推进智能化改造，加快实施数字化转型，着力完善网络化连接，推动人工智能赋能发展。六是推进产业绿色低碳发展。打造绿色制造服务体系，推进重点行业节能降碳，健全绿色能源体系建设。七是实现制造业跨领域融合发展。推动经营模式与产品结构转型，加快制造业服务化发展，支撑农业农村现代化建设，实现制造业与城镇化良性互动。八是完善提高产业治理能力。夯实企业服务体系，营造一流营商环境，完善政策支持，加强人才供给，大力弘扬企业家精神。

（二）加强制造业和生产性服务业两业融合

生产性服务业是制造业迈向高端化的关键支撑。在 2024 年"新年第一会"上，苏州发布了《苏州市加快生产性服务业发展的实施方案》，围绕先进制造业布局生产性服务业，以加快先进制造业与现代服务业融合发展、增强生产性服务业核心竞争力为主线，持续推进生产性服务业补短板、壮规模、增能级，推动生产性服务业支撑新型工业化建设更好地走在前、做示范。该实施方案将生产性服务业重点领域的布局概括为"311"服务业体系，"3"是指要素支撑服务、质效提升服务、商务专业服务 3 大重点方向，"11"具体包含 11 项细分领域，包括碳中和服务、科技研发与成果转化服务、工业设计服务、知识产权服务等新领域和方向。

近年来，苏州一方面围绕智改数转网联工作，培育产业数字化领军服务商队伍，定期发布服务商推荐名单。同时，加快推动服务业数字化转型，引导服务业企业运用数字技术创新服务模式，开拓智慧物流、数字商贸、在线研发、在线检测、智能运维等数字化服务新模式和智慧服务新产品。另一方面，苏州还积极培育服务业新业态、新模式。鼓励服务业企业立足制造业需求，紧密合作、相互渗透、集成创新，推动生产性服务业在不同领域的深度融合,积极拓展"物流+金融""检测+低碳""法律+知识产权"等融合服务模式,培育生产性服务新兴领域和新型业态,形成一体化集成服务能力,为先进制造企业提供从设计到运维的总承包服务和整体解决方案。

当前,苏州推动信息技术、研发设计、工业互联、检验检测、知识产权等生产性服务业重点行业建设,提升生产性服务业支撑制造业的精准度,打造一批省级两业融合标杆引领典型,积极争创国家级两业融合试点载体。持续深化制造业服务化转型,大力推广定制化服务、总集成总承包、共享制造、全生命周期管理等服务型制造新模式,培育一批服务型制造龙头企业和示范企业。创建工业设计中心,推动工业设计交流学习,助力制造业转型升级。截至 2024 年 6 月,苏州已获评省级以上两业融合试点单位 81 家,其中 9 家单位获评首批省级两业融合发展标杆引领典型,数量均位居全省第一,生产性服务业重点领域的规模、效益加快提升,两业融合共生态势更加稳固。①

(三) 以创新发展引领传统产业、新兴产业和未来产业三业联动

推动传统产业高端转型。苏州积极推动冶金、化工、纺织等传统产业进行技术改造,鼓励企业淘汰落后产能,引进先进生产设备和工艺。如波司登从智能制造到智慧供应链,打造了"智造"体系,带动产业链上下游中小企业的数字化转型。打造绿色制造服务体系,推进重点行业节能降碳,健全绿色能源体系建设。到 2027 年,将累计创建国家级绿色工厂 100 家、绿色供应链管理企业 30 家、工业产品绿色设计示范企业 30 家;实施 50 个左右工业节能降碳示范项目,建设 100 家苏州市"近零碳"工厂和零碳工厂。鼓励传统产业企业加强品牌建设,提升产品附加值和市场竞争力,支持企业拓展国内外市场,优化市场布局。例如,苏州绣娘丝绸有限公司通过技术创新、品牌建设、文化融合等措施

---

① 苏发改宣. 绘就现代产业体系高质量发展美丽画卷,苏州生产性服务业与先进制造业"双翼齐飞"[N]. 新华日报,2024-06-21 (21).

对传统产业转型升级,让苏州丝绸老字号走向世界。①

推动新兴产业做大做强。苏州围绕新能源及新能源汽车、数字经济、生物医药及大健康等新兴产业,加大培育力度,形成了完整的产业链条。例如,新能源产业已明确光伏、风电、智能电网、动力电池及储能、氢能和智慧能源的"5+1"发展体系,集聚了一批有竞争力的企业,力争用3年左右时间,成为下一个万亿级主导产业。同时,强化企业创新主体地位,加大研发投入,推动技术创新和产品创新。例如,阿特斯阳光电力集团股份有限公司在电池技术研发上持续发力,在TOPCon(隧穿氧化层钝化接触)和HJT(异质结)两条技术路线上取得进展;协鑫集成科技(苏州)有限公司从以改良西门子法生产多晶硅,到自主研发生产颗粒硅,实现颗粒硅规模化量产。②

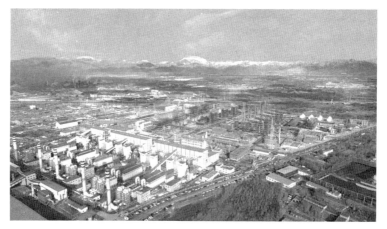

协鑫集成科技(苏州)有限公司生产基地
(图片来源:东方财富网)

加强未来产业精准布局。苏州立足自身资源禀赋和产业发展趋势,提前谋划未来产业布局,重点规划了光子芯片与光器件、空天开发、量

---

① 陆晓华,朱雪芬,张帅."1030"产业密码里有怎样的新布局[N].苏州日报,2024-01-18(A03).
② 顾燕,蒯军.江苏苏州:逐"绿"新赛道打造万亿级产业集群[N/OL].名城苏州网,2024-02-11[2024-10-28].https://jsnews.jschina.com.cn/zt2024/ztgk_2024/202402/t20240211_3361675.shtml.

子技术等八大未来产业。例如，苏州高新区太湖科学城功能片区围绕光子产业链各环节，加大全球高端资源招引力度，力争到 2030 年形成千亿级光子产业集群。① 积极布局低空经济、人工智能等新兴赛道，在低空经济领域，苏州抢先布局，争创全国低空经济示范区，召开低空经济发展推进大会，发布系列政策，持续拓展应用场景；在人工智能领域，苏州已集聚相关企业超 2000 家，出台加快推进"人工智能+制造业"的若干措施，计划到 2027 年培育垂直领域工业模型 100 个以上，打造标杆场景项目 100 个以上。培育未来产业相关企业，鼓励企业加大技术研发和应用推广，同时加强企业与高校、科研机构的合作，加速科技成果转化。例如，江苏亨睿碳纤维科技有限公司在汽车和航空碳纤维复合材料领域不断拓展，计划在未来产业中发挥更大作用，成为低空经济领域的"超级整装伙伴"。②

二、智改数转网联深入推进数字经济与实体经济融合

在新型工业化过程中，苏州以智改数转网联为重要抓手，推进数字经济和实体经济深度融合，加快打造具有全球领先地位的"智造之城"。

（一）多措并举，拓展智能化改造

持续织密智改数转网联政策体系。苏州制定了以《关于推进制造业智能化改造和数字化转型的若干措施》为核心，以《苏州市推进制造业智能化改造和数字化转型工作方案》《苏州市智能制造典型场景建设指引》《苏州市智能工厂建设指南》《苏州市加快培育"智改数转"技术服务输出企业实施意见》《"工业互联网看苏州"品牌创新提升行动（2023—2025）》等为组成的智改数转网联政策体系，为制造业数字化、网络化、智能化发展提供全面支持。当前，苏州启动了新三年行动计划，将实施数字化评估诊断对标、全领域智能化升级、工业互联网赋

---

① 陆晓华. 苏州以新质生产力塑造高质量发展新优势［N］. 新华日报，2024-03-14（01）.
② 秦云龙，张军红. 最强地级市的"新"路历程 苏州加速发展新质生产力一线调研记［J］. 经济，2024（05）：51-61.

能、产业链供应链数字化协同、自主可控创新、网络基础设施优化提升、领军服务机构培育、服务保障完善八大工程。

创新提供智能制造资金支持。为解决企业"缺资金、不愿转"的难题，苏州创新实施智能制造专项贷款贴息政策，市、县级市（区）两级累计给予不低于2%的贷款利息补贴。截至2023年年底，743家企业签订专项贷款，授信总额606亿元，两级累计兑现贷款贴息奖励1.03亿元，极大缓解了企业的资金压力，提高了企业转型的积极性。

推广智能制造普惠性服务。苏州为企业提供智能制造免费诊断服务，累计为9000多家制造业企业提供智能制造评估诊断，消除企业"缺方案、不敢转"的顾虑，帮助企业找准转型方向，制订个性化解决方案。落实有效投入奖补政策，对工业企业年度设备投入超2000万元的项目，按6%~15%比例给予综合奖补。2021—2023年，市、县级市（区）累计支持资金27亿元，直接带动578家工业企业投资367亿元①，激发企业加大设备投入，提升智能化水平。

（二）点面结合，深化数字化转型

培育打造企业智改数转示范标杆。2021—2023年，苏州累计实施智改数转网联项目超3万个，在全省率先实现规模以上工业企业全覆盖。随着智改数转网联深入推进，苏州涌现出一批智能制造示范工厂、示范智能车间、智能制造优秀场景、5G工厂等。截至2024年10月，已创建国家智能制造示范工厂7个、智能制造优秀场景20个，波司登获评全国首批数字领航企业。累计创建省级智能制造示范工厂40个、示范智能车间838个、工业互联网发展示范标杆工厂95个，数量居全省第一。累计评选市级示范智能工厂98个、示范智能车间1456个。同时，苏州入选国家级5G工厂名录45个，数量居全国第一；获评省级5G工厂21个、省级5G典型应用场景和优秀案例38个，数量居全省

---

① 陆晓华. 苏州奋力打造智造之城［N/OL］. 苏州新闻网，2024-10-08［2024-10-28］. http://www.subaonet.com/2024/szyw/1008/945812.shtml.

第一。①

亨通光电光棒生产车间
(图片来源:吴江区融媒体中心)

由点带面推进企业智改数转。为解决中小企业"不会转型、不想改造"的问题,苏州支持产业链链主企业总结经验,输出解决方案;鼓励龙头企业剥离智改数转业务部门成立独立法人,加快制造业服务化转型。例如,亨通集团启动"灯塔工厂"领航计划,将在未来3年,助力6家行业领军企业建设成为世界一流的智能制造标杆;35家成熟应用数智化技术企业实现全过程数字化管理,并将这套系统和经验推广给更多企业。②

提升企业的数字化创新能力。一方面,推动企业建立数字化管理体系,实现生产过程实时监控、质量精准控制、供应链协同管理等,提高企业管理效率。例如,苏州众捷汽车零部件股份有限公司的智能工厂实现了从产品设计、制造计划、生产调度到物流配送、质量判定、物料出

---

① 陆晓华.苏州奋力打造智造之城[N/OL].苏州新闻网,2024-10-08[2024-10-28]. http://www.subaonet.com/2024/szyw/1008/945812.shtml.
② 苏雁,杜倩,姬尊雨.江南好风景,姑苏"智造城"——江苏苏州以新型工业化引领制造业高质量发展[N].光明日报,2024-03-21(05).

入库整个过程的智能管理,将生产成本降低15%,生产效率提高30%。另一方面,推动企业利用大数据、人工智能等新技术开展产品创新、工艺创新和商业模式创新等。例如,飞榴科技研发"针聪明"智慧生产协同系统,推动服装产业提高生产效率、构建柔性产业链、打造自有品牌,帮助企业提升核心竞争力,拓展利润空间。

(三)深耕基础,加强网络化连接

不断筑牢数字化发展的基础。数字基础设施是智改数转网联的关键支撑。截至2024年10月,苏州累计引育16家国家级双跨平台,创建20个国家级特色专业型平台、44个省级工业互联网重点平台,数量均居全省第一。累计建成4.5万个5G基站,实现5G网络和千兆光网全覆盖,获评全国首批"千兆"城市。推动上线国家工业互联网标识解析二级节点17个,服务企业近1.7万家,累计标识注册量252亿条,解析量329亿次。苏州持续打响"工业互联网看苏州"品牌,率先发布工业互联网区域评估指标体系。拥有工业互联网平台企业近200家,连接设备超100万台,规模以上工业企业使用工业互联网或云服务全覆盖,有效化解了企业"缺数据、不能转"的困境。评选18家市级技术服务输出标杆企业,帮助解决企业"缺技术、不会转"的问题。[①]

持续打造工业大脑"1+N"平台体系。苏州大力推广"产业大脑+智能工厂"模式,实施工业大脑"1+N"平台体系试点建设。截至2024年4月,已上线工业大脑总服务平台和化纤织造、集成电路、生物医药、机器人四个细分行业工业大脑。总服务平台包括细分行业大脑、重大应用平台、能力组件、试点城市建设、数据产品、特色解决方案六大功能模块。细分行业大脑采用"揭榜"建设方式,鼓励各地结合本地需求、行业特色、产业基础,探索开展细分行业大脑试点建设。比如,化纤织造工业大脑由吴江区人民政府揭榜承建,本土重点平台企业主导,龙头企业盛虹控股集团有限公司、国家智库机构中国工业互联

---

① 陆晓华. 江苏苏州:制造大市加速迈向智造之城[N]. 苏州日报,2024-07-12(A01).

网研究院江苏分院参与建设，依托省级工业互联网平台"纺织云"，实现产能监测、工业数据资源确权登记、打通数据壁垒、碳效自动结算四大功能。未来，苏州将进一步提升工业大脑供给能力，引导企业"上大脑、用大脑"，加快细分行业工业大脑建设，并推动工业大脑和智能工厂互促共生。

三、推进专精特新企业培育，助力打造更高质量的企业梯队

专精特新企业是推动苏州高质量发展的生力军，承载着推动科技和产业创新的重要使命。苏州的专精特新企业表现突出，集中在高端装备、新材料、新能源汽车、集成电路与新型显示、节能环保等重点产业，国家级专精特新"小巨人"企业2023年度户均营业收入5.3亿元，国家级专精特新"小巨人"企业2023年度户均有效发明专利29件，而且，国家级专精特新"小巨人"企业中主导产品市场占有率居全国前三的有近90%。[①] 表现亮眼的背后是苏州培育发展专精特新企业的三方面做法。

（一）推进企业梯度培育

苏州推进专精特新企业培育起步较早，2012年就开始探索专精特新培育工作，2015年在全省率先制定专精特新中小企业评价标准，从专业化、精细化、特色化、新颖化和综合能力五个方面对中小企业"专精特新"水平进行评价和引导。这些努力为后来的企业培育和发展提供了明确的方向和衡量标准。自2022年以来，苏州建立起从创新型中小企业，到省级专精特新中小企业，再到国家级专精特新"小巨人"企业的梯度培育体系。通过培育一批创新型中小企业，推荐一批省级专精特新中小企业，争创一批国家级专精特新"小巨人"企业和制造业单项冠军企业，引导企业压茬成长、整体提升。截至2024年5月，苏州

---

① 顾炀威．"小而美""精而强"苏州专精特新"小巨人"大显身手［N/OL］．央广网，2023-09-22［2024-10-28］．http://js.cnr.cn/kjjr/20230922/t20230922_526429111.shtml．

市累计培育国家级专精特新"小巨人"企业401家,位居全国第四,培育省专精特新中小企业2947家、省创新型中小企业13460家。

苏州不断做大做准专精特新企业培育库,对入库企业中符合国家级、省级不同标准的企业进行梯度分类指导。通过采用"小分队""专家门诊"等方式,分赴各地对重点企业进行诊断辅导,帮助对标找差、补齐短板。同时,对申报材料进行审核把关,帮助企业提高申报工作质量。①

(二)持续升级精细化服务

为做好专精特新企业专门化、可持续的服务,苏州成立"专精特新企业之家",建立专精特新企业服务专员制度,为全市2300家专精特新企业配备300多名服务专员,为企业提供创新、融资、人才、市场等方面服务。服务专员深入了解企业需求,协调各方资源,为企业提供一对一的支持。在金融服务方面,苏州出台金融支持专项方案,2023年累计为55家国家级专精特新"小巨人"企业解决贷款6.3亿元,为213家省级专精特新中小企业解决贷款23.7亿元。截至2023年年底,全市省级及以上专精特新中小企业上市130家,占全市A股上市企业总数近六成。②

在政策宣贯和兑现方面,苏州充分依托"政策计算器",加强国家、省、市各类专精特新惠企政策宣贯解读、精准推送,确保企业应知尽知、应享尽享,及时享受政策红利。苏州为专精特新企业定制"一户一档"税收优惠政策,自主开发并优化"企业研发费用加计扣除信息服务平台"。及时兑现政策资金,让企业早日尝到创新的甜头,鼓励加大研发投入。例如,苏州绿的谐波传动科技股份有限公司2023年7月预缴申报研发费用加计扣除金额约1905万元,节省下来的税收优惠又投入新产品研发和技术改造,提升了企业竞争力。③

此外,苏州还依托"专精特新企业之家"和"助企通"企业服务

---

① 陆晓华.苏州:工业大市走好专精特新之路[N].苏州日报,2024-07-08(A01).
② 陆晓华.苏州:工业大市走好专精特新之路[N].苏州日报,2024-07-08(A01).
③ 徐兢.专精特新看江苏,探寻苏州"小巨人"制胜密码[N/OL].扬子晚报,2023-09-22[2024-10-28].https://baijiahao.baidu.com/s?id=1777728136791442144&wfr=spider&for=pc.

平台等，定期举办交流活动，促进专精特新企业间相互学习、合作交流。并且听取企业意见建议，及时帮助企业解决实际困难，营造专精特新企业共奋进的发展生态。

（三）助力企业创新发展

苏州鼓励专精特新企业持续加大研发投入，例如，泓浒（苏州）半导体科技有限公司成立于2016年，在晶圆传输设备几乎被国外垄断的情况下，开拓了该领域国产化的全新赛道，2023年7月成为专精特新"小巨人"企业。2024年，该公司计划成立研究院，对半导体相关部件进行深入研究，为今后国内实现更大的技术突破打好基础。

泓浒（苏州）半导体科技有限公司
（图片来源：公司官网）

苏州积极推动专精特新企业参与协同创新。一是深入推进产学研合作创新。苏州支持专精特新企业联合高校、科研院所组建协同创新中心等创新载体，参与关键核心技术攻关和产业基础再造项目。通过产学研合作，进一步提升企业创新能力，推动产业升级。二是推进大中小企业融通创新。苏州支持专精特新企业牵头集聚产业链上下游创新资源，瞄准短板弱项，积极开展协同攻关项目。鼓励专精特新企业积极参与"揭榜挂帅"项目，推动企业间的技术需求精准对接。苏州组织全市专精特新企业参加大企业"发榜"、中小企业"揭榜"工作，在工信部发布的第一批"揭榜"名单中,苏州共有5家企业、6个项目入围,这些企业在核心技术攻关、填补行业技术空白等方面发挥了重要作用。

苏州重视专精特新企业数字化转型,集聚智能制造服务资源,开展为智能制造提供免费诊断服务,了解企业数字化现状和需求,为企业智能化改造提供个性化解决方案。支持专精特新企业加大智能制造典型场景建设力度,整合服务中小企业数字化转型优质平台,形成资源池,为企业建设智能制造示范工厂、示范车间提供专业化服务①,加快推动企业数字化、网络化、智能化进程。

四、以绿色集约化发展,提升发展含金量

(一)加快建设绿色制造体系

绿色低碳发展是苏州推进新型工业化的必由之路。苏州大力实施传统产业焕新工程,加快建设绿色制造体系,推动工业重点领域节能改造。2022年,苏州在全国率先发布《苏州市"近零碳"工厂评价指标体系》,引导企业通过节能降碳技术改造、使用新能源、参与炭交易、供应链降碳等措施,创建"近零碳"工厂。

企业积极开展绿色技术研发和应用。例如,深圳市汇川技术股份有限公司率先在苏州工厂使用自主研发的数字能源管理平台,打造数字化"零碳工厂",其建设的港口岸电系统可以有效减少船舶靠港期间的碳排放。2020年,该公司获批国家绿色供应链管理企业。②江苏国富氢能技术装备股份有限公司自主研发国内首套10吨级别的氢液化装置,突破工艺部件"卡脖子"环节,填补了国内大规模液氢制储运领域的空白。江苏永钢集团有限公司对生产废水进行再生再利用,建有两座污水处理厂,每天可处理污水4万吨,实现了污水零排放,为企业绿色循环利用提供了范例。

近年来,苏州积极创建绿色工厂、绿色工业园区。截至2024年8

---

① 陆晓华. 苏州:工业大市走好专精特新之路[N]. 苏州日报,2024-07-08(A01).
② 苏雁,杜倩,姬尊雨. 江南好风景,姑苏"智造城"——江苏苏州以新型工业化引领制造业高质量发展[N]. 光明日报,2024-03-21(05).

月，已创建国家级工业产品绿色设计示范企业 12 家、绿色工厂 77 家、绿色工业园区 6 家，数量居江苏省第一，还首批认定 224 家苏州市 AAA 级绿色工厂。这些绿色示范企业和园区在绿色制造技术应用、节能减排等方面发挥了引领作用。与此同时，苏州工业园区践行环境、社会和公司治理（Environmental, Social and Governance，ESG）理念，发展 ESG 产业，推动经济、环境和社会的绿色可持续发展。成立 ESG 联盟，发布产业发展行动计划，瞄准"企业社区责任""数智化管理""绿色服务"三大领域，采取一系列具体措施。目前，园区 ESG 产业已初具规模，规模以上企业超 200 家，营业收入超 450 亿元。

接下来，苏州计划在新建公共机构建筑、新建园区、新建厂房等区域推广分布式光伏；发展虚拟电厂、智能微网、综合能源服务等新模式，提高绿电供给能力；建设废旧物资循环利用体系，计划 2025 年完成省级以上开发区循环化改造等①，进一步提升发展的"含绿量"。

（二）全面推行"工业上楼"

2023 年，苏州出台《苏州市鼓励"工业上楼"工作试点方案》，提出力争通过 3 年时间，建设一批"工业上楼"示范园区、楼宇，打造一批典型案例。为此，苏州从政府层面把相关工作纳入高质量考核，调动各地推动工作的积极性；开展"工业上楼"示范项目评选，并给予扶持；为"工业上楼"投入较大的企业提供项目贷款的贴息奖补；要求各地制定"工业上楼"产业分类指导目录等。截至 2023 年年底，全市共有"工业上楼"产业载体超 224 个，产业方向以电子信息、生物医药、智能装备制造等为主；2024 年上半年，全市新开工"工业上楼"项目 111 个，建设面积 1019 万平方米。

在推进"工业上楼"的过程中，苏州注重加强科学规划和创新设计。一方面，各地加强"工业上楼"项目的规划布局。例如，苏州高新区上市科创园三期项目在规划时充分考虑土地集约利用和产业发展需

---

① 陈诚，陈悦勤，范昕怡，等．苏州担纲发展新质生产力强劲增长极［N/OL］．金山网，https://www.jsw.com.cn/202410113/1851668.shtml．

求，拆除原单层旧厂房，新建4幢6至10层厂房，总建筑面积大幅增加，容积率从0.7提升至2.47。同时，项目设计厂房首层层高11米，满足大跨度、高层高、重荷载的厂房建设需求，为后续大型智能设备入驻提供可调节的产业空间。① 另一方面，加强建筑设计指引。制定《苏州市"工业上楼"设计指引（试行）》，为"工业上楼"项目的建筑设计提供规范和标准，确保厂房在空间布局、承重能力、消防设施等方面满足工业生产需求，并提高土地使用效率。

"工业上楼"促进企业效益提升，提高企业土地利用效率。例如，攀越纺织有限公司经过"工业上楼"改造，在12亩厂区内合理布局了原本需要30亩土地才能容纳的233台纺织机，还增加了4000多平方米的使用面积，降低了企业的用地成本。② 同时，"工业上楼"也加速了产业集聚发展。"工业上楼"项目吸引相关产业企业入驻，实现"上下楼就是上下游"，便于上下游企业间的信息交流、技术协作、资源共享，推动形成产业链上下游协同发展的良好生态。

苏州工业园区金鸡湖商务区
（图片来源：苏州工业园区管委会网站）

---

① 陆晓华.推进新型工业化，打造更稳固"压舱石"[N].苏州日报，2024-08-14(A01).

② 秦云龙，张军红.最强地级市的"新"路历程 苏州加速发展新质生产力一线调研记[J].经济，2024（05）：51-61.

（三）加快实施"数据得地"

近年来，苏州出台多个文件，推动实施"数据得地"。例如，2024年1月，苏州发布《关于支持工业企业增资扩产实施方案》，提出要加强土地要素保障，加大对增资扩产项目的用地保障，支持企业"数据得地"，确保将有限资源要素向发展前景好、土地利用率高、亩均税收高的项目集聚，释放更大产出。2024年3月，苏州发布2024年优化营商环境十条政策措施，提出要创新工业用地保障方式，从企业成长、经济效益、技术创新、质量建设、转型升级等多个维度，建立存量制造业企业"数据得地"评分体系，将有限土地资源向优质项目集聚。鼓励为国家级单项冠军企业、国家级专精特新"小巨人"企业、国家级企业技术中心等优先供地。

为确保"数据得地"的公平准确、可预期，应从多角度对企业发展进行评估。比如，相城区从经济效益、企业成长、转型升级等多个维度建立企业评估体系，按照"产值超亿元企业""高成长型企业"两类对企业开展评估，评估指标按企业类别有所侧重。在此基础上，相城区对全区370多家规模以上工业企业进行经济效益、资质荣誉等方面数据的无感采集，并开展打分评估工作。① 另外，如果企业在年度计划内无法解决用地问题，可提请区工信局、商务局在区内统筹协调解决，让企业对解决用地需求有更稳定的市场预期。截至2024年3月，相城区已有20家区内存量企业通过用地商务预审，拟供地面积0.485平方千米，投资总额82亿元。

通过实施"数据得地"机制，苏州推动有限土地资源向优质企业集聚，让"好钢用在刀刃上"、好地用在发展上。例如，苏州市恒升机械有限公司通过"数据得地"成功拿下工业地块，投资建设高端医疗影像设备与智能康养产业总部项目，解决了企业发展的用地问题。②

---

① 名城苏州网. 江苏苏州：全面推行"数据得地" 加快实施"工业上楼"[N/OL]. 名城苏州网，2023-12-29[2024-10-28]. https://news.2500sz.com/doc/2023/12/29/1055689.shtml.

② 凤凰网江苏. 数据得地：苏州工业生产要素配置方式迈向"新质生产力"[N/OL]. 凤凰网江苏，2024-03-26[2024-10-28]. https://js.ifeng.com/c/8YGbPffK0yC.

"数据得地"政策也对存量企业进行零增地自主更新起到正向激励作用①，企业在获得土地资源后，加大技术创新、质量建设和转型升级投入，提高亩均效益，推动企业高质量发展。例如，银瑞光电材料科技有限公司总部项目通过"数据得地"实现"拿地即开工"，建成后将成为智能化生产和研发基地，预计年产值可达150亿元。②

五、构建多维立体的企业服务体系

完善的企业服务体系是推进新型工业化的可靠保障。近年来，苏州通过数字化手段做强企业服务，推进企业服务中心广泛建设，加强助企员队伍建设，并推动企业诉求处理高效规范等，构建立体化企业服务体系，为制造业高质量发展营造良好的服务环境。

（一）加强数字化系统平台建设

2024年4月，苏州正式上线"助企通"企业服务平台，致力于解决企业发展中的问题，为企业提供精准高效的服务。平台汇聚了企业诉求反馈、助企员走访对接、企业服务中心和机构信息汇集等功能，集成了政企恳谈会、工业大脑、产出评价、数据得地、增资扩产、政策计算器、民营企业心声诉求征集等模块。企业可通过"苏商通"APP进入平台，将生产经营过程中遇到的问题反馈上报。后台依托数据流转机制，将企业诉求以任务清单形式派发至助企员和相关部门，推动问题解决。

苏州升级改版法人服务总入口"苏商通"APP。新版"苏商通"打破部门边界，融合板块服务，统一全市涉企服务入口和用户体系，实现用户双向互通、数据双向赋能、流量相互共享，让数据多跑路，企业少跑腿，保障企业在"苏商通"上高效办理业务。截至2024年4月，

---

① 顾善闻. 勇当"压舱石"! 2024年的苏州，一路向前 [N/OL]. "苏州圆桌"，2023-12-28 [2024-10-28]. https://mp.weixin.qq.com/s?src=11&trnestarnp=1731207311&ver=5679&signature=UVRUNH.
② 张帅. 江苏苏州：推行"数据得地"加快"工业上楼" [N]. 苏州日报，2024-07-03（A04）.

已整合全市230多个涉企服务系统和应用，汇聚政策信息2万余条，实现了各类法人服务从"单一部门服务"向"整体政府服务"的转变。

同时，新版"苏商通"深度挖掘企业服务应用场景，进一步优化涉企服务应用。创新建设包括找政策、办政务、找资金、找人才、找场地、找服务、找商机、查征信等重点应用。丰富企业标签、完善法人空间，进一步完善企业画像。持续深化企业全生命周期数据治理，持续建设法人数据资产包，运用人工智能、大模型等技术，实现政策找企、服务找人，企业服务的精准性和智能化水平进一步提升。2024年第一季度注册用户数增长超8%，平台累计访问量增长22%。①

（二）加强企业服务中心实体化运营

苏州全力推动建设市、县（市、区）、乡镇（街道）三级企业服务中心，按照"企业怎么方便怎么设，效率怎么高怎么来"的原则，统筹优化功能，整合服务资源，强化人员配备。在有条件的政务（便民）服务中心增设企业服务专区（窗口），加快推进县区街镇企业服务中心与政务（便民）服务中心等的深度融合。对市场主体运营、规模较大的产业园，县区街镇企业服务中心整合相关政府部门资源，为园内企业提供就近服务或上门服务。截至2024年4月，全市已建成1个市级企服中心、10个县（市、区）级企服中心、94个乡镇（街道）级企服中心，以及38个产业园、产业基地服务站点，实现企业服务全覆盖。

在推进企业服务中心建设中走特色化、品牌化道路。例如，苏州启动"助企直通 企航无忧"企业服务月，包括产业沙龙、挂钩走访、创新创业、供需对接、金融助力、专精特新企业之家活动等内容，持续营造服务企业的浓厚氛围。② 苏州工业园区近年来持续优化"帮代办"服务体系。线上"帮代办"专员通过远程导办方式，为企业答疑解惑，

---

① 张毕荣. 助力打造最优营商环境 苏州市法人服务总入口"苏商通"APP全新改版并上线公测［N/OL］. 扬子晚报，2024-04-17［2024-10-28］. https://baijiahao.baidu.com/s?id=1796575798079023638&wfr=spider&for=pc.

② 陆晓华. 苏州市"助企直通 企航无忧"企业服务月启动［N］. 苏州日报，2024-08-16（A01）.

助力事项办理；线下在一站式服务中心和生物医药产业园先锋站开设"帮代办"专区，"帮代办"专员可"手把手"指导，提供"零距离"服务。① 高新区将政企服务站广泛设置在企业身边，统一打造"苏新办·企航家"品牌和服务，及时收集和掌握辖区内企业发展动态，响应企业需求。②

苏州通过整合现有基层政务服务和企业服务力量，建强"助企员"队伍。助企员坚持"无事不扰、有求必应"的原则，依托各级企业服务中心，做好企业政策宣贯、诉求排摸跟踪培育、动态监测、稳企留企等工作。充分发挥"助企通"的企业诉求汇集处办功能，第一时间将现场无法解决的诉求上传至"助企通"，实现企业诉求云办理，做到"事事有回音、件件有落实"。重点推动政策奖补、融资服务、税费减免、用工稳岗等惠企政策向企业直达，提高涉企服务的精准性、针对性和实效性。截至2024年8月，苏州全市有2400多名助企员结对服务2万多家企业，每位助企员至少结对2家企业。

（三）优化企业诉求处办机制

建立高效"助企直通"恳谈会机制。苏州市委、市政府主要领导每月召开一次"助企直通"政企恳谈会，面对面听取企业家意见建议，协调解决企业反映的问题诉求。每月对承办单位响应、办结、满意等情况进行评价分析，并纳入部门年度考核。2023年11月，苏州首期"助企直通"政企恳谈会召开，来自不同行业的企业代表在会上踊跃发言，针对企业关心的问题，与会领导对亟须解决的问题当场研究交办，对一时难以解决的问题要求相关部门成立专班，跟踪推进解决。

---

① 董捷. 苏州工业园区打造线上线下服务体系［N/OL］. 中国江苏网，2024-03-07［2024-10-28］. https://baijiahao.baidu.com/s？id=1792808504843937751&wfr=spider&for=pc.
② 施为. "苏新办"，舒心办！苏州高新区构建三级企业服务体系助推企业高质量发展［N/OL］. 苏州高新区管委会（虎丘区人民政府）网，2024-06-06［2024-10-28］. http://www.snd.gov.cn/hqqrmzf/zwxw/202406/8bb5aa72cc1f42a7923f53fa44375a8d.shtml.

苏州市首期"助企直通"政企恳谈会
（图片来源：苏州日报）

规范完善诉求处办流程。苏州在"12345"平台开设企业服务专席，统一受理并流转企业诉求。对于企业一般性诉求，通过知识库、专家库予以解答，无法在线答复的派单至相关涉企部门办理。对于疑难诉求和跨部门、跨地区的复杂诉求，由市政府办公室协调派发并指定牵头部门，推动疑难、复杂问题有效解决，实现全流程"闭环"处置。对于融资、用地、引才等涉企发展事项，由相关部门和企业服务中心协调推动。

构建多维度"好差评"评价机制。企业按照"非常满意、满意、基本满意、不满意和非常不满意"五个维度对诉求办理结果进行评价。评价结果为非常满意、满意和基本满意的，相关服务诉求作办结处理；评价结果为不满意和非常不满意的，由"12345"平台全量回访核实，企业有进一步办理需求的，交承办单位继续办理；对因法律法规、政策限制等原因一时难以解决、无法继续办理的，由承办单位向企业做好说明和解释。企业诉求办理评价结果纳入部门年度考核，以此推动企业诉求处办落到实处。

县区实践

时尚产业的裂变、逆袭与突破

常熟服装城是江苏乃至全国很多人耳熟能详的地方,拥有5000多家纺织服装企业,35个专业交易市场。面对电商、快时尚、柔性生产等冲击,常熟纺织服装产业加快转型升级,不断打造发展新优势。现如今,作为全国直播电商头部地区,常熟究竟有怎样的发展秘诀呢?

常熟服装城
(图片来源:"时尚莫城"公众号)

一、裂变:竞速电商赛道,打造第二个千亿级新市场

位于常熟市区的服装城曾是常熟最繁华的地段,近年来很多人感觉这一带不像以前那样热闹了。实际上,这里的服装交易量依然很火爆,一个规模庞大的服装"线上市场"正在"云端"登场。

来到女装主播隋心的直播间,只见她坐在镜头前,不紧不慢地向粉丝推荐身上的黑白条纹连衣裙。在每天5个小时左右的直播中,她要带货近百款女装,高峰时超过500款。隋心在2010年来常熟服装城创业,开过档口,做过设计,还开过工厂。3年前,她敏锐地捕捉到直播行业的商机，便毫不犹豫地转战抖音直播领域。如今，隋心的抖音粉丝超600万人，并常年处在达人带货榜的前十位。

服装城主播直播介绍产品
（图片来源："时尚莫城"公众号）

越来越多人选择在常熟做主播，是因为无论什么款式的货品，这里都能找到，更因为无论什么样的直播服务，这里都能提供。

位玲是从"柜台后"走到"镜头前"的主播，因初次试镜效果并不理想，位玲便到服装城直播电商服务中心去参加直播培训。半个月下来，她边学边用，逐渐摸索到技巧，每天基本上维持2000单左右的销量。在她看来，常熟围绕直播环节配备了短视频拍摄、场地物流对接、数据推流、人货场资源匹配等全生命周期的服务，让她无后顾之忧。

良禽择木而栖。截至2023年9月，常熟已累计培养主播及账号10648个，孵化直播机构及其服务企业102家、直播基地10家。2023年，常熟服装城完成市场交易额超1479.45亿元，同比增长7.6%。

二、逆袭：搭乘数字化快车，培育传统产业数字新生态

（一）研发搭载数字化平台，推动降本提效

如今，在常熟做服装生意一点都不用愁。得益于"Style3D"的服装产业3D数字化服务平台，设计衣服变得像搭积木一样简单。设计师打开软件，从资料库选取衣服的"零部件"，并移动鼠标，进行反复拼接，再对细节进行精心修改，不到半小时，一件3D样衣便呈现在屏幕上。如需修改，点点鼠标即可完成。在软件加持下，设计师既能在短时间内修改款式，又能在设计完成后将数据文件传输给工厂直接投入生产，设计周期从以往的15~30天缩短到3~7天，客户交付效率提升200%。在数字技术助力下，纺织服装这个传统劳动密集型行业越来越有科技感。

（二）生产用上"数字大脑"，实现"小单快返"

走进采绎来智能厂房，只见吊轨布置周密，每件衣服仿佛乘上了一架智慧"列车"，不仅实现了运输自动化，还能根据衣服的不同工艺需求停靠不同"站点"，人与机器配合得"天衣无缝"，定制化产品日产能从3000件快速提升至1万件。这套自动分拣系统既可以提高产能、提升品质，还可以满足客户的个性化需求，实现小批量、快速化生产。

在江苏百成汇服饰有限公司的生产车间，每个工人面前都有一个平板电脑。电脑屏幕上显示具体的工单、工序、目标产量，熟练工根据工单进行各项操作，新工人按照工序演示来完成指令生产。这套"针聪明"系统将人的经验变成软件运行逻辑，不仅把商品的不良率降低了50%，还突破了订单瓶颈，实现"小单快返"。

服装产业数字化转型
（图片来源："时尚莫城"公众号）

（三）销售在"云端"登场，助力商户出海

在常熟直播电商服务中心的大屏上，实时滚动着各类数据：常熟抖音产业电商家数 1.23 万，自 2023 年以来直播电商整体销售额 2155325.70 万元，整体销售量 26313.55 万件，实时直播间总观看人数 320.12 万人，还有 Top10 商家账号排行和新零售品牌 Top5 排行。

除营销走向"云端"之外，常熟服装城还创新建设"市采通"综合服务平台，该平台为中小微企业提供外贸商户注册、市场采购备案、组货拼箱、跨境物流、报检通关、收汇结汇、免税申报等一站式出口服务，解决中小微企业主体无票不能合规出口、合规收汇的痛点。世界服装中心大楼里的经营户陈跃说，他的产品之前一年销售额近 600 万元，平台开通后，销售额翻了一番。

从设计端到生产端再到销售端，智改数转的快速推进带动了常熟直播电商产业的飞速发展。近 3 年来，常熟有 700 多家纺织服装企业开展数字化改造，改造后企业平均劳动生产率提升 35%，产品制造周期缩短 19%。

三、突破：强化品牌建设，注入产业发展新动能

（一）推动品牌化发展

自 2017 年起，苏州本土企业波司登砍掉冗杂产品线，重返羽绒服主赛道，实施高端化战略，进行品牌升级，短短几年间，波司登逐渐可以与国际一线羽绒服品牌竞逐。2023 年"双十一"期间，波司登在天猫服饰品牌销售榜和抖音销售店铺榜中均位列榜首。

以品牌为制胜法宝的并非只有一线品牌。近年来，越来越多的企业转变经营模式，走上了品牌发展之路。

2021 年以前，欧西依织造有限公司与供应链上的另外 3 家企业仅是密切的合作伙伴，"你做扣子、我做面料"，"你来单子、我接我做"。虽然公司属于规模型企业，但业务以代工为主，市场竞争激烈、利润率低。2021 年，4 家企业正式走到一起，共同打造了一个名为"橙线"的家居服品牌，从面料、印染到制衣，发挥各自在供应链上的长处，迅速取得了"1+1+1+1>4"的效果。2023 年"双十一"期间，"橙线"

数十个直播间同时发力，多款产品销量位居同类型前列。

(二) 跳出服装看电商

郁美净集团与常熟服装城签署战略合作协议
(图片来源："时尚莫城"公众号)

2023年9月，天津郁美净集团与常熟服装城签署战略合作协议，在直播电商、产业数字化、品牌专业化等领域进行深度合作，帮助老牌国货焕发新荣光。签约后的第一次直播试水，两款产品刚上架就被一抢而空，这更加坚定了郁美净选择常熟作为撬动广阔线上消费市场支点的信心。对于常熟而言，签约郁美净也是在电商发展上取得新突破的重要一步，未来常熟将形成美妆、大健康产业、休闲食品等产业互补的电商产业新格局。

头部电商平台相继入驻常熟，在带来更多流量政策倾斜的同时，也吸引了越来越多的主播、直播配套服务商、产业链企业等在常熟集聚，促进了直播电商生态良性循环，常熟直播电商产业蕴含着无限的发展潜力。

(中共常熟市委党校　徐雅伦)

从"小电镀之乡"走出来的"金黄桥"

苏州市相城区黄桥街道,在改革开放后抢抓先机发展产业,成为远近闻名的"老板镇""小电镀之乡"。但是,污染严重的"小电镀"也给当地可持续发展带来了极大隐患。近年来,黄桥街道坚持将生态优先摆在突出位置,努力走出一条工业发家的绿色发展之路。

一、不破不立,产业转型成为黄桥人的必修课

在工业方面,黄桥街道曾是苏南模式发展的典型代表。在20世纪初,黄桥街道形成了包括虎丘工业区、方浜工业区、张庄工业区等在内的23个工业区,涉及电镀、脱色、造粒、家具制造等各类行业,其中电镀企业一度高达309家。如火如荼的生产加工场景虽然为黄桥街道带来了经济效益,但也对生态环境造成了破坏。以黄桥电镀园为例,园内原有电镀企业7家,还有众多"散乱污"作坊企业,产业层次低、小、散且附加值低,对土地、资源等要素的依赖性很强,每年税收不足千万元,却带来废水、废气、废渣等各类污染问题,尤其是含有重金属的电镀废水对河道具有极大的危害。

"以前这里很脏很臭,路过这里都要捂着鼻子快点走的。"上下班经常经过电镀园的王女士这样说道。刺鼻的气味及此起彼伏的噪声,成为当地居民每天不得不面对的烦心事。黄桥街道,这个曾经"画处人间"的水乡小镇,也正在经历前所未有的"伤痛"。

黄桥街道需要发展经济,但更需要新鲜的空气和清澈的河水。守护产业发展,守护绿色生态,黄桥使命在肩、责无旁贷。可是新的问题又来了,黄桥街道整体面积只有23.15平方千米,1/3以上都是水域,工业用地从哪里来?未来的转型方向在哪里?一场新的变革正在酝酿。

二、逐"绿"而行,发展新动能加速崛起

自2017年以来,黄桥街道将"散乱污"企业淘汰整治作为优化产业结构、腾出发展空间的重要抓手,果断对一些劣势企业进行了关、停、并、转。通过重拳出击,猛药治疴,累计淘汰辖区内重污染企业

59家、"散乱污"企业(作坊)2994家,关停淘汰2174家,升级改造768家;累计清理工业集中片区16个,腾空土地2425亩。

在曾经困扰黄桥发展的电镀园内,7家电镀企业和众多"散乱污"作坊企业全部被清退,同时,黄桥街道紧密结合苏州市委、市政府制定的《苏州市产业用地更新"双百"行动工作方案》,启动产业园区提升工程,重点对9栋厂房的土建及消防、幕墙、泵房、围墙、厂区道路等进行系统改造,将其打造成集聚"技术标准高、产业定位高、国际化水平高"的智能制造重点领域及产业链重点环节企业的特色产业园区。如今,占地90亩的原电镀园已转型升级为苏州智能制造服务产业园,是集生产、研发、科创孵化、技术服务于一体的产业创新载体。截至2023年12月,苏州智能制造服务产业园已入驻的"独角兽"区域总部型企业、日资服务业、数字经济类等224家企业,成为相城区的重要产业载体之一。

苏州智能制造服务产业园的前身黄桥电镀园
(图片来源:黄桥街道)

改造后的苏州智能制造服务产业园
（图片来源：黄桥街道）

更为重要的是，通过大力整治，大幅削减污染物排放，黄桥街道的环境质量得到了大幅度改善，环境类信访件自 2017 年以来实现连续 6 年大幅下降，下降率达 94.3%，群众满意度明显提升。曾经的生态洼地、经济洼地正逐步成为生态宝地、经济高地，以往让人又爱又恨的电镀园终于在废墟中迎来了涅槃新生。

三、乘势而上，一块"试验田"走出发展新路子

黄桥街道的"散乱污"整治取得了阶段性成效，然而，在创新发展、协调发展、绿色发展的主旋律下，要彻底撕掉"小电镀之乡"的标签，黄桥街道还要在产业结构和经济发展方式上谋求新赛道。

2020 年 1 月，自然资源部公布国土空间全域土地综合整治试点单位，黄桥街道赫然在列。作为国家级全域土地综合整治的试验田，该项目致力于从农用地整治、建设用地整治、生态保护修复、历史文化保护四个方面入手，不断整合资源，优化国土空间布局。毫无疑问，这是黄桥街道为生态工业转型迈出的至关重要一步。

2022 年，黄桥街道全域土地综合整治试点方案成为全国 446 个试点方案中首个报部、首个通过省级审查、首个通过自然资源部备案同意的方案。自此，黄桥街道新发展的齿轮迅速转动。黄桥街道紧紧围绕促进优化生产、生活、生态空间格局等目标,真抓实干、笃行不怠,高质量推进全域土地综合整治。农田集中连片、建设用地集约集聚、空间形态高效节约的国土空间新格局正在形成。

更可喜的是,改变高投入、高污染、高能耗的产业结构,构建绿色低碳、科技含量高、多元化产业发展格局之后,黄桥街道的经济反而获得了更好的发展。自全域土地综合整治工作开展以来,黄桥街道地区生产总值年均增长8.4%,规模以上工业产值年均增长5.7%,固定资产投资年均增长49.5%,新兴产业产值年均增长6.2%,高技术产业产值年均增长4.6%。

四、以水为脉,绘就绿色发展新蓝图

近年来,黄桥街道将自身的生态优势转化为兴业之本,因地制宜进行水土的重新组合,随着苏州荷塘月色湿地公园、虎丘湿地公园美丽"绽放",黄桥梅花园建设完工,沈思港滨水景观改造提升,黄桥街道实现了华丽转身,以清水绿地的生态形象镶嵌在苏州北部。接下来,"一轴两带三心四片"的田园城市格局,将使黄桥街道成为公共服务资源高度汇聚、产城人文深度融合的未来新城。

黄桥街道全域
(图片来源:黄桥街道)

与此同时，黄桥街道在探索中逐步明确了"2+4"现代产业方向，即以"创新研发、智能制造"为导向，打造"电子信息、装备制造、先进材料、工业设计"现代产业链。如今，黄桥街道正在加快打造一批具有自身特色的产业承载区，未来几年将形成以青苔科学家村为核心、以黄桥智能制造国际研发社区和总部经济科创园为重要支撑、以荷兰智造产业园等各类载体为补充的"1+2+N"多载体格局。

环境改善了、产业提升了。从传统产业到新兴产业，从企业单体到产业集群，从要素驱动到创新驱动，黄桥街道在提高生态环境质量的同时，腾挪出发展空间，崛起了一批战略性新兴产业，真正实现了通过把生态资源的"老家底"保护好、运用好，推动实现产业和经济高质量发展的美好愿景。一座从"小电镀之乡"蝶变而出的"金黄桥"正在向我们走来。

（中共苏州市相城区委党校　相城区黄桥街道党建工作办公室）

产业集聚点亮"高光之城"

苏州高新区作为苏州市光子产业发展的主阵地,其光子产业规模在近年来持续增长。截至2023年年底,苏州高新区光子产业已集聚318家,营收规模达到720亿元,形成了光子产业的先发优势。

一、向"光"而行,高光不断

(一)一颗红心,引领筑"芯"

苏州高新区坚持党建引领服务光子产业创新集群建设,成立了光子产业集群党委,选派了14支党建指导员队伍,推进92家院所、企业党组织应建尽建,覆盖党员680余名,打出党建聚链成势、产业攀高向新组合拳。

"行动支部"在关键核心技术攻关等方面发挥了领军作用。例如,苏州长光华芯光电技术股份有限公司(以下简称"长光华芯公司")致力于高功率半导体激光芯片"卡脖子"技术攻关,截至2023年9月,公司拥有22名党员,分布在研发岗、工程岗等重要业务岗位。在中美科技竞争升级的背景下,团队工作不仅仅是为企业攻克技术难题,也承担着家国情怀。尽管攻克技术难度很大,但他们勇担职责,日夜奋战,终于提前数年完成了任务。

长光华芯公司展厅
[图片来源:苏州高新区工委(虎丘区委)宣传部融媒体中心]

不仅仅是长光华芯公司，类似的案例在苏州高新区还有很多。中国兵器某研究所苏州研发中心负责人曾说，"项目攻关到哪里，党组织就延伸到哪里。"该研究所围绕光电芯片、微电子等领域需求，通过"揭榜挂帅"机制，鼓励党员在国家重大工程、重点专项、产业化建设中发挥先锋模范作用。

成立党建联盟是高新区持续推进光子产业生态建设的重要举措。党建联盟成立后，高新区通过"定期协商、部门协调、党群联动、专家支持"的议事机制，发挥太湖科学城资源优势，积极参与和承办长三角G60科创走廊激光产业联盟年度论坛、世界光子产业发展大会等重大会议活动，为企业发展搭建了高端交流平台。

（二）志存高远，筑巢引凤

长光华芯公司外观

［图片来源：苏州高新区工委（虎丘区委）宣传部融媒体中心］

人才是第一资源。苏州高新区秉承"聚天下英才而用之"的理念，拓展招才引智体系，推动创新资源集聚。

长光华芯公司董事长、总经理闵大勇有着20多年的激光行业经验，是享受国务院政府特殊津贴专家，江苏省"双创计划"人才，江苏省

"双创团队"核心人才，江苏省"科技企业家"，苏州市姑苏领军人才。2017年，他加入长光华芯公司，带领公司规划并完成"一平台，一支点，横向扩展，纵向延伸"的战略构想和布局，建起了全球第二条、国内唯一的6英寸高功率半导体激光芯片（砷化镓6寸线）生产线，打破了我国半导体激光芯片依赖国外进口的局面。

为了吸引和留住像闵大勇这样的高端科创人才，苏州高新区设立人才服务专窗，开展针对性人才服务，打造创新资源最集聚、人才机制最优化、多元文化最包容、宜居宜业最舒心、生活配套最完善、生态环境最怡人的"1+2+X"高品质人才社区，营造全方位、全要素、全周期的人才服务生态，让高新区越来越成为人才汇聚之地、价值实现之地。

（三）"成团"出道，携手"追光"

苏州高新区的"追光"征程，可谓头雁高飞与聚势强链齐头并进。2022年7月，由长光华芯公司牵头建设的"高功率半导体激光创新联合体"入选了首批苏州市创新联合体建设名单。该创新联合体运转不到半年，长光华芯公司已经与材料科学姑苏实验室、东南大学、中国科学院苏州生物医学工程技术研究所等12家联合体成员协同创新，攻克了多项关键技术关卡，成功把35W高功率半导体激光芯片送到生产线，实现大批量生产与出货。

2023年5月，苏州市光子产业联合会这个更大的联合体成立，成为创新链与产业链之间的桥梁纽带，首批96家企业"成团"出道，携手"追光"。以龙头企业为牵引、高校院所为支撑、创新主体相互协同的产业联合体将深度整合创新资源，开展紧密合作，助力形成更强的集群效应。

二、追光逐梦，步履不停

（一）强强联手，互相助力

苏州高新区拥有中国科学院苏州生物医学工程技术研究所、南京大学苏州校区、浙江大学苏州工业技术研究院等光子产业相关院所平台。高新区推动高校院所与行业龙头企业合作建立太湖光子中心前沿技术研究院等高端科创平台，为区内光子产业发展提供了重要的原始创新技术支撑。

苏州科技城大院大所展厅院所列表
[图片来源：中共苏州高新区工委（虎丘区委）宣传部融媒体中心]

随着南京大学苏州校区的落地建设，苏州高新区开始了城市与大学和谐共生、合作共赢、互动互荣的新探索。苏州和南京大学渊源颇深，新一轮科技革命和产业变革给双方带来了新的合作契机。南京大学苏州校区紧密对接双方优势专业与优势产业，紧扣区域需求，创新人才培养模式，重点聚焦光子与信息技术等关键领域，强化"新工科"建设，打造政产学研交融的大平台，为区域发展注入了新动能。

(二) 惺惺相惜，凝心聚力

苏州高新区立足苏州、辐射全国，吸引了更多企业院所向太湖光子中心前沿技术研究院聚集，加快光子产业创新集群建设。太湖光子中心前沿技术研究院与上海微技术工业研究院共建的"超越摩尔"光电产业创新中心，依托上海微技术工业研究院的研发能力和技术积累，在硅光、功率半导体、汽车芯片等领域为企业提供长期可靠的研发服务。同时充分利用上海微技术工业研究院的硅光和微机电系统（Micro-Eletro-Mechanical System，简称 MEMS）研发量产能力，合作共建"超越摩尔"产业生态，吸引集聚优质产业项目，持续完善长三角光子和集成电路的产业链、创新链。

苏州市光子产业联合会与武汉·中国光谷激光行业协会也进行了签约合作，未来将加强光子领域新技术的合作应用，共同集成创新要素，共享创新资源，引领光子产业跨区域、跨学科、跨行业协同创新发展。

太湖光子中心前沿技术研究院
[图片来源：苏州高新区工委（虎丘区委）宣传部融媒体中心]

（三）源源不绝，激发活力

打造光子国内首屈一指的"高光之地"，追光路上，苏州高新区有目标，更有魄力。苏州高新区出台了专项支持光子产业创新集群发展的"高光20条"，建设知名投资机构集聚的金融小镇，发起设立100亿元光子产业投资基金和20亿元科创天使基金，围绕创新驱动、资本赋能，为光子项目建设提供有力信贷支持。建设国家知识产权服务业集聚区，并依托国家知识产权局专利局专利审查协作江苏中心，形成完整的光子产业知识产权服务链条，助力光子产业高质量发展。

此外，苏州高新区还注重多措并举，充分放大"高光20条"政策效应。比如，强化投资联动，创新推出"光子贷""光通讯专项基金"，绘制全球光子人才地图，做优"人才会客厅"品牌等，为企业和人才发展营造良好的产业生态环境。

[中共苏州高新区工委（虎丘区委）党校 徐家月]

第四篇

抓改革、促开放：在加快构建新发展格局上激发新活力

核心提要： 2023年是我国改革开放45周年，也是党的十八届三中全会召开10周年。全面深化改革是我们稳大局应变局开新局、实现高质量发展的重要抓手，是江苏在推进中国式现代化中走在前、做示范的必然要求。这一年，置身改革开放前沿的苏州深入贯彻习近平总书记系列重要讲话精神和重要指示精神，落实党中央、江苏省委重要决策部署，持续深化改革开放，在四个方面发力并取得了一定成绩：抢抓新一轮科技变革，锚定目标全面实施数字化改革；自觉服务国家重大战略落地落实，"外联内聚"主动服务区域协调发展；积极开展制度创新，各项"创新硕果"进一步推进高水平制度型开放，释放高质量发展深层次动能；通过"四条丝路"积极参与共建"一带一路"，持续坚定不移地扩大高水平对外开放，构筑更具竞争力的改革开放高地。

2022年，习近平总书记在党的二十大报告中指出，要坚持深化改革开放、推进高水平对外开放。2023年3月5日，习近平总书记在参加第十四届全国人民代表大会第一次会议江苏代表团审议时再次强调，要按照构建高水平社会主义市场经济体制、推进高水平对外开放的要求，深入推进重点领域改革，统筹推进现代化基础设施体系和高标准市场体系建设，稳步扩大制度型开放。2023年4月6日，江苏省委全面深化改革委员会第三十五次会议指出，要在改革上再出发，锚定"推动高质量发展走在前列"总目标，将全面深化改革不断推向前进。要以"为全国发展探路"的自觉，敢闯敢试、先行先试，通过深化改革加快形成可持续的高质量发展体制机制，为发展创新的先行实践开路架桥，为应对变化变局中的风险挑战提供制度保障。要在服务重大发展战略中发挥改革的引领性作用，围绕服务构建新发展格局和推进长江经济带发展、长三角一体化发展等，以锐意进取、开拓创新的精气神谋划打造一批具有江苏标识度的改革成果。苏州深入贯彻习近平总书记的系列重要讲话精神，尤其是关于全面深化改革重要论述和对江苏、对苏州工作的重要指示精神，落实中央、江苏省委重要决策部署，持续抓改革、促开放，积极在加快构建新发展格局上激发新活力。

一、锚定目标，全面实施数字化改革

数字时代瞬息万变，当下，中国正在迈入数字经济主导的"数字时代"。习近平总书记高度重视数字化发展，自党的十八大以来，总书记围绕数字中国、网络强国、智慧社会等数字化发展做出一系列重要论述。特别是在党的二十大报告中进行了系统部署，提出要"加快建设网络强国、数字中国""打造智慧城市"等明确要求，为数字化发展指明了前进方向、提供了根本遵循。

为深入贯彻习近平总书记关于网络强国的重要思想，积极落实数字中国战略，"走在前、做示范"的苏州，在推进数字苏州建设的道路上不断进步。苏州立足服务数字中国、数字江苏建设，抢抓数字化改革新机遇，突出整体性转变、数据化驱动、一体化推进，全面实施数字化改革,切实增强数字苏州建设。当前,数字苏州建设已成为激发数字经济活力、优化数字社会环境、增强数字政府效能的关键策略。

(一)重点聚焦"八大工程",求突破、促发展

2023年是苏州实施数字化改革加快推进之年,苏州继续聚焦发力,重点实施在线新经济发展促进工程、大数据产业发展工程、文化数字化精品工程、智慧医疗应用工程、数字孪生城市建设工程、"苏周到"优化提升工程、"数字苏州驾驶舱"升级工程、公共数据开放工程"八大工程"。

在线新经济发展促进工程围绕在线金融、电子商务、在线共享经济等领域,大力推动业态融合、场景创新,采取奖励、资助、贷款贴息、购买服务等方式,精准支持一批拥有核心技术、用户流量、商业模式的创新型领军企业。大力度培育电商直播产业,助推企业拓展线上市场,提升实体经济品牌价值。

要做优做强数字苏州建设,基础性支撑必不可少,其中的重要一环就是大数据产业发展。大数据产业发展的关键是要做大做强苏州市大数据集团有限公司,高标准建设大数据产业街区,发挥苏州大数据开发者创新中心作用,围绕数据、算力等产业图谱,更大力度开展企业招商。以企业和项目为牵引,在全市布局20个大数据产业园,建设企业上市服务中心、人工智能算力中心、软件测试运维一体化服务中心等,打造产业公共服务平台。

文化数字化精品工程涉及建设苏州文化专题数据库,打造一批特色数字图书馆、数字文化馆、数字非遗馆,探索提供有声阅读、云观展、云演艺等服务。加快各类数字文化产业园区提档升级,围绕创意设计服务、在线娱乐、数字文化装备生产等领域,培育具备自主研发能力和市场竞争力的数字文化龙头企业。

智慧医疗应用工程包含了大力探索在线诊疗与互联网医院应用,通过手机定位接入,提高急救响应速度,整合提升居民电子健康档案数据质量。推动全市二级以上定点医疗机构"先诊后付",构建商业医疗保险"一键式"快速理赔体系,加快实现医保经办事项网上办、掌上办、自助办。

数字孪生城市建设工程主要涉及完成城市信息模型(City

Information Modeling，CIM）基础平台分节点建设，健全"1+10"CIM平台体系，推动古城、运河、太湖、长江、山体、湖泊、园区等专题数据分级分类、精准落图，加快建成全要素数字孪生城市。推动数字孪生专题数据共享，结合地理信息系统、大数据等技术，拓展应用场景，强化"CIM+房屋安全"等深度应用。

"苏周到"APP优化提升工程旨在打造集政务服务移动端、城市服务聚集端和新闻资讯触达端"三端一体"，加快APP页面"政务+生活"双主页改版，突出出行、就医、办事等刚需事项，拓展微信、支付宝小程序和微信公众号等移动终端服务，结合证件到期提醒、公积金账户变动提醒等12项个性化主动推送，全面提升服务品质。

"数字苏州驾驶舱"升级工程旨在加快智水苏州、城市生命线等重点平台接入，实施经济运行、生态环境、应急管理等领域"城运一件事"典型应用，全面增强跨部门、跨层级、跨地域联动指挥效能，不断提升大数据辅助决策水平，形成以数据驱动的综合治理新模式。

公共数据开放工程旨在通过持续完善公共数据开放制度机制，高质量编制开放计划和开放清单，创新授权运营管理模式，加快把政务数据作为公共产品向社会提供。通过建设运营一站式数据要素协同创新平台，围绕城市治理、教育医疗、文化旅游等重点领域，打造10个以上标志性数据产品和示范性应用场景。

(二) 全面赋能"五位一体"，力争百花齐放

在聚焦重点领域的同时，苏州全面推动数字化转型向纵深发展，在数字政务、文化遗产、数字文化、公共服务、生态环境治理等方面加快数字化的全面赋能增效，推进经济社会整体性转变。为经济、政治、文化、社会、生态文明建设赋能增效，形成"五位一体"的数字苏州建设，以数字化改革驱动生产方式、生活方式和治理方式变革。

发展高效协同的数字政务。强化对城市运行的及时感知和联动治理，以2023年正式建成投运的"数字苏州驾驶舱"为抓手，加强数据之间的跨领域、跨行业整合，实时掌握城市每个方面、每个角落的数据，及时研判数据的内在联系和变化趋势，做出对城市运行状态的调整

和安排。进一步增强"苏周到"APP 的使用黏性，不断丰富平台便民消费服务内容，强化新闻资讯功能，建设"一件事一次办"等高频应用场景，精准推送免申即享个性化服务。进一步增强"苏商通"APP 的服务效能，聚焦法人全生命周期的业务需求，通过自然语言模型应用，实现智能问答，建设金融、科技、法律等特色服务专区，打造面向企业的"数字管家"。

打造自信繁荣的数字文化。更好更全地保存文化遗产，加大数字化采集，深化实施"古城细胞解剖工程"，利用 3D 建模、全息影像等手段对园林、古建老宅中的每个要素进行数字"复刻"，实现完整保护，加快对昆曲、评弹等经典作品的数字化转换，建设数字博物馆，推动苏州历史文化得到更好的传承。让文化资源更活更火，突出市场化导向，坚持内容为王，加强与行业龙头企业的合作，运用数字技术创造全新的文化场景、文化业态，推进文化资源向文化产品和文化产业转化。开拓海外文化市场，加强国家文化出口基地建设，鼓励中华优秀传统文化产品和影视剧、游戏等数字文化产品"走出去"，讲好发生在苏州的中国故事。

构建智慧便捷的数字社会。促进数字公共服务普惠化，全面推进教育、医疗、社保、居住、养老各领域的数字化应用开发，提供以人为索引的数字信息归集服务，统筹建设线上线下"一刻钟便民生活圈"，让数字化融入市民的生活日常，成为习惯与自然，使群众在数字化发展成果上有更多获得感。打造虚实交互的数字孪生城市，完善时空底座 CIM 平台，提高城市规划、建设、管理水平，结合区域人口数量、年龄结构、地块分布等全要素信息，进行数字化模拟构建，更加科学布局和配置学校、医院等公共资源，切实让群众可观可感。

建设绿色低碳的数字生态文明，提高生态环境治理能力。要推动生态环境智慧治理，形成数字运河、数字长江、数字山体、数字湖泊的保护框架，精准实施"一山一策""一湖一策""一岛一策"。加快数字化、绿色化协同转型，提升光伏、氢能等新能源的应用水平，推动电子信息产品绿色制造和使用，形成绿色低碳的生产方式和生活方式。

(三) 科学部署 "1+6" 实施方案，探路先行

作为工业大市、开放大市，苏州网民超 1042.6 万人、备案网站超 8.7 万个，数字化改革和网信事业发展的基础好、责任大。顺应新变化，构筑竞争新优势，在全面推进中国式现代化苏州新实践中走在前、做示范，就要锚定全国数字化发展标杆城市，以数字化改革破除体制机制障碍，努力建设全国数字化改革先行区。

苏州正以探路者的姿态，拥抱数字浪潮，聚合数字力量。为进一步高水平建设全国数字化发展标杆城市，苏州在 2023 年 12 月发布了数字化改革 "1+6" 实施方案，即《苏州市数字化改革总体方案》和《苏州市一体化公共数据底座建设方案》《苏州市数字经济系统建设方案》《苏州市数字政府系统建设方案》《苏州市数字文化系统建设方案》《苏州市数字社会系统建设方案》《苏州市数字生态文明系统建设方案》6 个具体方案。

《苏州市数字化改革总体方案》提出，到 2030 年年底，苏州一体化公共数据底座全面建成，形成数字经济、数字政府、数字文化、数字社会、数字生态文明融合发展体系，成为具有国际影响力的数字化发展标杆城市。《苏州市数字化改革总体方案》坚持系统集成、实战实效、争先创优、开放共建四个原则，围绕建设数字苏州目标，用数字化改革撬动各领域、各方面改革，强化数字化应用项目的牵引和驱动作用，突出数据这个核心，聚焦服务实体经济和服务百姓民生，推动产业基础结构、政府服务流程、城市运行模式再造。《苏州市数字化改革总体方案》提出，到 2024 年，打造 20 个左右具有苏州特色的数字应用项目；到 2025 年，打造 50 个左右数字化应用标杆项目，构建数字化履职能力体系，基本建成全国数字化发展标杆城市；到 2030 年，形成数字苏州融合发展体系，成为具有国际影响力的数字化发展标杆城市。《苏州市数字化改革总体方案》重点任务主要包括一体化公共数据底座及数字经济、数字政府、数字文化、数字社会、数字生态文明五大系统建设。推进一体化公共数据底座建设包括健全一体化公共数据资源体系，构建应用集成和应用支撑体系，健全 "苏周到" "苏商通" "苏政优" 等应用

终端体系，构建智能集约的基础设施体系，筑牢一体化网络安全防护体系。推进数字经济系统建设包括健全数字经济核心产业攻坚提升机制，深入推动智改数转网联，健全数字贸易体制机制。推进数字政府系统建设包括推动经济调节和市场监管数字化，深化城市运行和社会治理数字化，加快利企便民政务服务数字化。推进数字文化系统建设包括增强文化事业数字化服务能力，构建文化遗产保护传承数字化体系，推进全域文明创建常态化、精准化，激发文旅融合和文化产业数字化创新活力。推进数字社会系统建设包括完善数字社会服务体系，深化数字乡村建设，探索发展"未来社区"。推进数字生态文明系统建设包括构建生态环境智慧治理体系，推广数字化绿色生产方式，倡导绿色智慧生活方式。

数字苏州驾驶舱正式投运
（图片来源：苏州新闻）

二、"外联内聚"，主动服务区域协调发展

长三角一体化发展是习近平总书记亲自谋划、部署和推动的重大国家战略。2024年3月5日，习近平总书记在参加第十四届全国人民代表大会第二次会议江苏代表团审议时强调："江苏要全面融入和服务长江经济带发展和长三角一体化发展战略，加强同其他区域发展战略和区域重大战略的对接，在更大范围内联动构建创新链、产业链、供应链，更好发挥经济大省对区域乃至全国发展的辐射带动力。"①

---

① 习近平. 因地制宜发展新质生产力[N]. 人民日报，2024-03-06（1）.

苏州作为长三角一体化的有力推动者、直接受益者，面临的责任与机遇并存。随着一系列重大基础设施建设的加快，苏州正成为长三角的重要区域枢纽中心城市。2023年是长三角一体化发展上升为国家战略五周年，苏州继续紧抓机遇，更加积极主动地落实长三角一体化战略和江苏省区域协调发展部署，持续优化空间布局，推动区域高水平、高质量协调发展，做好"外联"文章，向东西南北拓展战略空间，做好"内聚"文章。

具体来说，可以从四个层面发力：全力推动市域统筹发展；积极参与省内区域协调发展；深度融入和服务长三角城市群一体化发展；依托上海国际化平台集聚全球高端资源。各方内聚外联，在空间、资源和发展方面形成强大聚合力，更高质量地全面推动区域协调发展工作。

（一）全力推动市域统筹发展

在改革开放进程中，苏州各板块逐步形成了"组团集聚型"的城市形态。发展至今，板块间在发生关联的过程中容易存在内部重复建设、同质竞争、重大资源缺乏统一布局等问题。因此，苏州全力推动市域规划统筹，坚持"产业在沿江转型、创新在城区集聚"，推动各板块挖掘产业特色，统筹全市创新资源，协调各地对接合作，探索构建6个区为一个大组团、4个县级市为副中心的"1+4"格局，形成"大苏州"整体合力。2023年，苏州城区常住人口超过500万①，成为名副其实的中国特大城市。苏州继续大力推进市域一体化统筹发展，走"大城发展"之路。

系统优化全市高质量发展空间布局。推动沿江3市（张家港市、常熟市、太仓市）对标上海临港，做好"调高、调轻、调优"文章，打造先进制造业高地。推动昆山市打造社会主义现代化建设县域示范。吴江区在长三角生态绿色一体化发展示范区建设中走在最前列，姑苏区面向世界贡献古城保护的苏州方案，苏州工业园区建设开放创新的世界一流高科技园区。吴中区集中力量推动太湖新城打造标识性城市高端功能

---

① 数据来源：苏州市统计局。

区、相城区推动高铁新城打造长三角区域枢纽中心，虎丘区（高新区）推动太湖科学城打造科技创新策源地、成果转化地、人才富集地。积极推进太湖新城、苏相合作区、独墅湖科教创新区（东区）、中新昆承湖园区、昆太协同发展科技产业园等市域合作园区加快建设。

不断完善市域一体化体制机制，加强板块间协同合作。加快推进"昆山—太仓""常熟—相城""吴中—吴江""姑苏—相城"等联动发展，继续支持常熟南向发展、吴江北向发展，系统谋划环太湖、环阳澄湖、环澄湖、沿吴淞江等重点区域发展。

加快推进综合交通体系、轨道线网建设。重点突出交通互联互通，加强县级市在轨道交通、主干路网等方面与主城的联系，打通板块间断头路，实现空间缝合、资源整合、发展聚合。2023年是苏州打造区域交通枢纽城市加速塑形之年。随着轨道交通建设及县市之间交通路网的不断打通，苏州正在由点到面、由表及里、由浅入深地融合，市域一体必将实现更大跨越。

（二）积极参与省内区域协调发展

站在促进共同富裕、推动区域协调发展的高度，苏州主动服务全省"一盘棋"，落实省"1+3"重点功能区部署，抓好苏锡常一体化、南北挂钩、跨江融合等任务，深入谋划苏州发展腹地问题，加强与省内城市特别是周边城市的合作交流。

西向加快推进苏锡常一体化。深化与无锡、常州共同打造以环太湖科创圈为主要内容的苏锡常都市圈建设，落实好苏锡常都市圈发展行动方案和苏锡合作协议，加快推动苏锡常城际铁路建设，加快推进苏锡太湖通道、望虞河整治等六大先导工程。

北向集中推进跨江融合发展。全方位深化南北挂钩合作，大力推动苏州和宿迁"1+5"共建园区联动发展，支持宿迁建设"四化"同步集成改革示范区。目前，以苏州与宿迁共建的苏州宿迁工业园区为首，苏州还与连云港、淮安、盐城、泰州、南通等地共建工业园。其中，苏州宿迁工业园区在全省南北共建园区考核中荣膺"十二连冠"，获评国字号荣誉6项、省字号荣誉40余项，南北合作共建的成效显著。加快推进苏锡通产业园建设，有力有序推进淮昆台资合作园建设。另外，张靖皋长江大桥主体工程施工图设计全部通过专家审查，为大桥建设的全速推进奠定了基础。海太长江隧道正在加紧建设，进入主体施工阶段，该通道的建成将进一步促进与江北地区经济的密切联系。

支持和鼓励苏州企业在省内更多地布局。支持苏州企业在把总部、研发、结算功能留在苏州的基础上，积极"走出去"，优化布局，特别优先在省内开展协作，在分工协作中提升产业链的安全性和竞争力。切实将苏州的产业资源优势转化为推动全省、全国产业链建设发展的新优势，也为自身产业发展寻找新空间。

（三）深度融入和服务长三角城市群一体化发展

长三角是国家参与国际城市群竞争的重要力量，上海是长三角最重要的城市，苏州的优势是紧邻上海，苏州的发展也得益于上海的辐射。因此，苏州积极与上海协同联动发展，主动对接和服务上海，发挥示范作用，持续推动与上海的对接融合、协同发展，持续放大"沪苏同城"效应。

重点领域合作协同加力，加快协同创新产业体系建设。上海—苏州科技集群建设持续推进，根据2023年版全球创新指数（Global Innovation Index，简称GII）"科技集群"排名，上海—苏州科技集群由全球第六升至全球第五。苏州深度参与沿沪宁产业创新带、G60科创走廊等建设，加快建设苏州实验室、"一区两中心"等高能级科创平台，有序建设中新苏滁高新技术开发区、中新嘉善现代产业园、苏阜产业园区，被纳入共建世界级城市群和世界级高端制造集群体系。大力推进智能网联汽车产业发展，与中国（上海）自由贸易试验区临港新片区共建长三角车联网。共建上海交通大学长三角（苏州）创新研究院，昆山、相城区获评G60科创走廊首批产城融合发展示范区。学习借鉴中国（上海）自由贸易试验区临港片区制度创新经验做法，用好中新、中日、中德、中荷与海峡两岸等平台。推进沪苏港口合作，推动苏州港融入长三角世界级港口群。主动对接上海国际消费中心城市建设，持续联动上海办好"五五购物节"，深化跨区域数字人民币试点应用，截至

2023年年底，苏州数字人民币全年交易金额超3.9万亿元，占江苏全省交易量的九成以上。①

有力推进虹桥国际开放枢纽北向拓展带建设。聚焦"大交通、大会展、大商务、大科创"核心功能，深入实施《贯彻落实〈虹桥国际开放枢纽北向拓展带建设实施方案〉苏州行动计划》，打造苏州北站与上海虹桥复合枢纽，共同参与国家智慧交通先导试验区建设，拓展智慧交通应用场景，"虹桥品汇苏州港"等品牌的影响力日益增强，建设上海虹桥苏州（相城）数字经济创新产业园。2023年12月，《苏州市加快虹桥国际开放枢纽北向拓展带建设的若干措施》出台，22条措施在丝路电商、国际贸易和本外币政策等方面能更好地服务虹桥商务区，在区域创新、数字人民币和智能车联网等方面共同促进"一核两带"融合发展，在道路建设、招商展会等方面协力引领长三角更高质量的一体化发展。

稳步推进长三角生态绿色一体化发展示范区国家战略主要承载地的高水平共建。突出制度创新和项目建设"双轮驱动"，示范区持续探索推出各项制度创新成果，截至2023年年底，示范区已累计形成136项制度创新成果，持续推进145个亮点项目建设。2023年2月，国内首部跨行政区国土空间规划《长三角生态绿色一体化发展示范区国土空间总体规划（2021—2035年）》获国务院批复。省际边界联合河（湖）长制治水经验入选中共中央组织部生态文明建设典型案例，签订《元荡跨界幸福河湖暨国家水土保持示范工程联合创建协议》，创建一体化示范区首个"幸福河湖"；签订《跨界河湖一体化联保共治战略协议》，在鱼天井荡、道田江等更多跨界河湖推广一体化治理模式；吴江区牵头编制《长三角生态绿色一体化发展示范区联合河湖长制工作规范》。

推动"漕湖—鹅真荡"生态绿色一体化协同发展示范区建设。统筹推进"漕湖—鹅真荡""双湖生态客厅"和漕湖北岸综合开发，积极打造区域协调发展新样板。相城实践案例"完善跨区域协作机制 打造

---

① 数据来源：苏州市统计局。

'双湖'协同发展示范区"入选2023年"中国改革年度地方全面深化改革典型案例"。

在交通基础设施方面，苏州大力完善东西南北大通道、环太湖快速交通圈，加快沪苏湖铁路、通苏嘉甬高铁等交通廊道建设，建设苏州东站、苏州南站等，打造长三角重要的区域枢纽中心城市。目前，沪宁沿江高铁正式通车，轨道交通11号线与上海地铁11号线实现无缝对接，康力大道等跨区域道路建成通车，轨交6、7、8号线开通运营，轨交2、4、7号线延伸线全面开工，轨交四期规划获批。深化苏州港与上海港、宁波港的合作，加强与杭州、嘉兴、湖州等城市联动协作。

（四）依托上海国际化平台集聚全球高端资源

上海一端连接长三角，一端连接太平洋，是战略性的国内国际双循环链接枢纽，苏州作为紧邻上海的开放大市，紧密依托上海国际化高端平台，对接国际资源，寻求全球合作。加强对接、深化合作，用好进口博览会等国际化平台，加强对接上海"五大中心"建设，持续扩大苏州的参与度和影响力，集聚高端资源要素，打造更具竞争力的开放高地，不断提升苏州的发展能级和核心竞争力。

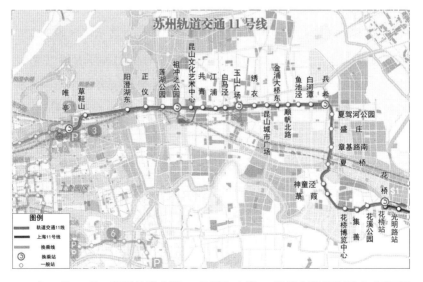

2023年6月24日，苏州轨道交通11号线和上海11号线在花桥站正式"牵手"
（图片来源：苏州轨道交通官网）

三、制度创新果实累累　推进高水平制度型开放

2023年11月30日，习近平总书记在深入推进长三角一体化发展座谈会上强调："长三角区域要积极推进高层次协同开放。推进以制度型开放为重点的高水平对外开放，加强改革经验互学互鉴和复制推广，努力成为畅通我国经济大循环的强大引擎和联通国内国际双循环的战略枢纽。"① 江苏省委全面深化改革委员会第三十五次会议指出，要在"四个走在前"的重点领域形成示范性成果，把高质量发展的路线图作为改革探索的路线图，敢于推出首创性改革，及时复制与推广成功经验和做法。

苏州积极分析当前形势，谋划部署重点任务，全力推动全市开放型经济发展迈上新台阶。

（一）自贸片区溢出效应持续放大

建设一流自由贸易试验区（以下简称"自贸试验区"），是深度融入和服务国家开放战略、实现高水平对外开放的必然要求，也是加快新旧动能转换、促进高质量发展的现实需要，更是提升政府效能、优化营商环境的重要保障。2023年，苏州工业园区围绕深入实施自贸试验区提升战略，秉承"探路、引领、突围"理念，更好发挥中新合作独特优势，继续坚持以制度创新为核心，大胆试、大胆闯、自主改，全力建设一流自贸试验区，为打造开放创新的世界一流高科技园区提供有力支撑，全力争当服务建设更高水平开放型经济新体制的探路尖兵。苏州自贸片区在推动高水平制度型开放等方面发力。充分发挥中新理事会平台作用，苏州片区新增国家赋予的先行先试政策5项，累计达到135项；推动中新两国政府在园区开展数字贸易合作试点，在《数字经济伙伴关系协定》的框架下围绕跨境数据流动、数字身份互认、商业和贸易便利化、国际航运信息交换等领域开展制度创新。

截至2023年年底，苏州自贸片区累计形成全国、全省首创及领先的

---

① 习近平. 推动长三角一体化发展取得新的重大突破　在中国式现代化中更好发挥引领示范作用［N］. 人民日报, 2023-12-1（01）.

制度创新成果 190 项，13 项在全国复制推广，48 项在全省复制推广。其中，2023 年苏州自贸片区新增全国、全省首创及领先的制度创新成果 40 项，有 3 项经验在全国示范推广，自贸片区溢出效应持续放大。2023 年 7 月 10 日，国务院印发《关于做好自由贸易试验区第七批改革试点经验复制推广工作的通知》，苏州自贸片区"应用电子劳动合同信息便捷办理人力资源和社会保障业务"案例成功入选，并将在全国范围内复制推广。

（二）全面深化服务贸易发展

自 2016 年起，苏州积极落实国务院批复精神，先后开展服务贸易创新发展试点、深化服务贸易创新发展试点和全面深化服务贸易创新发展试点。全面深化试点期间，根据商务部《全面深化服务贸易创新发展试点总体方案》要求，结合实际制定《苏州市全面深化服务贸易创新发展试点实施方案》，明确 104 项具体工作任务举措，其中落实商务部试点任务 85 条、自主创新探索工作举措 19 条。截至 2023 年，所有试点任务均已完成或落地，全面深化服务贸易创新发展试点任务圆满完成。

苏州服务贸易加快创新发展，取得丰硕成果。目前，苏州共有 3 家国家级服务出口基地、7 家省级服务贸易基地、41 家省级服务贸易重点企业。自全面深化试点以来，苏州梳理上报 37 项创新实践案例，其中 5 项案例被国务院服务贸易发展部际联席会议办公室评为"最佳实践案例"。三轮试点期间，苏州共有 9 条经验、9 项创新实践案例被全国推广，案例贡献数量排名全国第二，仅次于上海。其中，2023 年，苏州有 2 项案例被评为全面深化服务贸易创新发展试点第三批"最佳实践案例"。

第一个案例是"创新优化外国人来华工作便利化服务"。作为"外籍人才眼中最具吸引力的中国十大城市"之一，苏州常驻外籍人口超过 2 万人，其中一半在工业园区。对此，苏州工业园区不断健全外国人来华工作便利服务体系，优化提升营商环境，为更好地吸引和服务外国人才进行有效探索。通过一流的创新服务保障外国高端人才集聚，进一步放宽外国人才在园区就业、创业的条件。尤其在外国高端人才互认方面，工业园区更是率全国之先。全面认可长三角其他地区对外国高端人才的认定结果，便利长三角外国人才的自由流动，进一步提升外国人才在苏州工作与生活的便利性、获得感、归属感。

第二个案例是"推进新型离岸国际贸易创新发展"。该案例秉持"鼓励创新、包容审慎"的管理理念，通过出台专项支持政策、规范统计口径、开发上线新型国际贸易综合服务平台、优化监管转型等多种方式，促进新型离岸国际贸易发展。

此外，在创新服务贸易的同时，贸易便利化不断得到提升，苏州片区不仅推动出台全省首个自贸区企业保税维修政策，还推出了便利企业查询关税的"经贸规则计算器"、便利货物通关的"货站直提"、便利享受保税服务的"保服通"、提升通关效率的智慧集中查验等举措。其中，推进长三角一体化布控查验协同创新模式，被海关总署在全国复制推广。

国务院关于做好自由贸易试验区第七批
改革试点经验复制推广工作的通知

国函〔2023〕56号

各省、自治区、直辖市人民政府，国务院各部委、各直属机构：

建设自由贸易试验区（以下简称自贸试验区）是党中央、国务院在新时代推进改革开放的重要战略举措，肩负着更好发挥改革开放综合试验平台作用，为全面深化改革和扩大开放探索新途径、积累新经验的重大使命。按照党中央、国务院决策部署，自贸试验区所在地区和有关部门结合各自贸试验区功能定位和特色特点，全力推进制度创新实践，形成了自贸试验区第七批改革试点经验，将在全国范围内复制推广。现就有关事项通知如下：

一、复制推广的主要内容

（一）在全国范围内复制推广的改革事项。

1. 投资贸易便利化领域："工程建设项目审批统一化、标准化、信息化"、"出口货物检验检疫证单'云签发'平台"、"航空货运电子信息化"等3项。

2. 政府管理创新领域："水路运输危险货物'谎报瞒报四步稽查法'"、"海事政务闭环管理"、"国际航行船舶'模块化'检查机制"、"应用电子劳动合同信息便捷办理人力资源社会保障业务"、"医药招采价格调控机制"等5项。

3. 金融开放创新领域："跨境人民币全程电子缴税"、"对外承包工程类优质诚信企业跨境人民币结算业务便利化"、"证券、期货、基金境外金融职业资格认可机制"、"动产质押融资业务模式"、"科创企业票据融资新模式"、"知识产权质押融资模式创新"等6项。

4. 产业高质量发展领域："制造业智能化转型市场化升级新模式"、"健康医疗大数据转化应用"、"专利导航助力产业创新协同联动新模式"、"专利开放许可新模式"、"深化知识产权服务业集聚发展改革"等5项。

创新成果"应用电子劳动合同信息便捷办理人力资源社会保障业务"
案例在全国范围内复制推广
（图片来源：中国政府网）

四、"四条丝路"参与共建"一带一路"

开放是苏州最鲜明的特征和最突出的发展优势，也是苏州扛起更大使命担当的底气所在。自古以来，苏州就与"丝路"有缘，不仅自身物产丰饶，郑和更是在苏州太仓起锚，七下西洋。2023年是共建"一带一路"倡议提出10周年，作为"一带一路"重要节点城市，苏州积极开拓市场，与共建"一带一路"国家贸易合作日益深化、成果颇为丰硕。苏州深度融入"一带一路"建设，创新推出"四条丝路"，打造"陆、海、空、网"四条开放大通道。通过高水平互联互通，苏州已初步建立了联通境内外、辐射东中西的物流通道枢纽，成为推动苏州高水平对外开放和"稳链保链"的重要力量。

(一)"丝路"发展活力满满

苏州在"丝路"建设和发展方面的成果主要表现在以下三个方面。

第一，贸易合作不断深入。东盟自2019年起连续4年跻身苏州市前三大贸易伙伴，并在2020年、2022年超过欧盟，成为第二大贸易伙伴。统计数据显示，2023年，苏州全市对东盟进出口额比2022年增长3.0%。2023年，苏州全市对中亚5国进出口额比2022年增长30.2%。对"一带一路"共建国家和地区进出口额占进出口总额的比重达36.2%。[①] 这些数据表明苏州的国际市场逐渐多元化。

第二，贸易主体更具活力。2023年1—11月，苏州市有进出口实绩的企业数量达3.1万家。其中，民营企业超过2.3万家，对"一带一路"共建国家进出口额3362.1亿元，同比增长20.2%，占全市对共建国家进出口总额的41.5%，成为"一带一路"贸易合作的"动力源"。

第三，新业态蓬勃发展。苏州中欧班列服务全市跨境电商出口产品范围进一步拓展，包括服装、玩具、家电、电子产品等近10个品类。越来越多的本土企业通过跨境电商模式积极开拓海外市场，给"一带一路"共建国家带去"苏州制造"。2023年1—11月，苏州全市市场采购贸易方式出口148亿元，同比增长13.6%，其中，对90多个"一带一路"共建国家出口78亿元，同比增长7.8%。

(二)"陆上丝路"越跑越快

苏州处于"一带一路"交汇点上，是最早开行中欧班列的城市之

---

① 数据来源：苏州统计局。

一。苏州海关助力畅通中欧班列国际物流大通道，形成以欧洲方向为主，中亚、东盟方向为辅的"陆上丝路"，运行国际线路10条，覆盖欧洲、亚洲20多个国家、35个主要城市。一方面，中欧班列的操作新模式不断推进。自"铁路快通"业务模式落地苏州后，2023年上半年"铁路快通"业务模式下共发运集装箱432TEU，节约通关时间24小时，缩短整体运行时间1~2天，显著节约了通关成本，提升了货物通关及运输效率。另一方面，援外物资运输得到持续保障。为服务"国之大者"，推进共建"一带一路"，苏州中欧班列持续稳定开行援塔吉克斯坦政府办公楼项目的物资专列，2023年上半年共计发运援建物资集装箱158TEU。2023年全年，苏州中欧班列开行521列，比2022年增长3.6%，班列发运数实现从每年1列到500列的跨越式增长。

首趟中欧班列（苏州—莫斯科）快速班列顺利开行
（图片来源："江苏班列"公众号）

（三）"海上丝路"越来越通达

苏州通过发展河海联运、海铁联运，实现与"海上丝绸之路"的无缝衔接。苏州海关助力打造"苏州—上海芦潮港—洋山港"海铁联运班列，促进集装箱海运与铁路有效衔接。江苏省交通运输厅公布的2023年度多式联运、内河集装箱运输、中欧（亚）班列精品线路（航线）试点名单中，苏州（苏州西站）—上海（洋山港区）海铁联运班列成功入选。2023年1—11月，海铁联运共计发运32010个标准箱，同比增长6.2%。2023年6月14日开通的"苏州—太仓"CCA（内河水水中转）航线业务，截至11月30日，共发运40呎集装箱209个，货重 4573.56 吨，货值 505.09 万美元。

（四）"空中丝路"越飞越广阔

2023 年 3 月 28 日，长三角国际空港现代物流中心在昆山正式启用。该中心可通过东航货站和机场货站，链接 111 家航空公司，航线网络覆盖全球 100 多个国家和地区，可以通达 1036 个目的地。同年 9 月，长三角国际空港昆山物流中心三字代码（KHL）揭牌，从昆山进出口的货物在国内周转时间可由以往的六七个小时缩短至约两小时，物流成本平均下降 15%，物流时效平均提升 50%。同年 12 月 20 日，长三角国际空港苏州航空货运中心在苏州工业园区揭牌，首单通航正式启动，让苏州企业在家门口就可以完成货物预安检。

推动"东方航空物流苏州空运货站楼创新项目"建设，加强口岸合作。随着改革的不断深入，该创新项目的重要节点口岸突破原设计的东方航空物流和上海浦东国际机场，已经覆盖到郑州新郑国际机场，后续还将同无锡硕放、杭州萧山、南京禄口等国际机场洽谈合作事宜。2023 年 6 月，苏州海关与上海浦东国际机场海关签署出口转关相关联系配合办法，实现陆空联运项目转关常态化。2023 年 1—11 月，陆空联运业务进出口共计完成 3636 票、42540 件、1841.37 吨。

（五）"网上丝路"越来越便捷

不断创新监管模式，深化与口岸海关、运输企业、监管场站的合作，实现跨境电商 B2B、B2C 出口监管模式"全覆盖"。落地出口退运试点，在实现"跨境电商零售一般出口"（9610）退运的基础上，完成江苏省内首票"跨境电商出口海外仓"（9810）申报出口、因滞销原因退运商品结关工作，确保出得去、退得回，有效解决了企业的后顾之忧，实现跨境电商进口、出口、退运全流程。推动"跨境电商+中欧班列"业务融合，支持中欧班列开通跨境电商专列，丰富苏州跨境电商国际物流通道。积极推动长三角一体化协作，率先与上海浦东机场海关建立"苏沪跨境电商转关通道"，参与完善"跨境电商出口统一版系统"转关功能模块，通过"数字化转关出口"方式，开辟国际物流新通道，为跨境电商企业"买全球、卖全球"提供有力支撑。

县区实践

以"融"促"荣":港产城一体化的太仓实践

太仓港古称"刘家港",是元代漕粮海运的始发港,被称为"天下第一码头"。明朝初年,郑和从刘家港起锚七下西洋,实现了人类历史上空前辉煌壮丽的洲际远航。如今,太仓以巨艘为笔、激流为墨、码头为轴、江岸为卷,绘就了一幅港产城共生共融的史诗画卷。

一、以市强港:从"一片草"到"顶流"枢纽港

历史上的刘家港在清代中期以后逐渐淤塞衰落,地位被上海港取代,新中国成立以后的相当长时间内,只是一座地区性的渔港。在邓小平同志南方谈话的那个春天,太仓提出了"以港兴市"的发展战略,抢抓浦东开发开放的历史机遇,利用好长江岸线资源优势,进行港口开发建设。

开放的天时、长江的地利,再加上全市齐心的人和,太仓港的开发建设可谓不鸣则已、一鸣惊人。1996年,经国务院批准同意,太仓港作为国家一类口岸,正式对外国籍船舶开放。1998年,太仓港第一艘集装箱船扬帆起锚,标志着太仓港的集装箱运输功能正式启动。2013年,太仓港作为沿海港口管理,成为全国首个享受海港待遇的内河港,从此跨入海港时代。同年,太仓港综合保税区经国务院批复同意设立,依托综合保税区,太仓港进口商品交易中心、跨境电商监管中心和公共服务平台、跨境电商产业园等平台相继建立。2020年,苏州(太仓)港口型国家物流枢纽上榜国家物流枢纽建设名单,为江苏省唯一。

如果把长江比作巨龙,那长江口就是龙头,太仓港的地理位置,就如同巨龙口中的一颗夺目明珠。如今,这颗"明珠"正散发着璀璨的光芒:2023年,太仓港集装箱吞吐量达803.9万标箱,稳居中国大陆第8位,连续6年位列江苏省第1位,连续14年领跑长江各港口,在全球百大集装箱港口排名中由2022年的第22位上升至第20位。以集装箱吞吐

量计,太仓港占苏州港总量的近90%,是苏州港名副其实的龙头港、核心港。

截至2023年,太仓港集装箱岸线全部打通,已累计开辟运营集装箱班轮航线217条,成为长江沿线航线数量最多、密度最大、覆盖最广的港口。从国际上看,航线覆盖近洋日本、韩国、俄罗斯等国的24个主要港口。从国内范围看,覆盖沿海17个主要港口、长江27个主要港口、内河23个重点港口,已基本形成国内沿海全覆盖、长江全通达、内河全联通,国际近洋直达、远洋中转,公铁水联运多向发力的国内、国际大循环运输体系。

二、以港聚产:从"一条桥"到"一流"开发区

1992年10月28日,太仓港第一个万吨级码头——江苏长江石油化工有限公司兴建的1.5万吨级的石化码头(以下简称"长江石化码头")开工建设,打下了历史性的第一桩。由于港口建设的最初几年只有这一个码头孤零零深入江心,所以当年有句戏言——"港区一条桥"。

不过,长江石化码头的率先启动结束了太仓港没有深水泊位的历史,拉开了太仓港开发建设的序幕,也标志着太仓港临港产业发展有了实质性启动。1997年1月18日,太仓市委、市政府在长江石化码头隆重举行太仓港开港典礼。从此,太仓迎来了江海时代,太仓港开发区面向全球招商引资,世界500强企业纷至沓来。

宝洁公司就是代表之一,宝洁公司旗下的工厂作为一家"灯塔工厂",在可持续发展方面可谓先锋,是江苏省及日化行业第一个100%使用可再生能源的工厂,也是一家零填埋工厂。厂区内有一座"熄灯车间",这不仅是为了节能,它的核心是无人车间、数字车间,生产的灵活性和效率都很高。这一家工厂每年可贡献税收约7亿元,是名副其实的寸土寸金。

航空母舰、大型邮轮、液化天然气运输船被称为造船工业"皇冠上的三颗明珠"。太仓港区的扬子江海工有限公司,不仅可以大批量建造液化天然气运输船,甚至可以建造长约400米的集装箱货轮,该公司仅2022年一年就下水了6艘集装箱货轮,每艘集装箱货轮一次可装载创纪录的 24346 个标准集装箱,是名副其实的海上"巨无霸"和"最强带货王"。

太仓港区锚定的发展目标是建立长三角具有区域竞争力的沿江先进制造基地、具有行业影响力的临港现代物贸园区、具有幸福凝聚力的滨江新兴港口城市。依托国家一类口岸、国家级经济技术开发区、综合保税区、港口型国家物流枢纽等四张国家级名片,太仓港已集聚了中央企业、欧美企业和世界 500 强企业三大特色集群,形成了世界第二大集装箱标准箱制造基地、亚洲最大的高级润滑油生产基地、长三角地区最大的化工品中转基地,培育了高端装备、先进材料、健康医药、现代物贸四大主导产业。

三、以产兴城:从"一条街"到"带感"新港城

城市没有产业支撑,即便再漂亮,也只是"空城";产业没有城市依托,即便再高端,也只能"空转"。过去太仓港、临江产业发展较快,而港城发展相对较弱,不少功能依赖太仓城区和上海作为支撑。但是城市化与产业化要有相应的匹配度,不能长期一快一慢,脱节分离。

作为实施港产城一体化发展战略的前沿阵地,太仓港区在规划布局、功能配套等方面持续发力,高标准建设港口型国家物流枢纽城市,精心描绘城市发展新图景,为港产城一体化发展提供了坚实依托。现如今,港城内的餐饮、住宿、购物等传统商贸服务业加快发展,配套设施服务档次和水平不断得到完善和提升,高端优质学校、医院等项目的实施,为服务业发展提供了完备的要素支撑和服务体系,行政商务、生活居住、商业休闲、文教卫生、生态服务五大功能形态基本形成。

五洋滨江广场热闹非凡,包含大型卖场、进口商品展示中心、中影影城、商务酒店、特色餐饮、休闲娱乐等业态,是太仓城内最大的、业态最全的一站式生活购物中心。目前正加紧建设港区地标性高端酒店商业综合体,对升级商业业态、提高配套能力、打造优质生活圈具有重大推动作用。

公共服务方面,太仓港区医院是一所集医疗、科研、预防、保健、康复于一体的大型现代化二级甲等综合性医院,总建筑面积约 5.5 万平

方米，总投资4.9亿元，开放床位350张，拥有功能齐全、技术先进、设施完善、节能环保的医疗空间。江苏省太仓中等专业学校港城校区设立了港务、商务等五大教学实训中心，开设与港区产业发展相适应的新专业，输送契合港口发展的高素质应用型毕业生，助推港口经济发展。

生态环境方面，加快完善"一核一廊二园三横三纵"生态系统，建成郑和公园、港城绿地景观工程、七浦塘生态修复工程、同觉寺公园等一批项目。其中，七浦塘生态修复工程横穿太仓城中心区，串联商业、商务综合区与两侧的居住区，成为海绵城市项目。郑和公园建有多国主题区，充满异域风情，是学习历史、增长见识和休闲娱乐的绝佳去处。

浩渺行无极，扬帆但信风。太仓港将进一步深化港产城融合发展，加快打造长三角港口一体化"示范港"，高质量建设港口型国家物流枢纽核心区，高站位发展具有国际竞争力的"物贸港"，高标准推动优化营商环境的"温馨港"，朝着千万标准集装箱大港和长江"最美港口"阔步前行。

太仓中集集装箱制造有限公司
（图片来源：太仓市委宣传部）

（中共太仓市委党校　张明康）

同心同"德"30年——高水平中德合作的太仓典范

自1993年第一家德企落地太仓至今,德企与本土民企融合发展、同生共赢,以0.24%的土地创造了太仓8%的GDP,形成了汽车核心零部件、高端装备制造等特色产业集群,成为国内德企集聚度最高、发展质效最好、与本土企业融合发展最佳的地区。探寻高水平中德合作的"太仓典范",对当前县域经济发展乃至中国式现代化道路探索实践具有极强的借鉴作用。

一、"结缘在水乡":德企缘何集聚太仓?

1993年,伴随着改革开放的东风,德国大众汽车公司在上海投资建厂。作为大众汽车零部件供应商的克恩·里伯斯,自然也想把自己的弹簧生产厂建在上海周边。建在哪儿呢?董事长斯坦姆博士曾亲自来中国考察,原定行程里并没有太仓,阴差阳错,他返程路过太仓时,一下子被吸引了。"太仓路边那些高大的水杉树,让人感觉好像回到了德国的黑森林,有家的感觉",这让斯坦姆心生欢喜。于是,斯坦姆带着家族传承百年的弹簧制造技术,试探性地在这里创建了太仓第一家德资企业——克恩·里伯斯(太仓)有限公司,生产汽车安全带中所用的卷簧。

1993—2002年,太仓紧抓浦东开发开放、加入WTO等机遇,大力发展外向型经济,实现了"内转外"的重要转变。一大批德国企业家到太仓投资兴业,带来了管理经验和先进技术,让太仓的产业结构和能级得到优化提升。至此,太仓从"江南水乡"迈向"德企之乡"。

2002—2012年,太仓借加入WTO后形成的外商投资高潮,更加主动地以德资企业为招商引资重点,并上升为全市发展的重要战略。这10年里,太仓成功创建"中德企业合作基地""中德中小企业合作示范区"等品牌,成为德国中小企业在中国的重要聚集地,对德合作从"走进德国"迈向"德中同行"。2008年首届"德国太仓日"活动走进"汽车之都"斯图加特,一场太仓与德国城市之间的"双向奔赴"由此拉开序幕,"德国太仓日"活动至今已连续举办15届,成为全方位展示太仓发展优势和中德合作成果的专业品牌。

2012年至2024年,太仓坚持把习近平总书记对江苏工作系列重要讲话指示精神,作为谋划太仓发展的总命题、引领各项工作的总纲领,认真谋划"一带一路"建设、长江经济带发展、长三角区域一体化发展等重大决策中的太仓定位、太仓责任,不断丰富中德合作等对外开放品牌内涵,持续释放开放红利。"十三五"期间,太仓探索明晰了"以港强市、接轨上海、对德合作"三篇"文章"。2016年,全球第8家、中国第3家德国中心落户太仓,标志着太仓对德合作迈上了新台阶。太仓对德合作从"共塑创新"迈向"共赢未来",一步步成为高质量发展的强劲引擎和亮丽名片。

31年筚路蓝缕,在太仓,德资企业在结构上实现了从生产制造业拓展到生产服务业的发展跨越,布局已由制造基地向研发中心、销售中心和区域总部升级,涉及新能源汽车、智能制造、工业互联网、航空航天、生物医药、3D打印、数字化教育等产业。太仓对德合作实现了从经贸科技到产业创新、职业教育、文体交流、城市合作等多领域的拓展深化,在地域上也实现了从巴伐利亚州、巴符州等州到北德5州的全覆盖。

二、"彼岸花盛放":德国元素在此积淀

支撑"德国制造"享誉世界的中坚力量是占到德国企业总数99%的各类中小企业,这些企业大多是所在行业的佼佼者。在与德资企业融合的过程中,德国企业先进的技术、营销和管理等优势,带动了太仓市产业结构优化和转型升级,完成了制造业由粗放型向精细化生产模式的转换。

起初数百家太仓本土企业主要给德企提供基础配套,如今双方形成了产业配套、技术共同研发、工人共同培养的合作模式,甚至还有股份合作。落地太仓的德企已普遍进行本土化研发,将产品进行本土化优化,甚至出现"反向创新",把中国研发的产品引入德国市场。

文化相融带来理念相通。一元学校、一元企业"工学交替",德国人引以为傲的"双元制"教育模式在太仓完美适配。2001年,依托当地的德企、本土院校、德国高校等多方资源,太仓建立了国内首个与德

国职业教育同步的专业工人培训中心和国内唯一的中德双元制职业教育示范推广基地，创办了全国首个双元制本科项目，制定了全国首个双元制职业教育标准，成为中国最大的"德国职业资格"考试和培训基地，构建了中专、大专、本科和研究生多层次有序衔接的高技能人才培养体系。累计培育出1万多名管理人才和专业技术人才，双元制本土化创新实践走在全国前列。

青山一道同云雨，明月何曾是两乡。太仓高标准建设了罗腾堡德式风情街、玛丽蒂姆酒店及慕尼黑展示体验中心等中德合作文旅项目。以"买德国商品、品德国美食、享德国文化"为特色的风情街，集聚了1886德国汽车餐厅、贝多芬咖啡馆、进博快线、中德跨境电商、盲盒酒店等众多德式生活性服务企业及特色业态。

从"双元制"职业教育、中德乒乓球赛、足球赛、中德创业大赛、德国"啤酒节"、中国德商会"商会之夜"、德国"太仓日"活动，到德式酒吧、德国面包房、中德友好幼儿园、拜仁慕尼黑太仓足球学校、中德创新城，太仓以多元包容的胸襟和气度，营造出良好的生态圈，吸引越来越多的德国人安居太仓。"太仓德式生活氛围浓厚，一如我们的故乡。"巨浪集团总裁卡斯滕·利斯克说。

三、"执梦向未来"：中德合作再上台阶

30年来，太仓坚持把对德合作作为产业发展的重点方向，围绕产业图谱，深入对接德国工业"4.0"，积极引入德国创新要素，全面拓展与德国知名高校、科研院所、跨国公司等合作，建成投用中德智能制造联合创新中心、弗劳恩霍夫硅酸盐研究所太仓国际技术研发转移中心、中德创新园等一批创新载体，探索"飞地经济"模式，在北京、深圳、上海布局飞地创新中心，建设太仓（斯图加特）海外离岸孵化·创新中心、太仓—柏林双向创新中心等。太仓对德合作始终致力于产业集聚、创新驱动，如今实现了新旧动能转换，形成了以新能源汽车、航空航天、工业母机为核心的产业创新集群。

如今，太仓拥有商务部和德国经济部联合授予的中国唯一的"中德企业合作基地"、工业和信息化部授予的全国首个"中德中小企业合作

示范区"、第一个建在县级市的"德国中心"、全国第一个中德知识产权保护基地等20多项对德合作的全国第一和唯一。太仓中德合作被写进《长江三角洲区域一体化发展规划纲要》和《虹桥国际开放枢纽建设总体方案》,被科技部作为"中德科技创新的典范代表"列入《科技创新共塑未来·德国战略》。江苏省商务厅、发展和改革委员会、科技厅、自然资源厅等四部门共同发布《关于支持太仓进一步深化对德经贸合作打造中德中小企业合作示范区的意见》,支持太仓对德合作。太仓的对德合作受到中德两国政府部门的高度重视,越来越成为中德两国交往中的会谈话题和关键词,纳入两国战略合作框架。

自2016年起,中国已经连续8年成为德国第一大贸易伙伴。"中国市场"为"德国技术"带来机遇,"德国质量"助推"中国发展"实现飞跃,正在成长的"中国制造"与成熟可靠的"德国制造"珠联璧合,促进了中德经济社会发展。中德合作"太仓典范"不仅成为中国改革开放中积极融入双循环、实现互利共赢的典范,还成为新兴国家与发达国家合作的典范。在以中国式现代化全面推进中华民族伟大复兴的道路上,太仓将始终高擎这个"精神标识",全力以赴拼出"太仓速度",创造出无愧于历史、无愧于时代、无愧于人民的辉煌成就!

太仓中德创新园
(图片来源:太仓市委宣传部)

(中共太仓市委党校　王子铭)

第五篇

相辉映、双面绣：在推进人文与经济交融互促上探索新经验

核心提要： 党的二十大报告指出，中国式现代化是物质文明和精神文明相协调的现代化，物质富足、精神富有是社会主义现代化的根本要求。2023年7月，习近平总书记在苏州考察时指出，"苏州在传统与现代的结合上做得很好，不仅有历史文化传承，而且有高科技创新和高质量发展，代表未来的发展方向"①。有着2500多年历史的苏州以精益求精的"双面绣"描绘古今同框的现代版"姑苏繁华图"：一面历史源远流长，人文鼎盛；一面产业高地构筑，经济繁荣。传统与现代、人文与经济融合互动，已成为这座城市发展的内生动力，也成为这座城市未来高质量发展的"金名片"和"新引擎"。

---

① 习近平. 在推进中国式现代化中走在前做示范 谱写"强富美高"新江苏现代化建设新篇章[N]. 人民日报，2023-07-08（1）.

2023年3月，习近平总书记在全国两会期间参加江苏代表团审议时提出了"人文经济学"这一重要表述，为推进高质量发展指明了科学路径。人文与经济的交融互促也成为高质量发展的题中应有之义。2023年7月，习近平总书记在苏州考察时指出："苏州在传统与现代的结合上做得很好，不仅有历史文化传承，而且有高科技创新和高质量发展，代表未来的发展方向。"① 2023年9月，《人民日报》刊发《一座城，创新实践人文经济学》，指出"苏州，正成为人们读懂中国式现代化、读懂人文经济学的一个实践样本"。传统与现代交融互动、人文与经济相得益彰，是苏州的真实写照。2024年1月，江苏省文化产业发展联合会公布了第一批《江苏人文经济入库案例》，打造人文经济共生共荣的"平江样本"、描绘现代版姑苏运河繁华图的"运河十景"、扛起弘扬长江文化大旗的长江文化节、塑造古镇旅游新"夜"态的"夜周庄"、探索视听文旅融合发展的"黎里实践"、版权"针眼"穿引苏绣产业"金线"、丝绸纹样数字化创新应用等八个苏州案例入选成为人文经济发展中的"苏州答卷"。

一、"平江样本"彰显人文经济共生共荣

历史文化街区和历史建筑承载着一座城市不可再生的历史信息和宝贵的文化资源，加强保护、赓续文脉，对一座城市高质量发展意义重大。2023年7月6日，习近平总书记在苏州平江历史文化街区考察时指出："平江历史文化街区是传承弘扬中华优秀传统文化、加强社会主义精神文明建设的宝贵财富，要保护好、挖掘好、运用好，不仅要在物质形式上传承好，更要在心里传承好。"② 平江历史文化街区作为苏州保存最典型、最完整的一个历史文化保护区，如同苏州古城保护的一个缩影，被誉为"苏州古城保护的样本"。不仅如此，传统与现代、历史与

---

① 习近平．在推进中国式现代化中走在前做示范 谱写"强富美高"新江苏现代化建设新篇章［N］．人民日报，2023-07-08（1）．
② 习近平．在推进中国式现代化中走在前做示范 谱写"强富美高"新江苏现代化建设新篇章［N］．人民日报，2023-07-08（1）．

未来、文化与科技、人文与经济在这里相融合,成为彰显人文经济共生共荣的"平江样本"。

(一) 平江历史文化街区概况

苏州 1982 年获批首批国家历史文化名城,是全国首个、也是唯一将古城整体进行规划保护的城市,从 40 多年前启动系统性保护至今,始终在"变"与"不变"中印刻岁月、赓续文脉、守望乡愁。近年来,苏州进一步保护好、挖掘好、运用好全域历史文化遗产,用一个个历史文化街区和历史建筑保护利用的鲜活案例,打造一座"活着的千年古城"。

平江历史文化街区就是一个典型。昆曲《牡丹亭》中唱道,"不到园林,怎知春色如许?"不到平江,怎知姑苏为何?这里是一座没有围墙的博物馆,文物古迹众多;这里是江南生活的写照,一河一巷尽入画,一街一坊皆盛景。

在平江历史文化街区南入口,有一幅石刻地图《平江图》,该图刻绘了宋代平江城的平面轮廓和街巷布局,详绘城墙、护城河、吴县衙署和街坊、寺院、亭台楼塔、桥梁等各种建筑物。对照宋代的《平江图》,可以看出平江历史文化街区基本延续了唐宋以来的城坊格局,仍然保持着"水陆并行、河街相邻"的双棋盘格局,以及"小桥流水、粉墙黛瓦"的独特风貌,有些街巷、河道、桥梁名字都可在《平江图》上一一对应。宋代平江城这张精妙绝伦的"水陆并行双棋盘",在平江历史街区留下了完整的一角。

平江历史文化街区位于苏州古城东北隅,东起外环城河,西至临顿路,南起干将东路,北至白塔东路,包括 48.4 公顷的核心保护范围和 67.6 公顷的建设控制地带,在 1986 年国务院批准的苏州市城市总体规划中,平江历史文化街区被列为绝对保护区。平江历史文化街区文物古迹众多,古桥、古井、古树、古牌坊散落其中,平江历史文化街区也被称为"没有围墙的江南文化博物馆"。平江路上一回头,便穿越回千年前。这里,有水利专家潘镒芬"无愧于心"的自勉故事,有贵潘家族舍命守护大盂鼎、大克鼎的感人事迹,有清代状元洪钧书写的爱情篇章……历史风华定格此处，历史文化集聚此地，成为历史文化空间的意义和价值所在。

沿着总书记的考察足迹，漫步平江路，昆曲、评弹、苏绣、缂丝等非遗聚集此地，呈现着姑苏人文的原汁原味。当你置身平江路，没有高高在上的宏大叙事，有的只是衣食住行最鲜活的生活场景。"食四时之鲜、居园林之秀、听昆曲之雅、用苏工之美"的苏式生活也使平江路成为"最江南"的具象代表地。如今，平江路上，传统与现代正发生着奇妙的化学反应，各类非遗工作室、商店林立，在古今之间架起了一座桥梁。

（二）人文经济共生共荣的平江实践

人文经济学紧紧围绕经济活动的主体"人"来展开，既包含了以人民为中心实现共同富裕，也包含了以人才为关键推动科技创新，更包含了以人文为价值引领双向奔赴。近年来，平江历史文化街区围绕"全域旅游"和"苏式居住"功能定位，依照"修旧如旧，保存其真"的原则，以"激活"作为保护更新关键词，加强古建老宅修缮利用，最大限度恢复古街风貌，探寻古城保护与民生保障的平衡点，最大限度地保障居民在传统民居中享受现代生活的便利，探索出一条古城保护的新路子。同时，平江历史文化街区积极引入文创产业、发展特色商业等，不仅实现了街区产业业态创新，更实现了历史文化保护传承与经济社会发展的双赢。

（三）城市历史文化保护传承典型

2024年1月，住房和城乡建设部办公厅发布关于印发城市更新典型案例（第一批）的通知，公布28个城市更新典型案例，旨在促进各地因地制宜探索完善城市更新项目组织机制、实施模式、支持政策、技术方法等，平江历史文化街区保护更新项目入选城市历史文化保护传承案例。平江历史文化街区为何能榜上有名？

历史峰回路转，总有一些东西贯穿岁月、一脉相承，这就是文化传承的力量。平江历史文化街区社区委员会坐落在世界文化遗产耦园边上。一进会客室，便看到满桌的平江宣传手册和书籍。很难想象，这些硕果都出自朝霞学习组，一个由退休居民组成的党支部。夕阳一般的年龄，守护古城的决心却如朝霞一般，他们全心全情地坚守古城保护和文化传承的一线，自发地穿梭在青石巷和石板桥之间，丈量古城土地，挖掘古城文化，记录古城故事，风雨无阻。76岁的组长曾北海老先生介绍平江宣传手册写作的情形时如数家珍，那些穿街走巷挖掘古城历史的日子历历在目，不曾遗忘。如今，平江路的每一条街巷，都留下了朝霞学习组成员的足迹，正是有了像他们一样的守护人，古城的文化底蕴才有可能变成源泉活水。"保护好、挖掘好、运用好"，是习近平总书记考察平江历史文化街区时提出的殷殷嘱托。

平江历史文化街区是一个"活的"遗产，由5个社区组成，在这里，人与景和谐共生。但这里的背街小巷也是典型的"老人、老房、老设施"。老房子里没有任何现代生活设施，"三桶一炉"，即用吊桶取井水、用浴桶洗澡、用马桶方便、用煤炉做饭是居民的日常生活写照，居民生活条件亟待改善。老宅破损和基础设施老旧，保护与民生怎样兼顾？成为平江历史文化街区面临的现实难题。

2023年，苏州启动"平江九巷"城市更新项目，对建新巷、钮家巷、肖家巷、大儒巷、南显子巷—南石子街、悬桥巷、菉葭巷、曹胡徐巷、东花桥巷9条巷子进行活态保护、更新改造，通过不断完善基础设施、改善街巷环境、提升服务功能，"城区即景区，旅游即生活"逐渐成为现实。散落其中的古桥、古宅、古井、古树也融入百姓的生活，造就精细雅洁的风土人情。在改造过程中，苏州还构建了政府、国有企业和民营企业三者间的紧密合作，既保留了街区的历史风貌，也带动了当地经济的发展。改造之后，更多居民选择留下来，还有一些曾经搬走的居民也搬了回来。

（四）活化利用古建老宅

古建老宅是历史文化的载体，见证了城市千百年的变迁。古建老宅的活化利用是指在对古建老宅进行修缮恢复的基础上，综合区域文脉环境，对古建老宅进行基础设施提档升级并注入新的功能元素，从而创新生成新的消费形态以满足现代社会需求的系列实践。平江历史文化街区古建老宅的活化利用主要有以下三种模式。

一是打造为博物馆、纪念馆、陈列馆等文化展示和参观游览场所。将卫道观前潘宅打造为苏州城建博物馆，展示着苏州城市生长的足迹；将全晋会馆打造成昆曲博物馆，集古籍收藏、戏曲宣教、公益展演于一体；将潘世恩宅打造为苏州状元博物馆，以"状元"为切入点传播状元文化……此类活化利用以古建筑为载体开展各种宣传教育，以突出社会文化效益为主，多为公益模式。

二是打造为多元业态的文商旅融合空间。大儒巷38号的古昭庆寺被打造为集非遗特展、文化沙龙、互动体验、市集路演于一体的公共文化新空间；潘祖荫故居被打造成集花间堂酒店、探花书房、遗产解说中心、劳模工作室于一体的综合体；元和县城隍庙局部建筑被打造为右见文化，既有家居艺术展览、音乐剧场，也有烘焙美食等，成为人文艺术休闲空间。此类活化利用业态丰富，在发挥经济效益的同时兼顾社会效益，在文化建筑的活化利用中比较常见。例如，潘祖荫故居的改造就是其中之一。潘祖荫故居位于南显子巷—南石子街，其活化利用历时10年，耗资1.5亿元，兼有住宿、会议、餐饮、文化交流等功能。该项目是近10年以来苏州修复的体量最大、全部投入使用的大型古建遗产及修缮标杆。2023年12月，苏州潘祖荫故居获评联合国教科文组织2023年亚太地区文化遗产保护奖"优秀奖"。

三是吸引各类高端市场主体入驻。在平江历史文化街区，保护传承与创新发展同频共振。中张家巷29号是一座传统民居，通过引入苏州国品投资管理有限公司入驻，实现税收破亿，成为依托古城优势招商引资、活化利用的样本和示范，古建老宅有了新的"打开方式"。自2023年6月开始，姑苏区先后创新推出四批"古城保护更新伙伴计划"发布平台，将新修缮的古建老宅通过租赁、转让的方式，重点面向上市公司等各类高端市场主体进行推介，邀请有文化、有实力、有情怀的伙伴对象共同参与。目前，苏肇冰故居、顾颉刚故居、陆润庠故居、洪钧祖宅等数十处老宅子亮相苏州市公共资源交易中心，静待优质"伙伴"入驻。"古城保护更新伙伴计划"将古建老宅的文化价值同经济价值结合起来，大量头部企业的参与，为园林古宅植入了新功能、新业态，盘活了古城业态，古建老宅迎来了新生命，焕发了新生机。

从平江历史文化街区古建老宅活化利用的实践成果来看，古建老宅的活化利用总体情况良好、可控，在政府、社会资本、民间力量等共同努力下，一批又一批古建老宅正以崭新的方式融入现代生活，成为平江路上的文化地标。

（五）"非遗+文旅"激发消费活力

非遗文化因传承而延续，因创新而繁荣。"青砖伴瓦漆，白马踏新泥……"一曲改编后的《声声慢》火遍全网，吸引全国各地游客慕名来听苏州评弹。当然，这不是正宗的苏州评弹，只是用吴侬软语演绎了一首流行歌曲。有人说，很遗憾，大家以这种方式认识了评弹；也有人说，很幸运，越来越多的人以这种方式了解并喜欢上评弹。同时，平江路的茶馆、艺术馆门口时常排起长龙，还会出现"一票难求"的情况。

2023 年年底，坐落在平江历史文化街区大儒巷 38 号古昭庆寺的"一团和气馆"落成，该馆集作品展示、技艺体验、文创售卖等功能于一体。展厅里展示着各色各样的桃花坞木版年画，桃花坞木版年画代表性传承人乔麦创作的《姑苏二十四节气食景图》系列作品亮相。同时，这里也是桃花坞木版年画展示销售中心，在这里，人们既可以买到《一团和气》《门神》等传统版画，也有《龙》《午候》《江南》系列等创新作品可供选择。"一团和气馆"通过年画互动体验、文创产品衍生等提高人们的参与度，让历史文化与现代生活融为一体，并不断向产品、产业转化升级，实现非物质文化遗产的活态保护和可持续发展。

2024 年 1 月，苏州博物馆官方文创店亮相平江路 28 号，朴实的外立面彰显着历史痕迹，自主研发的文创产品琳琅满目——非遗传承系列、器之典藏系列、吴越争霸系列、翰墨丹青系列……吸引了众多游客驻足。文创产品的爆火，是人们对于其背后历史文化故事的兴趣和共鸣。

平江历史文化街区充分整合创新文旅资源，打造文旅品牌，策划状元之旅、非遗之旅、老字号之旅等精品文旅线路，不断创设文旅体验、消费新场景，提高文旅场景的经济效益，带动消费活力。根据江苏智慧文旅平台监测的数据显示，在2024年"五一"假期接待游客排名前五的景区中，苏州平江历史文化街区入列，累计客流量超百万人。

平江历史文化街区将持续深挖古建老宅、名胜古迹、商圈文化、非遗文化等文化资源，参与到古城保护、城市更新、产业发展中来，坚定"百步之内必有芳草"的文化自信，绘就人文经济交融共生的新时代"平江图"。跳出平江历史文化街区看平江街道，人文经济的氛围依旧浓厚。从文化资源禀赋到保护传承发展，从闲置载体盘活到区域产业定位，平江街道"一带三区"建设一片生机盎然：人民路丝绸产业带生机勃勃；平江老宅金融集聚区、仓街网红首店样板区、观前商旅消费示范区精彩出圈。透过平江街道这面镜子可以看出，古城的发展空间正在进一步扩展，经济活力也在不断提升。

二、"运河十景"描绘现代版姑苏运河繁华图

"一河通，百业兴。"千年运河纵贯南北、连接古今，是经济交通的大动脉，也是文化融合发展的纽带。从国家层面看，打造大运河文化带，是新时代党中央、国务院做出的一项重大决策部署；从江苏省来看，全省上下致力于将大运河文化带江苏段打造成为走在前列的先导段、示范段、样板段；从苏州来看，努力将大运河文化带苏州段建设成为最精彩的一段。

苏州是一座建在运河上的城市，96千米的大运河苏州段穿城而过，是运河沿线唯一以古城概念申遗的城市。苏州城因运河而兴、因运河而美，大运河在成就苏州繁华经济的同时，也塑造了苏州独特的人文气质。2023年5月，苏州正式实施《苏州市大运河文化保护传承利用条例》，以大运河文化遗产保护为重点，明确了大运河国家文化公园、生态保护、航运管理、文化产业、大运河代表性景点景区建设等，同时，推进"数字大运河建设"，古老运河在保护和修复中焕发新生机。"运

河十景"是大运河文化带苏州段建设的有力抓手。

(一)"运河十景"建设简介

大运河苏州段文化气息浓厚,经济繁荣,是江南运河中尤为精彩的一段。大运河苏州段文化带建设,是服务"长三角一体化"国家重大战略、促进城乡区域协调发展的重要载体,是加快文化繁荣发展的重要举措,也是加强对外文化交流的有效路径。随着大运河文化带和大运河国家文化公园建设如火如荼地展开,苏州一批重点工程相继推出,成为古运河沿线亮眼的新地标,"运河十景"便是之一。

"运河十景"建设包括吴门望亭、浒墅关、枫桥夜泊、平江古巷、虎丘塔、水陆盘门、横塘驿站、石湖五堤、宝带桥、平望·四河汇集10大运河文化地标,按照"以点带面、串珠成链"思路,统筹推进大运河国家文化公园建设、苏州古城保护更新、文旅融合发展、运河生态保护等。

1. 吴门望亭

"灯火穿村市,笙歌上驿楼"描述了古时望亭镇的繁荣景象。望亭镇烙印着崧泽文化、良渚文化等痕迹,拥有肖家浜遗址、鲇鱼口遗址、寺前村遗址、旺家墩遗址、望亭堰、望亭驿等古遗址和古遗迹。望亭镇通过复原望运阁、千年望亭、望亭驿等举措,打造望亭历史文化街区,全面展示了望亭历史文化、工业文化、现代农业文化及市民休闲文化。在建成的望亭镇大运河文体馆内,游泳馆、篮球场、羽毛球场、多功能小剧场、健身房、图书阅览室等空间一应俱全。

2. 浒墅关

浒墅关素有"江南要冲地、吴中活码头"之称,拥有文昌阁、三里亭、兴贤桥等古迹,因"现代教育家"郑辟疆,以及"当代黄道婆"费达生使浒墅关的蚕桑文化受世人关注,是"全国先进文化乡镇"。曾是明清时期运河七大钞关之一的大运河浒墅关段,如今依旧发挥着重要的水运交通功能。随着苏州的城市更新和人文经济发展,曾经的"千年钞关"变身文化风情旅游带,目前街区已引入花间堂酒店、大有书院、蚕桑文化馆等各类品质商户,多家创意餐饮店也陆续开业,吸引了市民游客来此体验独具特色的钞关文化、桑蚕文化。浒墅关蚕里街区是浒墅关运河文化小镇一期项目，开街一年多，已成为热门打卡点。目前，浒墅关运河文化小镇核心区规划设计方案正在深化。

3. 枫桥夜泊

枫桥镇（今枫桥街道）以枫桥集镇而命名，明清时期的枫桥是全国最大的米豆集散地。枫桥古镇、寒山古寺、古运河、枫桥、铁铃关"五古"全国闻名。通过改造枫桥风景名胜区，保护运河遗存，重现"枫桥夜泊"的文化意蕴。"月落乌啼霜满天，江枫渔火对愁眠。"枫桥运用数字化光影技术，营造"江枫渔火"的夜景，讲述"诗词故事""张继故事"，给游客带来沉浸式文化体验。目前，枫桥夜泊灯光提升和景区外围上塘河沿岸综合整治已完成，特色船舫正在开展对外招商。

4. 平江古巷

平江古巷，即平江历史文化街区，是苏州现存最典型、最完整的历史文化保护区。拥有卫道观前、中张家巷、大儒巷等20多条古巷，名胜古迹众多。通过保护古建古宅，推进文旅融合，全面开启平江古巷改造工程。"平江九巷"城市更新项目正如火如荼地进行，着力打造古城保护发展新样板。

5. 虎丘塔

虎丘拥有剑池、虎丘塔、拥翠山庄等景点，素有"吴中第一名胜"之称。"先见虎丘塔，后见苏州城"，虎丘塔，即云岩寺塔，斜而不倒，被称为"中国的比萨斜塔"，是江南现存年代最早的一座佛塔之一。虎丘景区通过全力打造塔影园、花神苑及三维数字化模式，对虎丘的历史遗存进行保护修复，重现虎丘千年文脉。虎丘景区打造沉浸式夜游项目，借助灯光艺术、投影互动、声境营造等当代艺术表现形式，再现"千年传奇"。

6. 水陆盘门

盘门，曾名"蟠门"，是大运河进入苏州的一道关口，是苏州古城西南的交通要道和重要屏障，也是全国仅存的一座水陆并联城门，拥有盘门、吴门桥、瑞光塔三景。盘门东段城墙北侧经过修复之后已对外开放。盘门景区通过"水陆盘门"建设项目，在修复古建的基础上，不断丰富运河文化体验活动，还完成了景区智能化改造、重点建筑修缮、灯光亮化等基础设施升级。

7. 横塘驿站

范成大笔下的"年年送客横塘路，细雨垂杨系画船"，描述的就是横塘。横塘驿站是全国大运河沿线现存的唯一完整的古驿站建筑，古时是传递官府文书及为往来官吏提供食宿的水陆两用驿站，也是江南运河沿线仅存的古邮驿遗迹之一，现存的驿亭遗迹是清代同治年间建筑。目前，横塘驿站（胥江小岛）项目致力于打造成开放式滨水慢行系统及休闲人文水岸，并将引入人文主题度假酒店。通过恢复横塘驿站风貌，挖掘横塘驿站的历史典故，不断丰富横塘驿站文化内涵。

8. 宝带桥

宝带桥相传为纪念苏州刺史王仲舒变卖束身宝带，带头捐款筹建而命名，是中国古代十大名桥之一，国务院第五批全国重点文物保护单位。宝带桥全长316.8米，面宽4.1米，53孔连缀，被誉为吴地民心工程，是我国现存最早、桥孔最多、桥身最长的连拱石桥。通过"宝带桥·澹台湖核心展示园"二期工程建设，全力打造大运河国家文化公园，重现"长虹卧波、宝带串月"景象。改造提升后，除了"宝带串月"的人文景观外，还有醉月岛、王仲舒雕像、漕运文化场景雕塑等新景点。2023年5月，宝带桥·澹台湖公园完成改造提升并向公众开放。

9. 石湖五堤

石湖素有"吴中胜境""吴中奇观"之称，是太湖风景名胜区的重要景区。石湖五堤是指吴堤、越堤、石堤、杨堤和范堤五条堤坝。通过推进五堤的环境优化，打造考古博物馆、渔家水乡等文商旅品牌，做强"石湖串月"民俗文化品牌。石湖五堤布局建设苏州考古博物馆、渔家村文旅项目，计划打造蠡岛、天镜阁两大核心文化产品。

10. 平望·四河汇集

平望镇素有"天光水色，一望皆平"美誉。大运河、老运河、太浦河、頔塘河在这里交汇，通过打造"运浦湾"等农文旅示范区，将四河元素融入经济、社会发展方方面面,打造现代版"运河繁华图"。老粮仓、老浴室、老宅子经过微更新,变身运河文化策展空间、特色文创空间、味道的博物馆、小镇书房,成为古今交融、时尚元素满满的新地标,京杭大集也入选世界遗产教育创新奖。目前,平望·四河汇集之蓝·望文旅产业园启动更新改造,"渔桥丰登""殊胜叠泉"等项目整体竣工,"运浦学堂""运河·时间里""春风柳岸"等项目加快推进,现代化运河繁华图跃然眼前。

(二)"运河十景"建设初见成效

苏州通过系列举措助力"运河十景"建设:推出《苏州"运河十景"》等一批社科研究成果和舞剧《运·河》等一批文艺精品力作;连续承办多届大运河文化旅游博览会;举办苏州"运河十景"建设论坛、虎丘曲会、枫桥诗会等各类主题活动百余场;借力头部平台讲述"运河十景"文化故事,联合喜马拉雅APP推出历史有声书作品《有声平江·万巷更新》,趣说30条街巷人文故事;联合《国家地理》杂志推出苏州特辑,解读江南文化和运河文化……苏州"运河十景"影响力不断扩大。

自建设"运河十景"以来,苏州深入推进"十景"主体工程和配套工程项目建设,在遗产保护、非遗传承、文旅产品开发、运河文化数字化等工作上下功夫,运河文化保护更加扎实、运河沿线风貌持续改善、运河经济贡献力不断提升。经过多年的实践,目前"运河十景"建设初见成效。第一,运河上的"功能区"变身著名打卡点。大运河上,古街巷、钞关、交通枢纽、驿站昔日都曾是重要"功能区",如今一一变身著名打卡点。第二,博物馆、文体馆一应俱全。苏州"运河十景"重点项目建设,不仅打造了一批各具特色的旅游街区、打卡点,还有博物馆、文体馆等文化场馆,在现代都市生活中续写姑苏繁华。第三,"运河十景"涉及的"新场景"激活经济增长"新引擎"。通过激发新消费热点,培育新经济增长点,文化资源越来越成为引领消费潮流、赋能经济发展、提升发展动能的重要力量。

通过与时俱进赋予"运河十景"新的内涵,发挥"运河十景"带动作用,激发"运河十景"品牌效应,苏州致力于把"运河十景"打造成为引领苏州大运河文化带建设的标志性、示范性工程,打造成为苏州优秀传统文化的标志性符号和重要IP。通过建设"运河十景",把保护优先、活态传承和合理利用融会贯通,描绘文化和经济比翼齐飞的现代版姑苏运河繁华图。

三、长江国家文化公园建设扛起弘扬长江文化大旗

长江,我国第一大河流,造就了从巴山蜀水到江南水乡的千年文脉,是中华民族的代表性符号和中华文明的标志性象征。2020年,习近平总书记在江苏南京首次提出"保护传承弘扬长江文化"的重大命题。如何把长江文化保护好、传承好、弘扬好?2023年,习近平总书记赋予江苏"在建设中华民族现代文明上探索新经验"的重大任务,要求江苏"积极参与长江、大运河两大国家文化公园建设",为江苏做好长江文化保护传承弘扬工作指明了前进方向、提供了根本遵循。为深入贯彻落实习近平总书记重要讲话精神,保护好长江文物和文化遗产,大力传承弘扬长江文化,江苏全力打造长江国家文化公园"江苏样板",长江国家文化公园苏州段建设正在扎实推进中。

(一)高质量建设长江国家文化公园苏州样本①

作为历史文化名城,苏州是长江经济带中一颗耀眼的明珠,张家港、常熟、太仓沿江3市共有约158千米的长江岸线。高质量建设长江国家文化公园苏州样本,对大力提升苏州这座江南水韵之城、文化名城的国际形象意义重大。

1. 科学谋划,高质量规划

苏州通过组织专题会议、实地调研、征求意见、专家咨询等方式,按照沿长江呈现生态文化、全市域突出江南水乡的总体思路,提出了长江下游文明起源、江南水乡千年文脉等苏州特有的优势,从而构建起长江国家文化公园苏州段展示体系。与之相呼应,位于江尾海头的张家港

---

① 陈璇. 高质量建设长江国家文化公园苏州样本[N]. 新华日报,2023-05-30(14).

则从长江文化历史遗存和现代创新的关系入手,全面梳理规划了长江国家文化公园张家港段的六大工程、九大重点项目,将长江文化节、长江文化展示馆、东山村遗址博物馆、黄泗浦考古遗址公园、"山岛之恋"文旅综合体、永兴村"江愁田园综合体"、新沙洲江心岛生态湿地、滨江休闲旅游线路、沙上文化生态保护区"串点成线""连线成面",这些都是好的经验和有益的尝试。

2. 产业赋能,助推文化产业发展

中国式现代化背景下文化的现代化,不光要梳理好、研究好文化资源,更需要不断推动文化的创造性转化和创新性发展。长江国家文化公园建设,要与文化产业集聚区,即文化产业园区建设相匹配,积极进入市场,引进具有资质、能力强的运营企业做好国家文化公园的运营工作。长江国家文化公园的建设,要做到将社会效益与经济效益相结合、将平台建设与品牌建设相结合、将招商引资与骨干企业培育相结合、将园区建设与产业生态培育相结合、将短期收益与长期发展相结合。一方面,要以"长江文化节"和"长江文化艺术产品"为抓手,着力打造一批以数字文化产业为特色的省级、国家级文化产业示范园区和长三角区域知名的文旅消费集聚平台;积极与头部平台合作,着力打造全国首个"长江经济带文旅特色产品直播基地",使苏州成为长江经济带沿线各城市各类文旅特色产品的线上集散地;大力引进视频直播、元宇宙创新科技、时尚设计、演艺娱乐、健身休闲等领域的国内外知名的消费类品牌项目,充分发挥头部内容资源的引流作用。另一方面,利用苏州市目前规划建设的5个核心展示园、2个集中展示带、20个特色展示点,通过"园、带、点"的合理设计,规划若干集"吃住行游购娱"于一体的集中展现长江文化的精品旅游路线,真正让长江国家文化公园"可感可看可游可憩"。

3. 加强活动策划,提升知名度美誉度

打造具有世界影响力的数字媒体平台和传播体系,对长江国家文化公园建设具有重大战略意义。长江国家文化公园建设要以此为契机,整合已有的数字传播平台及机构,深入开展具有苏州特色的长江文化的要素、符号、标识等内容研究和形式创新，构建与之相匹配的产业化、专业化的数字媒体传播平台，构筑科学有效、精致活泼的解说体系，生动唱好"最精彩""最江南"的长江之歌。

（二）张家港长江文化节扛起弘扬长江文化大旗

20年前，本着"没有文化'借文化'、没有文化创造文化"的思路，张家港将目光聚焦于血脉相依的文化母体——长江，创新"打开方式"，举办中国（张家港）长江文化艺术节。从沿江5市的"特色文化展示"，到长江全流域13省（自治区、直辖市）和江苏沿江8市的"大合唱"，长江文化节已成为张家港引以为傲的城市IP。20年来，张家港携手沿江各省（自治区、直辖市），聚焦长江文化传承和保护，持续探索长江流域文化资源整合、共享和利用，深入挖掘长江文化的丰富内涵与时代价值，以讲好"长江故事"为宗旨，搭起长江文化交流、保护、传承的舞台，全方位展示长江沿线精彩的文旅篇章。

1. 长江文化节汇集全流域文化

"写长江""画长江""唱长江""拍长江""看长江""游长江"等主题活动丰富多彩，不同地域民族风格的文化，沿着长江母亲河，在张家港寻找到了同根共枝的文化共赢。长江流域戏剧家协会研讨会、长江流域群众文化学会研讨会……一场场思想的碰撞，为长江文化节的长效发展打开广阔视野。近年来，张家港牵头联合中国文学艺术界联合会、中国戏剧家协会、中国群众文化学会等，以及沿江13个省（自治区、直辖市）200多家单位开展各类跨区域大型公益文化活动180余项，线上线下共吸引超5亿人次参与节庆，共享长江文化发展成果。①

2. 守正创新守护文化根脉

2023年长江文化节着眼全域，突出展示长江江苏段文化特质，联动长江流域13个省（自治区、直辖市），挖掘整合长江全域相关要素和资源，彰显长江文化一体多元特色。以"融合·弘扬·共享"为主题，围绕"文物长江""非遗长江""艺韵长江""行走长江""开放长

---

① 苏雁.江苏张家港：长江文化节的廿年之约［N］.光明日报，2023-10-15（04）.

江"五大板块，策划举办沉浸式体验、非遗展览、国风市集、曲艺展演、文学评奖、诗歌朗诵、论坛研讨等共20余项子活动。此次长江文化节创新推出"折叠黄泗浦"考古遗址元宇宙沉浸式体验，通过元宇宙创新手段，拓展黄泗浦考古遗址的意义。"折叠黄泗浦"考古遗址元宇宙沉浸式体验的关键动力是将云计算、VR、AR、5G、区块链、人工智能等前沿数字技术进行集成创新与融合应用，更加重视互动体验，用新技术和新模式，让长江文化可感可亲。①

2024长江文化节延续"融合·弘扬·共享"主题，坚持政府主导、沿江联动、省域共举、社会参与，围绕"文物""非遗""艺韵""行走""开放"五大主题板块，推出"守望长江"非遗民俗大集、纪录片《再会长江》展映及文旅路线推介等14项活动。

3. 社会影响日益深远

张家港不断健全"共护、共建、共享"的发展机制，以长江文化节为重要抓手，以公益性的文化遗产保护事业为主线，先后成立国家一级社团"长江文化促进会"和全国首个长江文化博物馆，每年创新举办以"长江文化"为内核的主题活动，打造长江流域戏剧长江文化节、长江流域民族民间长江文化节等分项目载体，以跨区域的文化研讨会、展览、展播、展演，以及旅游、文化、经贸推介会等子项目丰富活动内涵，海内外近百家媒体对此进行了广泛深入的报道，社会影响日益深远。

借助长江国家文化公园建设契机，张家港正以更加开放包容的姿态，唱响新时代"长江之歌"，推动文化繁荣与经济发展螺旋式上升。作为全国精神文明建设发源地的张家港，不断推动长江文化的现代表达，助力张家港实现长江文化"活起来"、千年文脉"火起来"、文化惠民"实起来"。

四、网络文明共建共享，守住网络"青山绿水"

习近平总书记高度重视网络文明建设，把网络文明作为社会主义精

---

① 苏雁. 江苏张家港：长江文化节的廿年之约［N］. 光明日报，2023-10-15（04）.

神文明建设和网络强国建设的重要内容，引领和推动网络文明建设取得显著成效。2023年7月，习近平总书记在江苏考察时强调，希望江苏"在建设中华民族现代文明上探索新经验"。作为一座自带流量的城市，苏州充分发挥"全国文明城市"五连冠和网络文明"满堂红"的优势特色，用文化润泽文明、用道德涵养文明、用治理保障文明，持续推动全市网络文明建设开新局、谱新篇，以高质量网络文明引领苏州高质量发展。2023年7月18日，由中央网信办、中央广播电视总台、中国新闻社指导，中国网络空间研究院、华语环球节目中心、中国新闻网主办，《中国网信》杂志承办的2023年中国网络文明大会网络文明国际交流互鉴论坛在厦门举办。会上，江苏省苏州市获评"2023年城市网络文明典型案例"。

（一）注重网上文化浸润，凝聚网上文明共识

苏州始终倡导全民参与，坚持多方互动，以团结一心、携手奋进的网络氛围凝聚网络文明新力量；苏州始终紧扣主题主线，坚持守正创新，以多姿多彩、健康向上的网络文化引领网络文明新风尚。苏州通过召开苏州市文明委会议、网信委会议，在部署精神文明建设的同时同步研究网络文明建设。苏州将网络文明建设融入精神文明建设和文明城市创建中，通过明确网络文明建设"时间表"和"路线图"，构建一体谋划、一体部署、一体推进的制度机制，不断优化顶层设计。

1. 打造创新出彩的网络传播阵地

苏州高度重视网络空间的思想引领、价值感召和精神凝聚，坚持把学习宣传贯彻习近平新时代中国特色社会主义思想作为首要政治任务，贯穿于网络文明建设的全过程，深化"圆桌道理""圆桌思享汇"等特色网上理论宣传项目，构建网上理论传播矩阵，以思想之力凝聚网民共识。在海外媒体平台开设市级账号"这里是苏州（This is Suzhou）"，实现市县两级海外社交媒体全覆盖，创新开展"知中国·in苏州"网络国际传播系列活动，在海外视频平台开设"感受苏州（Feel Suzhou）"视频账号，向世界讲好中国故事的苏州篇章。建强"圆桌评谈"生态系统，深入推进网络评论"鼓号工程"，持续壮大网上红色传播员队伍。

2. 打造永不落幕的网络文化盛宴

苏州把培育健康向上的网络文化作为基础工程，搭建"网链苏州——江南向Wang"苏州市网络文明生态园，策划推出"网络文化季季红""正指导工作室""百企百善""苏州IP"等模块，以数字化赋能网络文化，助力红色文化、苏州优秀文化触网上网，使网络文明深入人心。

3. 打造吸睛亮眼的特色工作品牌

苏州通过塑造苏州网络文明品牌项目，线上线下联动，擦亮大众学习"苏州师说"品牌，每场网络直播在线观看人数超100万；建好"张闻明""太仓网络之家""姑苏区青年之家""苏州市教育展播中心"等一批网络文明素养实践教育基地；建立正能量网络名人库，举办苏城网络达人恳谈会，开展"苏美""苏巧""苏风"等正能量风尚评优，鼓励网友参与使用"文明随手拍""文明曝光台"线上平台，积极推选中国好网民、网络公益达人等网络文明代言人，引导带动广大网民特别是青少年学习先进典型，共同营造文明上网的良好氛围。

（二）完善网络治理，崇德尚善蔚然成风

苏州始终秉持建管并重，坚持依法治网，以崇德向善、风清气正的网络生态打造网络文明新标杆。

1. 持续深化网络综合治理

苏州全力构建党委领导、政府管理、企业履责、社会监督、网民自律的综合治网格局。试点建成张家港市"张闻明"网络文明素养实践教育基地、太仓市网络综合治理指挥中心，统筹开展"清朗"系列专项行动，压实主体责任。创新开展技术治网行动，组织开展网络数据安全风险排查、互联网基础资产及政务网络安全大普查等。常态化开展国有互联网新闻信息服务单位社会效益评价考核。稳步推进网络举报全国试点工作，印发苏州市互联网违法和有害不良信息举报受理处置一体化机制。

2. 积极开展互联网企业行业党建

苏州通过深入实施"党建惠企"专项行动，精心打造"海棠花红e党建"工程，构建"一核两库三机制四项行动"工作体系，重点聚焦

网络直播行业和网络主播群体，多措并举赋能互联网行业高质量发展。

3. 大力推进网络社会组织建设

苏州积极完善行业协会管理机制，发挥苏州市互联网协会、苏州市新媒体联合会、苏州市MCN（Multi-Channel Network）产业联盟带动作用，先后指导成立市网络直播行业党委、市新媒体联合会和互联网协会党支部，通过组建"大禹网络""今日视界"等十支网络文明行动支部，培育多名红色先锋主播，推动互联网企业、网站平台履行内容管理和网络安全主体责任，完善行业自律，引领互联网新兴业态健康、规范、有序发展。[①]

建设安全可靠的网络秩序和健康清朗的网络空间离不开市民的共同守护。2023年12月21日，2023年苏州市网络文明建设巡礼活动圆满举行。活动现场公布了一批为建设文明网络环境做出贡献的优秀网民、企业和项目，并为Feel Suzhou网络文明优秀组织单位颁发证书，为"苏州市网络文明素养实践教育基地"授牌。同时，苏州市委网信办与苏州大学传媒学院共建的"苏州市网络文明研究中心"正式揭牌成立，现场启动了"in福气之城 链现代文明"2024年"网链苏州"网络文明建设系列活动。

苏州将进一步贯彻落实习近平总书记关于加强文化建设和网络文明建设的重要讲话和重要指示精神，奋楫扬帆、勇毅前行，不断提升网络文明建设质量和水平，用心描绘网络文明建设的"苏州画卷"，以文明意识点滴浸润网络空间，牢牢守住网络文明的"绿水青山"，为推进中国式现代化苏州新实践贡献更多网络文明之力。

五、"811"计划打造全面展现中华民族现代文明最美窗口

苏州始终以习近平新时代中国特色社会主义思想为指导，深入学习贯彻习近平文化思想和习近平总书记对江苏、苏州工作重要讲话和重要指示精神，全面落实全国、全省宣传部部长会议和江苏省委十四届五次

---

① 金洁. 描绘网络文明建设的苏州画卷［J］. 中国网信，2023（07）：77-79.

全会、苏州市委十三届六次全会、苏州市委十三届七次全会部署要求，锚定"在建设中华民族现代文明上探索新经验"重大任务，秉持开放包容，坚持守正创新，坚持围绕中心、服务大局。通过做深人文经济学研究实践，努力打造展示中华民族现代文明的最美窗口。

（一）人文经济学研究的苏州实践

苏州以文聚力、以文兴业、以文兴城：一方面，用经济"活化"文化，将经济创新融入文化产业化、市场化空间，满足文化新需求；另一方面，用文化赋能经济，将文化软实力转化为城市高质量发展新动能，提升城市竞争力。

1. 加强理论研究和宣传引导

围绕"两个结合"和总书记赋予的"四个走在前""四个新"重大任务，苏州在全国率先实施人文经济学研究工程，推动成立中国人民大学人文经济苏州研究中心，举办"首届人文经济苏州论坛"，深化"习近平新时代中国特色社会主义思想指引下的苏州实践"研究，推动中国式现代化江苏新实践苏州样板研究。创新开展"社科专家走基层""外国专家看苏州"系列活动，为苏州发展凝聚更广泛力量。苏州深化"众说学习"理论宣讲品牌建设，组织开展"百名局长百场宣讲""师说"等活动，市（县）、区两级机关现职领导干部分赴新时代文明实践中心（所、站）、企业、高校等开展宣讲。创新开展党员冬训，在全市打造"冬训样板课堂"。

2. 以文兴业发展繁荣文化事业产业

文化产业也是产业发展的一部分。通过挖掘非遗项目内涵，讲好非遗背后故事，开展非遗展览、文化交流活动，让非遗文化"活"起来，而产业化发展也成为非遗"破圈"的动力源。苏州落实重大文化产业项目带动战略，中国数字文化集团长三角区域运营总部、江苏有线数字文化区域总部落户苏州。2023年新增81个市级文化产业重点项目，苏州湾数字艺术馆、周庄数字梦工厂、快手电竞馆等一批重点项目建成运营。"数字""文化"双向赋能，苏州持续推进苏州戏曲、文物、古籍、丝绸纹样、方言等重点领域数字化采集和接入，推进文化数字化平台建设和应用场景开发落地。

3. 文化赋能优化营商环境

对于"为什么选择苏州"的问题,大部分投资者都会提到苏州文化的吸引力。文化已成为苏州投资环境的"金名片"。2023年7月21日上午,苏州召开优化营商环境暨民营经济高质量发展大会,并发布《苏州市优化营商环境创新行动2023》。会议围绕优化提升市场环境、创新生态、政务体系、法治诚信、人文底色五个维度,推出126条举措、239项具体事项,干货满满、含金量极高,旨在打造办事效率最高、投资环境最优、企业获得感最强的投资目的地,为企业家们提供有求必应、无事不扰的"店小二"式服务。

4. 围绕主旋律讲好"苏州故事"

苏州市委、市政府十分重视对文化遗产的保护传承工作,充分挖掘展示其中蕴含的中国精神、时代价值、苏州元素,同时更加注重国际传播渠道建设,传播好苏州文化魅力。苏州积极推动园林、昆曲和苏工苏作、吴门画派等苏州文化走出国门,苏绣、宋锦等非遗精品在亚太经济合作组织(APEC)峰会、G20杭州峰会、东京奥运会和北京冬奥会等国际舞台精彩亮相,在文化交流互动中展现文化自信与城市风采,讲好中华文明的苏州故事。

(二)"811"计划助力打造文化强市

2023年12月11日,苏州召开全市宣传思想文化工作会议,会议正式发布《深入学习贯彻习近平文化思想 加快建成社会主义文化强市行动方案》。按照"工作项目化、项目清单化"要求,会议提出"8大行动+100项重点任务+100项重点工程"的"811"计划,每个项目都排出了时间表、任务书,认真对照、逐条细化、逐项落实,加快建成传统与现代结合、人文与经济共生的社会主义文化强市,打造展示中华民族现代文明的最美窗口,为在推进中国式现代化中走在前、做示范提供强大价值引导力、文化凝聚力、精神推动力。

1. "8大行动"把向定调

"8大行动"包含了党的创新理论铸魂、"江南文化"传承创新、文化产业高质量发展、城市人文品质提升、文旅产品供给提质、文化数字化引领、对外文化交流推广、文化人才强基八大方面。在党的创新理论铸魂行动方面，苏州围绕人文经济学、"三大法宝"的新时代内涵、中国式现代化苏州新实践等方面扎实开展理论与现实问题研究。在"江南文化"传承创新行动方面，苏州在2021年1月印发的《"江南文化"品牌塑造三年行动计划》基础上，持续坚持保护好、挖掘好、运用好江南文化资源，推动江南文化传承创新，接力实施第二轮江南文化品牌塑造三年行动计划，深化江南文化的保护与展示、转化与发展，打造江南文化的集中承载地、核心叙述者。例如，将桃花坞历史文化片区打造成为吴文化的展示窗口和非遗集中的体验区；将"平江九巷"打造成为江南文化的集中展示区和苏式生活的体验区。在文化产业高质量发展行动方面，苏州将推动文化产业繁荣发展作为重点任务，并将从产业政策、现代文化产业体系、文化产业载体平台、国有文化企业建设等方面持续发力，为建成人文经济样板区、成为高水平展现中国式现代化现实图景的"最美窗口"做出苏州应有的贡献。例如，在昆山元宇宙产业创新中心，数字孪生技术实现了文商旅深度融合，大众不仅可以"云"逛平江路，还能在沿街商铺"云购物"。在城市人文品质提升行动方面，苏州致力于打造城市新型文化空间、推进"书香苏州"建设。近年来，苏州打造了近百家各具特色的"江南公共文化特色空间"，这些地方已成为苏州人的休闲新场馆。到2025年年末，苏州将打造不少于100个公共文化特色空间，开启苏州公共文化"最美一公里"建设的新篇章。

2. "100项重点任务"压茬推进

"100项重点任务"彰显苏州特色。100项重点任务包括推动理论武装走深走实，高水平建设社科强市，巩固壮大主流舆论；推进新一轮"江南文化"品牌塑造，保护好、挖掘好、运用好江南文化资源，抓好长江、大运河、太湖三篇水文章；提升产业政策支撑能力，健全现代文化产业体系，加快文化产业载体平台建设，加强国有文化企业建设；培育践行社会主义核心价值观，传承弘扬红色革命文化，高水平推进城乡精神文明创建，打造城市新型文化空间，推进书香苏州建设；创作时代文化精品，提升文化活动群众参与度和经济带动力，推进文旅深度融合发展，提升城乡公共文化服务标准化均等化水平；加快地方文化数据库建设，丰富文化数字化应用场景，提升文化数字化治理水平；提升城市传播效能，深化对外人文交流，拓展对外文化贸易；梳理盘活文化人才资源，优化人才引育用留服务链条，建强宣传文化工作队伍；等等。

3. "100 项重点工程"落实落地

"100 项重点工程"聚焦文化建设的重要领域，着眼文旅融合、产业创新、文化惠民、文化传承等方面，按照单个项目计划总投资 1 亿元以上要求，筛选 100 项未来 3 年内建成投用或开工建设的重点工程，涵盖了创新载体、产业项目、民生保障等领域，计划总投资 1115.08 亿元，2024 年计划投资 225.56 亿元。"100 项重点工程"坚持项目化推进、节点化管理，以钉钉子精神抓落实。在创新载体上，有正创新零售长三角数字产业基地、常熟 UWC+创新岛、腾讯天美电竞太仓基地、阿里大文娱苏州中心·周庄数字梦工厂、吴中元宇宙产业基地、青苔国际设计村（一期）等。在产业项目上，包含文旅融合和文化科技两类项目，其中文化科技方面，有稻兴科技 8K 超高清视频（张家港）智能制造基地、国泰新点软件中央研究院、苏州·中国声谷科创中心等。在民生保障上，包含了文化传承、活化利用、文体设施 3 类项目，其中文化传承方面，有黄泗浦考古遗址公园、长江对外交流公园等。

"8 大行动"提纲挈领，"100 项重点任务""100 个重点工程"紧密配合、来回穿梭，织出新时代"姑苏繁华图"。在"811"计划中，苏州将推动文化产业繁荣发展作为重点任务，并从产业政策、现代文化产业体系、文化产业载体平台、国有文化企业建设等方面持续发力。

2024 年 6 月，苏州市第十三届委员会第七次全体会议召开，会议强调在文化建设方面，要深入实施"811"计划，做深人文经济学研究实践，系统加强文化遗产保护传承，努力打造展示中华民族现代文明的最美窗口。

县区实践

从一花独放到百花满园:"昆曲故里"的使命与担当

昆曲之美,美在唱词绮丽,"良辰美景奈何天,赏心乐事谁家院";昆曲之美,美在唱腔"功深熔琢,气无烟火,启口轻圆,收音纯细";昆曲之美,美在妆容俊秀、服饰精致,水袖翻飞间尽显风度。

昆曲艺术作为联合国教科文组织第一批"人类口述和非物质遗产代表作名单",流传了六百余年,是全球瞩目的文化宝藏。著名华人作家白先勇曾感叹"昆曲无它,唯一美字"。多年来,昆山坚定扛起"百戏之师"昆曲发源地的担当,矢志不渝传承、传播昆曲艺术,让雅韵昆曲悄然融入大众生活日常,"扮靓"群众精神世界,"活在当下"的大美昆曲,不断迸发出新的生机和活力。

一、"声声"不息,昆曲故里传薪火

作为昆曲故里,昆山一直以来都非常重视昆曲的弘扬和传承。

戏曲是"角儿"的艺术,繁荣发展戏曲事业的关键在人,开办"小昆班"让昆曲艺术后继有人,俨然已成为昆山传承、弘扬昆曲文化

信义小昆班集训
徐慧芳摄

的宝贵经验。1987年,昆山市玉山镇第一中心小学成立了全国首家"小昆班"。三十多年转瞬即过,目前,昆山全市中小学校已经相继成立了22个"小昆班",累计培养学员5000余名,百余名学员进入专业院校深造,近20名学员成为国家级优秀昆曲演员,收获各类荣誉超百项。

为搭建弘扬昆曲文化的高层次平台,昆山成立了当代昆剧院,以"保护、传承、弘扬"昆曲为己任,坚持"出人出戏出品牌",目前已经创作传承《浣纱记》《顾炎武》《梧桐雨》《牡丹亭》等昆剧大戏和上百出昆曲经典折子戏,打造出"昆山有戏""良辰雅集""昆曲回家""昆芽儿"等昆曲品牌,成为昆山展示"江南文化"魅力、展现"世界非遗"风采的重要窗口。

此外,昆山坚持多管齐下,推动昆曲薪火相传:高标准打造巴城"昆曲小镇";设立了江苏省首个县级戏曲类基金会——昆曲发展基金会;组织专家学者编纂出版了大型专志——《中国昆山昆曲志》;建设昆曲表演场馆,昆曲文化中心、大渔湾昆曲茶社、西浜昆曲学社成为昆山文旅消费潮流地……在昆山,昆曲如今已是姹紫嫣红开遍!

二、匹夫有责,大好昆山汇百戏

中国戏曲传承着中华文化基因,彰显着东方美学风范,最能代表一个时代的精神风貌。昆山拿出戏曲"雁阵"的"头雁"担当,以"昆曲发源地"的身份组织了一场全国性的戏曲百戏(昆山)盛典。

戏曲百戏(昆山)盛典让每个剧种都重新整理容颜在全国平台上亮相。各个剧种不分大小,都获得平等亮相的机会,演职人员们从天南海北奔赴昆山参演,不论是知名的梅花奖演员,还是农民出身的戏曲传承人,不论是步履蹒跚的老戏骨,还是青春年少的新生代,他们用尾韵悠长的腔调,唱尽世间悲欢离合,上演蹉跎岁月传奇……经典传统戏、现代戏、新编历史剧汇聚一方江南舞台,开启了一场传统戏曲文化的"破圈之旅",构建了一次全体系的戏曲"引流"行动。

戏曲百戏(昆山)盛典在保护一大批濒危剧种的同时也救活了一大批戏曲院团,吸引了越来越多的年轻人加入传承传统戏曲的行列,让戏剧艺术薪火相传。

而经过多年积淀，戏曲百戏（昆山）盛典已成为一场全国戏迷的视听盛宴、一项文化惠民的品牌活动、一张亮丽多彩的文化名片。2023年，戏曲百戏博物馆开馆，各家宝贝"进阶"，成为"藏品"与"文物"，在这里陆续展陈。昆山，已蝶变为百花齐放的戏曲之城。

三、守正创新，大美昆曲焕新生

昆山作为"百戏之祖"发源地，紧紧围绕总书记提出的"在建设中华民族现代文明上探索新经验"的重大任务，坚定扛起繁荣戏曲"艺术文化之林"的使命责任，结合当代实际，推进改革创新，立足做好"规划引领""多元融合""创演并重""活态传承"四篇文章，持续推动中华优秀传统文化创造性转化、创新性发展，让昆曲从小众艺术、雅致艺术，逐渐成为独特的文化符号，并走向世界，为中华传统戏曲焕发时代光彩贡献力量。

规划引领，"昆曲之城"历久弥新。昆山通过不断完善顶层设计，支持文化繁荣。针对昆曲文化产业的发展，昆山建立健全多业融合、文教结合、部门协同、城乡一体发展体制机制。出台了昆曲扶持奖励办法，从昆曲理论研究和创作、昆曲艺术人才扶持、昆曲艺术普及和开展对外文化交流等多维度，保护和助推昆曲艺术传承与发展。

多元融合，"昆曲韵味"现代表达。昆山通过运用高科技的支撑和模块化氛围发展文化产业。通过数字赋能，昆山打造了"昆山文化云"线上平台，提供昆曲普及、戏曲展示等多种服务。除了推进巴城镇"昆曲小镇"，还推进了千灯镇"昆曲特色区块"建设，打造了正仪历史文化街区、大西门商业街，并且串联小桃源、昆曲学社、绰墩遗址、玉山草堂、并蒂古莲池等，策划昆曲研学游路线。

创演并重，"百戏之师"精彩绽放。传统文化要在当今社会焕发新生机和活力，必须守正创新。昆山依托当代昆剧院打造出多个院团品牌，又集聚社会资源，推进昆曲精品创作。比如，创排昆剧《顾炎武》《峥嵘》《浣纱记》等大型剧目，传承《牡丹亭》《玉簪记》《桃花扇》等大戏；在全市建成26家"江南·昆曲小剧场"，打造梁辰鱼昆曲剧场、昆曲文化中心、昆曲茶社等昆曲场馆和阵地。

改编昆剧《浣纱记》剧照
（图片来源：昆山当代昆剧院）

活态传承，"昆曲艺术"薪火相传。文化要发展，传承最重要。昆山常年邀请知名艺术家莅临指导，加强与重点戏曲院校的委培合作，推动昆曲人才呈现梯队式、多层次发展格局。充分发挥政协昆曲社、俞玖林工作室、昆玉堂等40家昆曲社团的作用，不断提升"重阳曲会""秦峰曲会""海峡两岸（昆山）昆曲交流演出"品牌活动的影响力。利用平台载体，定期开展"大美昆曲"系列讲座，公开出版昆曲相关著作，发表昆曲学术论文，拍摄昆曲纪录片、专题片，不断提升"昆曲故里"的知名度和影响力。

大美昆山、大雅昆曲。昆山将继续扛起复兴昆曲的大旗，牢记"守正知所来，创新明所往"，推动昆曲焕新生、担负起新时代新的文化使命，打造历史传承与时代潮流融合共生的生动样本，在建设中华民族现代文明上探索新经验，为中国大地赓续精神文明、谱写文化华章贡献昆山力量！

（中共昆山市委党校 谢书颖、张璐、吴艳萍、王浩权）

府向红：十指春风　绽放苏绣之美

吴中区作为吴文化的发源地和集大成者，坚持厚文之"道"与精工之"技"一体式发展，加强苏绣、缂丝、雕刻、苏扇等非遗保护传承；坚持文化兴区，坚决落实好传统文化赓续传承和创新发展。

一、徘徊踌躇，两代人的苏作坚守

摇一桨橹声，荡漾起三千吴越。吴中是吴文化的重要发祥地，"兵圣"孙武、"草圣"张旭、"塑圣"杨惠之、"香山帮"鼻祖蒯祥等一批历史文化名人孕育于此，苏绣、缂丝、玉雕、核雕、苏扇等丰厚的文化遗产产生于此。

光福镇是苏绣的重要发源地和主要生产地之一，《光福志》里就有"妇女以蚕桑、绣织为工""吴之刺绣勤于光福"的记载。刺绣曾是当地妇女必须掌握的活计，明清时，这里几乎"家家有绣绷，户户有绣娘"，世代相传，绣艺益精，涌现出许多苏绣大师和优秀的代表作品。

府向红就是其中之一。参与北京 APEC 会议"新中装"绣制、绣制的作品《敦煌》《凤凰来仪》分别亮相巴黎春夏时装周和北京国际时装"明·礼"高级定制华服发布会、复制的清代乾隆皇帝龙袍亮相北京国际时装周、作品《敦煌飞仙》华服被苏州市非物质文化遗产馆永久收藏……府向红躬耕刺绣事业 40 余载，秉承着"传承中创新、创新中传承"的理念，创立刺绣品牌"向红绣府"，免费招收苏绣学徒，将自己的经验、技巧倾囊相授。

在刺绣绷架边长大的女儿府涵璐受到刺绣技艺的熏陶，回忆童年，她的脑海里总能浮现出这样的画面：窗边的绷架上，太媪婆、媪婆、姆妈头也不抬地穿针引线……接过母亲府向红的接力棒，府涵璐开始传承这份家族基业。从小小的苏绣传习所开始，到遇涧乡土工艺专业合作社、轻绣森林……各种苏绣品牌、概念相继诞生，从一开始与苏绣的渐行渐远到成为青年苏绣人才，她将自己的苏绣传承之路越走越宽。

相辉映、双面绣：在推进人文与经济交融互促上探索新经验

绣娘府向红和女儿府涵璐

(图片来源：《苏州杂志》公众号推文"时代绣'嫁衣裳'"——记母女绣娘府向红、府涵璐")

二、守艺创新，品牌化的苏作传承

苏绣是一门活态技艺，以日用绣品和艺术绣品的形式渗透在人们的日常生活中。

府向红始终坚守"做生活"的苏绣，女儿府涵璐的加入则带来了"做品牌"的理念。母女俩从"为她人绣嫁衣裳"起步，后创立高端苏绣生活绣品牌——向红绣府，将品牌定位在演绎"穿在身上的故事"。"穿在身上的故事"不仅只讲嫁衣婚服，还有百姓人家的四季华服、人生吉服，更有大雅之堂的红毯礼服。

随着品牌之路越走越宽，府家母女越来越认识到：既要做有文化传承的品牌，也要做有文化创新的品牌。母亲府向红的绣艺与底蕴，"把生活绣到极致"；女儿府涵璐的理念与视野，则可以"把生活绣出时代"。创新"生活绣"，有针法的创新使用，还有面料的创新选择。针法配合图案更新，面料则要根据季节更替，考虑色牢度与耐磨性。创新理念则是定位知识型高端定制，辐射当下年轻群体。她们了解年轻人所喜所好，留心当下的国潮流行，从一种款式到一组图案，无不上心。

通过品牌的建立，向红绣府找到了传统刺绣与当代生活的契合点，打通了古老技艺融入中国式现代化的路径，为其注入新的设计理念、表

现形式和时代内涵，让其焕发新的生机与活力。

三、融合发展，农文旅的苏绣赋能

"苏式园林"与"苏绣"是苏州最具代表性的传统文化之一。为进一步挖掘乡村产业资源，做大乡村振兴，在合作社的基础上，府涵璐决定将文化与乡村振兴联动，将母亲的绣坊搬到父亲的田园里去，"轻绣森林"应运而生。

"轻绣森林"是一片江南文化的森林，更是一片乡村振兴的森林。它采取"公司+合作社+家庭农场+农户"的新模式，以苏绣为特色，因地制宜地把文化融入乡村建设，发挥文化与农业的双重资源优势，拓展农业的多种功能，挖掘乡村的多元价值，实现第一、二、三产业融合发展。目前拥有苏绣主题民宿、苏绣艺术馆、露营地、轻绣茶息、轻绣课堂、农产品展销区、可食花园采摘区等业态，满足消费者休闲采摘、文化传承、农事体验等方面的需求。年接待游客量超1万人次，特别是吸引大城市的年轻人来农庄开展团建活动，同时带动绣品和农产品销售。这是苏州首个以苏绣为主题的市级共享农庄，苏州市江南文化品牌建设项目之一，多次受到《光明日报》《中国青年报》《中国妇女报》《中国艺术报》等主流媒体报道。

"轻绣森林"的打造，展现了传统技艺对中国式现代化建设的赋能，展现了农业与旅游、教育、文化、康养等产业的深度融合，展现了乡村焕发的新的生机与活力，展现了绿水青山向金山银山转化的又一可能性。

四、交流互鉴，国际化的苏绣推广

海归"绣二代"是外界给府涵璐贴上的标签，不过，她正在努力创造属于自己的标签，那就是成为苏绣文化的推广人。

"苏绣早已不再是简单的艺术品，它是连接中国与世界的桥梁，是国际舞台上的中国符号。"这些年，府涵璐一直在努力向世界传播苏绣文化。她曾说过："母亲那一辈讲纵向的'传承'，从我开始要去做横向的'传播'。"为留学生们开设苏绣文化课，不仅可以让留学生们掌握一点刺绣技法，也为苏绣的宣传和推广打开了一扇窗户。

府涵璐和母亲成立的向红绣府的刺绣华服作品多次登上巴黎时装周、北京国际时装周等世界性时尚舞台，多次远赴法国、俄罗斯等国家，赴中国台湾、香港等地区及内地各大城市进行苏绣文化传播和交流。2019年，府涵璐组织团队策划了一次名为"当大运河遇上塞纳河"的苏作工艺展，在苏州和法国尼斯两地展出，广受好评。2023年11月，在中法两国建交60周年之际，府涵璐和母亲又再一次带着苏绣作品登上了中法文化交流的舞台。

苏绣作为中国传统文化的典范登上世界级艺术殿堂，不仅彰显了中华文化，也通过国际平台的参与、中国味与国际化的碰撞，实现了文化的交流互鉴。

（吴中区委党校　徐梓瑜）

第六篇

惠民生、强治理：在增进民生福祉和加快社会治理现代化上实现新提升

核心提要：2023年3月和7月，习近平总书记对江苏、苏州工作提出了重大任务要求和殷切希望，要求"在强化基层治理和民生保障上走在前""在推进社会治理现代化上实现新提升"。围绕"人的一天、人的一生"，苏州持续推动年度民生实事项目实施，在实现更高水平"民生七有"上不断取得新进展。创建"家门口"就业服务站品牌，提供均衡、精准、可及的就业公共服务。在全省率先全域推进县、镇、村三级"一站式"矛盾调解中心建设，构筑资源整合、功能融合、力量协同的矛盾纠纷防范化解前沿阵地。不断延伸新时代文明实践触角，将文明实践阵地建在行业上，串点成链，聚链成圈，于无声中润化苏城。坚持党的领导，积极构建"三圈六型"社区分类治理体系，探索党建引领基层治理新模式。

惠民生、强治理：在增进民生福祉和加快社会治理现代化上实现新提升

悠悠万事，民生为大。2013年8月，习近平总书记在辽宁考察时指出"让老百姓过上好日子是我们一切工作的出发点和落脚点"①。2015年3月，习近平总书记在参加十二届全国人大三次会议上海代表团审议时强调"创新社会治理，要以最广大人民根本利益为根本坐标，从人民群众最关心最直接最现实的利益问题入手。现在，基层社会治理体系中存在不少问题，必须通过改革加以解决"②。习近平总书记关于民生工作和社会治理领域的重要论述，成为苏州增进民生福祉和推进社会治理现代化的根本遵循和行动指南。苏州不断在发展中补齐民生短板、在健全基层矛盾纠纷化解体系中维护发展秩序，在探索党建引领基层治理新路径中解决群众"急难愁盼"，努力建设"代表未来发展方向"的福气之城。2023年年底，苏州市委提出"5+5"工作体系，围绕"5+5"工作体系要求，苏州全力推进基层社会治理"强基提能惠民"三年行动，力争用三年时间，实现基层社会治理理念、体系、能力和效果的显著提升，人民群众幸福感与获得感、安全感更加充实、更有保障、更可持续。

一、高水平"民生七有"助力打造福气之城

苏州市坚决贯彻落实中央省委决策部署，坚持以人民为中心的发展思想，围绕"人的一天、人的一生"做好各项民生工作，在实现更高水平"民生七有"上持续取得新进展。

（一）坚持党的领导，集中力量办大事

加强党的领导，能够更好地发挥集中力量办大事的显著优势，动员各方力量破解民生难题，补齐民生短板。

1. 学有所教方面

全面完成苏州中小学校党组织关系隶属县级市（区）教育工委

---

① 习近平. 深入实施创新驱动发展战略　为振兴老工业基地增添原动力［N］. 人民日报，2013-09-02（1）.
② 中共中央党史和文献研究院. 习近平关于基层治理论述摘编［M］. 北京：中央文献出版社，2023：13.

（党委）工作，深入落实中小学校党组织领导的校长负责制，民办义务教育学校党的组织和党的工作实现100%覆盖。深化市领导联系在苏州高校思想政治工作制度，全市26所独立设置高校实现马克思主义学院全覆盖，成立在苏州高校马克思主义学院联盟、大中小学思想政治教育一体化建设苏州研究院。深入实施市、县、校三级联动基层党建"书记项目"，凝练"园丁先锋"党建特色品牌内涵。

2. 劳有所得方面

牢牢把握"就业是最基本的民生"这一定位，充分认识到就业在整个国民经济发展、人民品质生活提升中的基础地位和支撑作用，将促进就业作为市委、市政府绩效考核和高质量考核的重要内容。准确理解和把握"健全就业促进机制"的新路径，积极申报并制定公共就业服务能力提升示范项目方案，通过"四大工程"和"十二项行动计划"，全面提升公共就业服务水平。准确理解和把握"促进高质量充分就业"的新目标，在就业规模、就业质量、就业服务、就业培训等方面集中发力，有效化解周期性、摩擦性和结构性失业，努力做到就业多、失业少、流得动、稳得住，劳动者工作条件能改善、个人素质能提高、工资收入能增长、劳动权益获保障。

3. 病有所医方面

苏州锚定总书记赋予的"解除全体人民的疾病医疗后顾之忧"重大政治任务，创立"沪苏就医e保通""医保便民服务站"党建联盟，促进党务、业务和为民服务工作深度融合、同频共振。

（二）坚持在服务国家战略中求实效

2024年国家统计局发布的数据显示，60岁及以上人口占全国人口的21.1%，65岁及以上人口占全国人口的15.4%，应对人口老龄化已上升为国家战略；中央发布扩内需战略，住房消费是重要抓手，坚持房子是用来住的，不是用来炒的。苏州事不避难，在全力融入服务国家战略中担当作为。

1. 老有所养方面

立足老有颐养，坚持城市与农村、事业与产业、发展与监管、质量与标准"四个并重",持续推进普惠颐养、品质颐养、原居颐养、智慧颐养、安心颐养"五大提升行动",深化"养老+"服务模式,出台基本养老服务体系建设实施意见,健全完善居家社区机构相协调、医养康养相结合、普惠互助相促进的系统化、广覆盖、多业态苏式养老服务体系。

2. 住有所居方面

苏州从房地产供需两端入手,围绕改善供给、刺激消费、降低交易成本三个方面研究出台了企稳回升10项举措,释放购房需求,促进住房交易。研究制定建设"好房子"试点方案,推动住房整体性能和综合品质的提升。针对老旧小区、城中村和危旧楼开展改造工作,着力改善古城居民住房条件。完成老旧小区改造项目93个,惠及居民3.8万户,实施既有多层住宅增设电梯223部。城镇老旧小区改造居民满意度得分连续两年蝉联全国试点城市第一。针对新市民、青年人等住房困难群体,完善住房保障体系。新筹集保障性租赁住房数量、累计完成纳入住房和城乡建设部保障性租赁住房管理平台的房源数量,均超额提前完成江苏省下达的目标任务。针对搬迁安置房屋工作,推进房票安置方式,缩短安置过渡期限,满足被征收搬迁居民多元化安置需求。同时,聚焦住宅小区物业管理服务水平,出台四方面①10项举措,推动物业服务向居家养老、医疗、托幼、家政、健康等领域延伸,积极打造全龄宜居住区。

(三)坚持在先行先试中求实效

习近平总书记强调,"改革开放是决定当代中国命运的关键一招,也是决定中国式现代化成败的关键一招"②。苏州坚持"惟改革创新者胜"的理念,着力破解民生领域深层次体制机制障碍,不断增强高水平"民生七有"建设的动力与活力。

---

① 四方面是指"加强行业监管,持续提升物业服务品质""完善市场机制,全面提升服务供给水平""关注民生需求,切实提高市民群众感受度""坚持行业赋能,打造苏州模式全龄宜居住区"。

② 习近平. 中国式现代化是中国共产党领导的社会主义现代化[J]. 求是,2023(11):4-7.

1. 老有所养方面

苏州承担着国家级"老有所养基本公共服务标准化专项试点"(已通过验收)、部省级"运用'五社联动'助力'一老一小'服务"试点,以及"尊老金一件事""身后一件事"等改革任务。推动"苏式颐养"工作走向全国,其中适老化改造做法被"江苏民政"微信公众号转发。养老服务产业健康发展,其中公益性骨灰安放设施规划建设与运营管理获江苏省政府督查激励。

2. 劳有所得方面

苏州在全省率先开发新业态灵活就业线上参保平台,推进新就业形态就业人员职业伤害保障试点,在全省率先推动基层快递网点从业人员参加工伤保险,持续推进新就业形态就业人员职业伤害保障试点,将美团、饿了么等7家平台企业的30余万名从业人员纳入保障范围。扎实推进"不欠薪"城市试点,组织开展工程建设领域农民工工资月结、月清提质增效年行动。推动公共服务更为便捷高效。在全国率先推出"留创贷"融资产品,已为812家留创企业发放贷款22.4亿元,相关做法入选江苏省留学回国人员服务十大创新案例。"应用电子劳动合同信息便捷办理各类人社业务"入选国务院第七批全国复制推广改革试点经验。

3. 幼有所育和学有所教方面

立足幼有所育,紧扣未成年人"养、育、医、教、康",选优配强基层儿童工作队伍,深化困境儿童"主动发现"机制,开展"类别化+差异化"关爱服务,健全动态监测、跟踪服务、长效帮扶工作制度,着力构建家庭、学校、社会、网络、政府、司法"六大保护工作体系"。成功创建全国首批婴幼儿照护服务示范城市,全市每千人口拥有3岁以下婴幼儿托位数3.44个。出台《苏州市推动未成年人保护工作、高质量发展专项行动方案(2023—2025年)》,太仓市在全省率先实现初高中校"一校一社工"机制全覆盖,昆山市未成年人救助保护中心成功入选"全国维护青少年权益岗"创建单位,吴中区"1+14+N"未成年人保护品牌链和关爱服务矩阵做法被新华社等媒体转发。

4. 病有所医方面

稳步推进医疗服务价格改革国家试点。2023年上半年，顺利通过国家医保局初期评估，改革试点工作经验得到国家肯定。稳妥有序推进药品耗材集采改革成果在苏落地惠民，扎实开展药品耗材集中采购行为监测约束，执行各级各类集采成果共25批次。持续推进DRG（Diagnosis Related Groups，疾病诊断相关分组）支付方式改革。自进入正式付费阶段以来，已实现医疗机构、病种数、入组结算率、医保基金"四个全覆盖"。率先推进住院、门诊、定点零售药店和5类门诊慢特病等就医购药全场景的跨省异地就医结算，放大长三角生态绿色一体化发展示范区"先行先试"优势，探索建立跨区域异地协查机制。探索实施苏州商业医疗保险"一键式"快速理赔，目前已在"苏周到"APP正式发布运行。

（四）坚持在完成民生实事项目中求实效

苏州始终把增进民生福祉作为工作的出发点和落脚点，开展民生实事项目人大代表票决制工作，推选出每年度政府民生实事项目，用"小项目"撬动"大民生"。2023年年初，苏州市人民代表大会票决的十大类36项民生实事项目全部高质量完成。一年一度的民生实事项目是观察苏州经济社会发展和百姓生活"三感"的重要窗口，为了使项目遴选更科学，苏州探索建立了一套项目生成机制，包括项目征集、项目策划、项目论证、征求意见和审议五大环节，直至选出贴近民生、符合民意、反映民需的项目，既体现着"为民添福"的执政理念，也践行了"由民作主"的全过程人民民主思想。

1. 病有所医方面

一是"先诊疗后付费"落地应用。依托"苏周到"APP统一登录门户，支持医保个人账户、支付宝、微信、信用付等多渠道付费，实现门诊挂号、就诊、取药线上缴费"一站式"服务，目前已有超80家医院上线运行。二是长护险优化升级。进一步将失能失智人群纳入长护保障范围，规范了全市长护定点机构管理及失能等级评估制度，推动辅助器具纳入服务项目，推进国家平台长护筹资系统模块开发。三是公共服务网络全覆盖。推动建设省、市级"15分钟医保服务圈"示范点近百个，不断优化银行、保险公司便民网点布局，将参保缴费等15项高频业务延伸至基层，提前一年实现乡镇（街道）全覆盖目标任务。

2. 弱有所扶、幼有所育和学有所教方面

2023年开展"兜底解忧暖民心"专项行动，走访摸排低收入人口、重点帮扶对象等困难群众2.6万余户、4.2万余人。加大教育惠民力度，普惠性幼儿园覆盖率达89.72%，省、市级优质幼儿园覆盖率90.6%。关心关爱特殊群体，成立省内第一所十五年一贯制孤独症专门学校星惠学校。中小学课后服务实现义务教育学校、有需求的学生100%全覆盖，入选第二十一届苏州"十大民心工程"。

此外，苏州现有市级老年大学1所、县级老年大学10所。另设市老年体育大学、市老干部活动中心各1所。市、县老年大学中，90%获评"省示范老年大学"，全市参加老年教育学习活动人数占老年人口总数的35%，有关指标处于全省前列。明确项目点建设条件，将课程开设、学位供给确定为"刚性指标"，在市、县两级老年大学传统供给之外，扩增学位8.5万个，实现学位供给翻番。建设百所"家门口的老年大学"成功入选2023年度苏州"十大民心工程"。目前，苏州共建成166个"家门口的老年大学"项目点，为老年人提供了各类科学文化教育，全面构建覆盖终身的科学文化教育链条。

二、"家门口"就业公共服务体系筑牢民生之基

就业是一个永恒的课题，牵动着千家万户的生活。苏州聚焦产业发展所需和群众急难所盼，在距离企业和群众"最后一百米"的地方探索布局建设"家门口"就业服务站，提供均衡、精准、可及的就业公共服务，为促进高质量充分就业提供有效支撑。2022年，江苏省人社厅在全省层面推广苏州经验做法，并印发《建设标准化"家门口"就业服务站三年行动计划（2023—2025年）》。2023年4月，全国稳就业现场推进会专题考察了苏州市"家门口"就业服务站建设情况，苏州这一生动实践得到了上级部门和社会各界的充分肯定。苏州提出，力争

2023年内建成100个以上就业服务站等各类服务阵地，并汇入"人社政务服务地图"。

（一）坚持问题导向，"家门口"就业服务体系日渐完善

"家门口"就业服务体系从无到有，经历了三个阶段，是由一区实践推广到全市做法的过程，也是发现问题、面对问题、解决问题的过程。

第一阶段面临的问题是疫情防控期间姑苏区辖区内小微企业招工难，重点群体就业难，公共就业服务触及难。在市人社部门的指导下，姑苏区将就业公共服务资源下沉到街道，利用社区宣传栏、江苏省智慧就业云平台等线上线下渠道，开展"互联网+职业技能培训"和防疫临时性公益性岗位开发等重点就业困难群体就业帮扶工作，取得了良好的效果。

第二阶段面临的问题是"家门口"服务阵地覆盖不够，服务队伍力量不足，服务项目较少，姑苏区开始在依托街道、社区服务中心（站）打造基础阵地的基础上，探索主题鲜明的特色点位；组建公共服务、行业协会、第三方服务和社会力量4支服务队伍，形成了由83名劳动保障协理员、500名"小蜜蜂"人社代办专员、4008名海棠先锋、2715名网格自管小组长和第三方人事经理人等组成的服务队伍；推出"用工管家"等6类23个便民惠企"项目库"，促进用工需求方与供给方精准匹配，让双方都真正享受到家门口的实惠与便利。2022年年底，"家门口"就业服务站建设在全市范围内得到推广。

如何进一步发挥好高质量充分就业载体的作用，如何进一步提档升级扩容增效，既服务好企业，也服务好劳动者，既服务好苏州社会经济发展，也保障好基本民生，成为第三阶段也就是当前和以后需要面临的问题。自2023年以来，苏州先后出台系列文件来指导"家门口"就业服务站建设；结合苏州大力推进产业创新集群发展契机，瞄准企业和市场实际需求，进一步拓展"家门口"就业服务站特色站点，有效地延伸了就业公共服务触角，让"就在苏州"最大限度惠及每一个企业与群众。

（二）坚持改革创新，就业服务品质逐渐提升

"家门口"就业服务体系，顾名思义，就是要把公共服务送到企业和群众的身边、手边，最大限度地推进基本公共服务的便捷性与可及性。苏州"家门口"就业服务体系三次迭代发展的过程正是不断实现增强服务均衡性精准性、提升群众尤其是困难群体的幸福感与满意度的目标的过程，也是坚持目标导向、不断推陈出新，完善体制机制的过程。

1. 在服务载体上创新，推动人社服务全域经办

苏州"家门口"就业服务站分为基础站点和特色站点两种。基础站点依托街道、社区服务中心（站）设置，服务范围为辖区内的企业和居民群众，但是服务半径有限，为了进一步加强公共服务覆盖范围，苏州在基础站点之外，通过资源共享、项目共建、品牌共创等方式，在产业园区、楼宇商圈等地布局建设了一批要素多元、各具特色的"家门口"就业服务站特色站点，推动就业服务向产业园、楼宇商圈、零工市场、集宿区、银行等区域全面延伸，持续扩大政策惠及面。比如，在楼宇商圈、产业园等小微企业、个体工商户集聚区设立的张家港市电子商务产业园的"家门口"就业服务站、常熟市琴川街道世茂商圈的"家门口"就业服务站，在外来务工人员集宿区等设立的虎丘区枫桥街道木桥公寓（集宿区）的"家门口"就业服务站等。

此外，紧跟数字时代步伐，苏州将数据思维贯穿"家门口"就业服务体系全过程，推动服务载体从有形到无形拓展。依托江苏省人社一体化信息平台，联动"苏周到"APP做优"就在苏州"公共就业服务平台，在线上开展岗位发布、远程招聘、技能培训、创业辅导、权益维护等服务；借助"苏商通"平台，升级"苏州人社政策计算器"，通过智能匹配，向企业和劳动者精准推送各类就业政策、就业服务，努力实现政策找企、政策找人。

2. 在服务功能上创新，推动人社服务全方位覆盖

"家门口"就业服务站虽然设在基层，但"麻雀虽小，五脏俱全"，从政策推送、促进就业、用工支持，到人才技能、社会保障、调解维

权，构建出六大主要服务内容，同时链接更多人社领域数字化服务项目，融合智慧仲裁庭、第三方电子劳动合同服务平台等功能，打造数字人社综合场景体验站。安和锦美地PARK"家门口"就业服务站位于姑苏区吴门桥街道，启用于2022年11月1日。安和锦美地PARK是以"茶文化+设计产业"为定位的产业园，园内入驻的150户企业中，小微企业居多，在用工招聘、创新创业、规范管理等方面容易遇到问题。服务站在政策推送、信息对接方面，精准链接园内企业、劳动者需求，围绕就业、人才、助企、创业等内容，对阶段性、特定性的人社服务采取项目化运营管理；根据产业园内企业规模和动态需求，服务站建立"一企一档"，形成四大类33项标准化的产业园动态服务清单；在产业园内成立职业指导工作室，为高校毕业生、就业困难人员、失业人员等群体提供就业指导服务，定期邀请创业导师开展创业辅导，组织创业培训。再比如，融·姑苏潮"家门口"就业服务站位于姑苏区沧浪街道，成立于2023年5月，目前已形成"创业培训—导师辅导—投资实践—企业孵化"四位一体的特色内容的服务体系，为就业创业群体提供个性化、一站式服务。

（三）坚持系统观念，"就在苏州"服务品牌逐步做强

就业是最基本的民生。为了实现劳动者高质量充分就业，苏州人社部门不断加强与财政、民政等各相关部门的协同合作，一体推动形成齐抓共管的"大就业"工作格局。落实到"家门口"就业服务站建设中，主要体现在政策衔接、功能融合、力量协同三个方面。

1. 政策衔接方面

苏州市人社局先后出台《关于打造"家门口"的就业服务站 推进人社公共服务体系建设的实施意见》《"家门口"的就业服务站建设指引》，进一步明确"家门口"就业服务站建设的基本原则、工作标准、实现路径等。会同苏州市委组织部出台《关于加强党建引领 进一步推进"家门口"的就业服务体系建设的通知》，将"家门口"的就业服务站融入"海棠花红"先锋阵地建设，努力实现党建引领、融合发展。

2. 功能融合方面

条块联动共同打造一批特色鲜明、功能互补、协同高效、融合发展的示范点位，进一步擦亮"就在苏州"服务品牌。强化与公安、民政、住建、工会等多部门协同，在提供就业创业、技能提升、权益保障等人社集成服务的同时，更多搭载户口迁入、房屋租赁等服务功能。与银行合作搭建"社银联动"平台，打造人社"小蜜蜂"帮代办队伍，下放10类18项人社业务事项，实现企业开户参保15分钟"一站通"。

3. 力量协同方面

注重上下联动多方合作，除发挥网格治理队伍的"根系"优势外，还将劳动监察协理员队伍融入网格治理，服务小微企业。同时主动链接组织部、法院、发改委、民政、卫健委、司法、行政审批、工会、工商联等多部门资源，集聚公共服务队伍、行业协会力量、第三方资源、社会力量四支服务队伍下沉到"家门口"服务站点，参与服务。

2023年4月24—25日，全国人社系统稳就业工作现场推进会在江苏省召开，姑苏区石路社区"家门口"就业服务站被列为参观点位，吸引多位与会人员现场参观交流。2023年，"家门口"就业服务站被列为省、市民生实事项目。姑苏区先行先试，坚持"站点靠着困难群众建，服务跟着实际需求走"，聚焦就业公共服务广覆盖，优化"就近办、多点办、线上办、掌上办、周末办、延时办"六办服务内容，开展"送政策进家门、送技能进家门、送岗位进家门"的"三送三进"专项行动，打通公共就业服务"最后一米"。2023年5月和11月，中央电视台CCTV-1综合频道《焦点访谈》栏目两次报道苏州"家门口"就业服务站建设情况。打造百个"家门口"的就业服务站入选2023年度"苏州十大民心工程"。

2023年11月12日,央视《焦点访谈》栏目聚焦稳就业主题展开报道,苏州"家门口"就业服务站再出镜
(图片来源:"苏州人社发布"微信公众号)

三、全市域矛盾纠纷多元化解"一站式"平台推动平安建设常态长效

发展与安全的关系如车之两轮、鸟之两翼。苏州市坚持和发展新时代"枫桥经验",秉持矛盾纠纷"全周期管理"理念,全面实施《苏州市平安建设条例》,在江苏省率先全域推进"一站式"矛盾纠纷调解中心,简称"矛调"中心建设,明确市级统筹、县级终结、镇街主战、村社前哨四级定位,强调资源整合、功能融合、力量协同集成化特征,努力把非诉讼解决机制挺在诉讼前,统一运行"苏州市社会矛盾纠纷调处化解平台",实现业务流程闭环和部门数据共享,及时把矛盾纠纷化解在基层,消灭在萌芽。2022年1月,苏州市委、市政府两办专门出台矛调中心建设意见,2022年7月、2023年3月、2024年4月,苏州三次召开全市矛调中心现场推进会。目前,苏州10个县级市(区)、97个镇(街道)、2215个村(社区)已全部建成矛调中心。

(一)坚持资源整合,扩展"一站式"平台功能

县级矛调中心整合了原有的综治中心、人民来访接待中心、矛盾纠纷调处服务中心、诉讼服务中心等平台机构功能,积极吸纳行业性专业性调解组织、个人品牌调解工作室、心理服务机构、公益组织、仲裁机构、鉴定机构、律师团队等社会力量进驻，为人民群众提供来访、矛调、诉讼、咨询、仲裁、复议等服务。采取"前店+后厂"的工作模式，"前店"为公共服务区，按照成建制进驻、部分科室（或专班）进驻、被动式进驻、共建力量进驻四种形式，组织专业力量开展矛盾纠纷调处化解综合服务。"后厂"集中办公区根据实际条件，安排政法委、信访局、司法局和法院速裁团队入驻，实现矛盾纠纷全口径受理、全周期调处和全要素服务。

太仓市城厢镇矛盾纠纷调处化解分中心整合了原综治中心、公共法律服务中心、人民来访接待中心等阵地，设有1个综合窗口、9个专业窗口、16个功能室。城厢镇位于太仓市中心城区，工商业发达，新项目、新楼盘多，农民工欠薪纠纷、劳动合同纠纷等问题易发，所以在矛调中心设置了劳动争议窗口，由信访办牵头，邀请社保所、建设局、律师入驻，会商解决此类问题。2023年度，城厢镇共计处置完毕农民工欠薪案件122件，涉及金额2458万元，切实维护了劳动者的合法权益和社会稳定。城厢镇与专业的心理健康服务机构、社工机构合作，探索实施心理服务专家定期坐班制度，开设了心理咨询服务专窗，配备独立心理咨询室，针对机关干部、小微网格长、人民调解员、精神障碍患者家庭、社矫安帮对象、青少年等重点群体，开展心理咨询服务及心理赋能活动。截至2024年1月底，已为46人提供"一对一"心理咨询和疏导服务，开展心理成长辅导5次，覆盖近400人。

（二）坚持多元调解，提升"一站式"平台质效

苏州根据县级、镇级和村级三级矛调中心的不同职能和不同资源，分别配强和吸纳多元调解力量入驻，努力做到小事不出村、大事不出镇、矛盾不上交。

1. 县级矛调中心层面

配强专职管理人员107人，指挥调度专（兼）职人民调解员1.2万名，依托"1+10"的调解专家库，推动形成区域调解合力。例如，吴江区民营企业众多且活跃度高，吴江区矛调中心除了链接行业主管部门、律师、心理咨询师等服务力量之外，还引入企业商会、行业协会等特色组织，全力推动矛盾化解。相城区结合地区矛盾纠纷特点，充分发挥商会协会熟悉企业、熟知行业的天然优势，创新打造"商会协会+矛调"模式，探索"小事不出商会、大事不出协会、行业内就地化解"的民营企业多元解纷服务新路径。相城区在每个乡镇（街道）辖区内都挑选1~2家具有代表性的商会协会成立特色矛调工作站，通过标准型、示范型梯度打造，形成矛调工作站"集群效应"，推动全区物流、医疗、知识产权等10余类纠纷专业化解，推进"一站式"行业解纷。

2. 镇级矛调中心层面

围绕矛盾纠纷多发领域，下派条线力量，对接行业专业团队，培育社会组织，增强专业化解能力。太仓市城厢镇通过"专业社会力量赋能解纷"工作法，培育48家社会治理类社会组织，打造9个调解类社会组织，成功化解各类矛盾纠纷6050起、群体性纠纷250起。高新区枫桥街道依托人民调解委员会，创新成立由100多家内外资企业参与的"调解联盟"，并建立枫桥商会人民调解委员会，设立机电、汽车、电子电器等8家分会，通过人民调解联络员，加强各类矛盾纠纷化解的协同对接。吴江区盛泽镇矛调中心有一个特殊的"工作室"——吴江区"苏豫皖"调解工作室。盛泽镇是全国著名的丝绸古镇，有全国各地的外来务工人员，其中以河南固始县、安徽金寨县与霍邱县三地的外来务工人员居多。工作室以乡音乡情解乡愁，借助"老乡"力量，帮助外来务工人员更好地融入地方城市经济、文化和社会生活。在成立四年多的时间里，共参与协助调解各类矛盾纠纷300余起，调解成功率98%以上。

3. 村级矛调中心层面

深化"精网微格"工程，积极吸纳社区党员、热心群众、物业人员加入微网格服务团队，强化五类简易矛盾纠纷的源头发现和主动介入，由村（社区）党组织负责人、网格长第一时间参与调处，构建"10分钟"调解服务圈。整合本土乡贤、"五老"人员、"法律明白人"等社会力量，广泛建设乡贤议事会、村（社区）茶话室等沟通平台，开展政策宣讲、纠纷调解、慰问帮扶等活动。吴江区震泽镇朱家浜村的矛调中心以"家文化"品牌为核心，创建了"凝心一家亲"人大代表工作室。工作室自成立以来，已帮助化解基层矛盾纠纷 70 余件。

（三）坚持探索创新，丰富"一站式"平台工作方法

镇级矛调中心充分发挥"主阵地"作用，因地制宜探索出一批新时代"枫桥式"镇（街道）工作法。例如，昆山市淀山湖镇矛调中心探索出"公众评判庭"工作法，即以"模拟法庭"形式，让法律工作者、群众参与到矛盾纠纷的调处化解中，既为群众搭建了说事评理的平台，也保证了评判结果的合法性。经过双方当事人公开陈述、辩论，公众评判员讨论，法律专业人士点评，最终还原出矛盾纠纷的事实真相，找出双方的争议焦点，确定适用的法律范围，提出合理合法的建议与意见，这个过程有别于提起诉讼后的法院开庭，是一种以群众语言进行说理评判的方式，既大大节约了司法行政资源，又更容易让双方当事人接受和解，从心底消除矛盾，成为维护社会稳定、化解社会矛盾、处理信访突出问题的又一重要抓手。淀山湖镇"公众评判庭"这一工作法提升了矛盾化解的公信力，实现了"评议一件事、普法一群人、教育一大片"的效果。截至 2023 年 11 月，淀山湖镇"公众评判庭"共开庭 650 次，化解成功率达 95% 以上。

吴江区七都镇矛调中心成立于 2021 年 11 月，在不断实践中形成 "12321" 工作法①，对矛盾纠纷实行"一站式受理、一揽子调处、全链条解决"，极大地提升了接待办理的精准度和来访群众的满意度，努力实现"进一扇门、解万家事"，相关经验被中央政法委"长安评论"微信公众号宣传报道。"一窗"受理是指七都镇矛调中心设置综合受理窗口，对人民群众的诉求，实行"一站式"受理，再根据诉求类型分流到各相应专业窗口进行办理。"二线"融合是指矛盾纠纷通过线上线下及时转送、统一受理、分类调解、办结反馈，实现流程闭环。"线上"主要依托苏州市矛调平台系统，对接司法、法院、"12345"、网格等条线系统，提高流转效率；"线下"主要是由各专窗相关部门业务骨干值

---

① 即"一窗"受理、"二线"融合、"三层"过滤、"二级"召集、"一周"例会。

班接待,并有专业性、行业性调解委员会进驻,为来访群众提供优质服务。"三层"过滤是指将矛盾分为简单、一般和复杂三个等级。简单矛盾由各专窗工作人员现场办结,一般矛盾进入线上流转,由相应部门按规定处置办理,复杂矛盾由轮值部门负责人汇报镇领导后,明确包案化解责任人,牵头协调相关部门会商联办。"二级"召集是指针对复杂矛盾,先由轮值部门负责人作为第一级召集人,协调相关部门进行解纷,如遇解决不了的情况,则由镇领导作为第二级召集人,调动更多资源化解矛盾纠纷。"一周"例会是指镇领导每周听取各类矛盾纠纷处置和包案化解情况,强化督办和研判,制订具有针对性的化解方案。

四、新时代文明实践工作"双棋盘"模式助推德治再提速

国无德不兴、人无德不立。德治是推进城市社会治理现代化的内生动力,也是中华优秀传统文化在社会治理领域体现的重要标志。2018年8月,习近平总书记做出建设新时代文明实践中心的重大决策,强调"推进新时代文明实践中心建设,不断提升人民思想觉悟、道德水准、文明素养和全社会文明程度"①。新时代文明实践中心(所、站)创新了德治载体,成为社会治理的重要抓手,在提升德治水平中发挥着重要作用。

苏州坚持目标导向、问题导向、效果导向相结合,在新时代文明实践中心工作实践主体、实践载体、实践方式等方面做了积极的探索,各板块大胆改革创新,实现了城乡中心、所、站工作网络全覆盖,总体上形成了全域化统筹推进、项目化志愿服务、多元化阵地平台、系统化制度设计的工作经验。苏州在持续推进工作中,也看到在基层开展文明实践活动过程中存在专业力量不够丰富、资源利用不够充分、服务人群不够全面的问题。苏州市文明办牵头联合市级各行业部门开展了行业新时代文明实践工作的探索,持续推进行业三级网络("市级指导中心+行

---

① 习近平. 举旗帜聚民心育新人兴文化展形象 更好完成新形势下宣传思想工作使命任务[N]. 人民日报, 2018-08-23 (23).

业分中心+特色行业实践点")和覆盖城乡的"十百千"("10个中心+103个所+2123个站")三级网络并行、条块结合的新时代文明实践"双棋盘"布局。

（一）行业部门阵地与板块阵地协同联动

苏州创新探索行业新时代文明实践新路径，通过构建行业文明实践枢纽阵地、文明实践特色阵地，延伸新时代文明实践工作触角。在选取标准上，主要围绕与人民群众生产生活关系密切的部门条线进行阵地拓展。目前，已先后建成住建、交通、园林绿化、应急管理、民政、司法、城管、文化旅游、体育、卫生、科技、水务、教育、退役军人、国资15家市级行业分中心。苏州市文明办与行业部门共同制订出台本行业的新时代文明实践工作实施方案，在站点布局、队伍建设、激励监管等方面建立健全体制机制，持续推动行业部门资源以志愿服务项目的形式下沉到实践所、实践站，各所、站积极导入行业优质资源，丰富文明实践内容。

苏州市住建部门在行业新时代文明实践分中心成立后不到一年的时间里，建成2个实践站、10个各具特色的直属实践点，以及多个与板块联合打造的住建特色实践点和项目，实现了"机关—基层—项目一线"的三级联动。其中，吴中区流虹路集宿区的"助建驿站"，已成为服务工友、辐射周边群众的"流动实践点"。驿站设有道德讲堂、阅览室、休息室等功能区，室内有无线网和空调设施。吴江区住建部门工作人员组成"助建驿站"志愿服务队，联合社工服务志愿者，常态化开展便民志愿活动，不仅帮助工友们解决了日常琐事烦恼，也在传播正能量的过程中，丰富了工友们的精神文化生活。

苏州市园林和绿化（林业）行业新时代文明实践分中心致力于打造"上下联通、左右联动、行业主导、市民参与"的文明实践工作新格局。已经建设有园林景区、生态湿地、国有林场等7个行业文明实践点，开展了"寻访救护野生动植物""小学生一日林长"等9个文明志愿服务项目。其中，"家门口的美好生活——花润万家"志愿服务项目是重点打造项目。通过引导行业企业共建，汇聚爱心公益力量。结合苏州市"见缝插绿"工作,联动板块共同推动行业内企业积极参与,以政府引导和共建单位资金支持的方式保障志愿服务项目持续实施。注册成立苏州园林花卉艺术中心,为项目提供专业化支持。引导"花润万家"的志愿服务融入社区治理,提升居民文明素养,以美化人,以美育人。

苏州市水务行业新时代文明实践分中心出台《全市水务行业开展新时代文明实践工作的实施意见》,打造市水务系统新时代文明实践分中心,积极推进"排水无忧、饮水安全、'消劣争优'"主题实践活动,把文明实践点建到水厂、滨水长廊里,通过"一滴水的旅行""水讲堂"等项目进行节水净水宣传。

(二)"授人以鱼"与"授人以渔"齐头并进

新时代文明实践中心的主体是志愿者,通过开展志愿服务,让各行各业、各部门各单位的人都来做宣传思想、服务群众工作。行业条线的志愿服务队伍有着先天的优势,专业知识丰富,专业技能高强。一方面,通过组建行业志愿服务枢纽型组织,以"业务+志愿服务"模式,挖掘贴近群众需求的专业志愿服务项目,针对服务对象与属地中心(所、站)协同开展特色文明实践活动,更好地提供了专业化、精准化服务,用自身技能"授人以鱼"。另一方面,行业新时代文明实践分中心与各市(县)、区新时代文明实践中心(所、站)结对共建,根据基层文明实践需要提供专业培训、项目提升协助,各分中心志愿服务总队及各类专业型志愿服务队,线上以"共享课堂"形式进行常态化分享,线下针对全市志愿服务,组织负责人每月开展业务培训,推动新时代文明实践志愿服务质效更上一层楼,实现"授人以渔"。

苏州40%的面积是湿地,是一座名副其实的湿地之城。苏州市园林和绿化管理部门整合行业特色资源,依托苏州湿地自然学校平台,设计了"湿地小科学家养成计划"志愿服务项目,将兴趣培养和自然教育体验相融合,形成了以家庭为单位探索全国首创的沉浸式志愿者培养新模式。同步开发了"湿地观察员""湿地调查员""湿地讲解员"进阶式系列课程,培养出更多湿地服务"大志愿者"和"小志愿者",实现了新时代文明实践工作最有活力的特点，即"组织者和参与者""服务者和被服务者"角色的动态轮换。

苏州市卫健部门和住建部门联合开展"健康住区　物业护航"项目，创新实施"物业+急救"跨行业志愿服务模式，由苏州市卫生健康委员会急救专业团队定期对物业工作人员进行急救知识和技能培训，各社区组建了居民身边24小时在线的"第一救护人"志愿队伍，对社区居民开展急救知识公益培训，推广全民参与自救互救的理念，提高了居民自治能力，融洽了居民和物业的关系。

苏州市园林和绿化（林业）行业新时代文明实践分中心通过条块结合，致力于构建千人志愿服务体系，主要包括街道社区依托分中心初步构建的管理型、骨干型、服务型志愿服务，以及园林博物馆先锋虎丘、幸福东园、晚霞生辉园林保护、野生动物保护和湿地自然教育志愿服务。其中依托幸福东园文明实践的阵地建设起了志愿者之家，并积极开展志愿者培训、志愿者团建等价值引领、知识分享、文化凝聚活动，为志愿者队伍建设铸魂。截至2024年11月，已累计开设5类241场文明实践课堂，志愿者招募活动吸引58320人次参与。

（三）精准服务工作流程不断完善

为尽可能精准地满足群众多样化、个性化的需求，满足群众当前和未来的需求，志愿服务采取项目化方式推进。苏州市新时代文明实践志愿服务平台设计开发了行业文明实践分中心功能模块，绘制了全市文明实践网络地图，如《平江图》一样，"双棋盘"文明实践格局一览无遗。在全面落实"点单、派单、接单、评单"的基础上，增加了"供单""拼单"环节。

各行业分中心汇总场地、项目、团队等行业资源，上传至平台"资源共享"模块给中心（所、站）进行"供单"，大大推动了信息便捷共享、资源高效对接。针对有些群众需求涉及跨部门的情况，各行业合作打造志愿服务"拼单"项目，发布实施了"江南美学"户外婚姻登记服务（民政和园林行业拼单）、苏州评弹唱民法（文旅和法律行业拼单）、困难军人家庭"助医行"（退役军人系统和卫健行业拼单）等

100 项行业志愿服务重点合作项目。为了激发各行业部门文明实践志愿服务内生动力，苏州设立了文明实践志愿服务活动"排行榜"，创新开发了文明单位动态积分管理系统，把全市各级文明单位纳入新时代文明实践工作体系，鼓励全市各级文明单位创建争先进位，多多提供特色资源、大力开展专业化志愿服务活动，助推苏州新时代文明实践工作迈上新的台阶，为苏州社会治理现代化建设提供德治支撑。

苏州市住建局积极推进住建行业新时代文明实践分中心建设，集聚"先锋助建"品牌矩阵优势，打造住建行业"住苏州 建宜居"新时代文明实践"1+2+10"阵地，即"1"个分中心，下设"2"个实践站及"10"个各具特色的实践点。依托"分中心—站—点"三级服务阵地，实现"机关—基层—项目一线"三级联动，构建服务规范、队伍充实、运行顺畅、内容丰富、活动多样的住建行业新时代文明实践工作网络，推动各类文明实践活动有序开展。

五、党建引领"三圈六型"社区分类治理体系，提升基层治理新效能

社会治理是一门学问，要深化对社会运行规律和治理规律的认识，善于运用先进的理念、科学的态度、专业的方法、精细的标准提升社会治理效能。党的二十大提出坚持大抓基层的鲜明导向，加强城市社区党建工作，推进以党建引领基层治理。苏州市姑苏区是全国唯一的国家历史文化名城保护区，所辖 169 个社区类型不一、需求多元，自 2023 年以来，姑苏区因地制宜"因区治理"，积极构建党建引领"三圈六型"社区分类治理体系建设，以强化高质量城市基层党建引领基层治理现代化的姑苏之路。这一分类治理体系凸显出党建引领、科学分类、问题导向、靶向施策的科学理念，体现了系统性构建、整体性推进、全域化提升的治理思路。

（一）分类调查，找准基层治理重点

习近平总书记指出："我们党领导人民干革命、搞建设、抓改革，

从来都是为了解决中国的现实问题。"① 坚持问题导向,是推进工作不断取得进步的重要世界观和方法论,基层社会治理也不例外。每个社区总有自己的历史人文传统、资源禀赋、人口年龄分布、人员结构组成,也就产生了属于自己的个性化问题和需求,只有科学地认识、准确地把握、正确地解决这些问题,才能不断推进基层社会治理现代化建设。苏州市姑苏区围绕古城、老城、新城"三个圈层"不同的发展定位(古城严格保护、老城有机更新、新城积极开发),从区域特征、人群结构、发展特质等多方面入手,梳理出开放式街区社区、商圈型社区、拆迁安置社区、普通商品房社区、老新村社区、混合型社区6个类型社区,分类明确治理重点。古城区社区以开放式街区社区、商圈型社区为主,要更加注重保护好、挖掘好、运用好古城丰富的历史文化遗存资源和非物质文化遗产,将文化与治理相互融合、相互激活,增强治理内生动力等;老城区以老新村社区、混合型社区为主,要更加注重加强社区党组织与物业企业、业委会的联合联动机制,推动物业管理与社区治理融

2023年7月25日,苏州国家历史文化名城保护区、姑苏区启动"党建赋能·群众添福"党建引领"三圈六型"社区分类治理体系发布暨基层党建品牌提升全媒体行动

(图片来源:"姑苏发布"公众号)

---

① 习近平. 辩证唯物主义是中国共产党人的世界观和方法论[J]. 求是,2019(1):4-8.

合，提高社区综合服务质量等；新城区以普通商品房社区、动迁安置社区为主，要更加注重用好网格化和数字化融合手段，增强居民对社区的认同感、归属感。

白莲社区属于老新村型社区，由多个建于 20 世纪八九十年代的开放式老住宅小区组成，具有设施老旧破损处多、老年人多、流动人口多、经营业态多、小区管理模式多样化等特点。其中物业问题是社区治理的老大难。例如，辖区内的机械新村建于 20 世纪八九十年代，共有房屋 18 幢，662 户居民。随着业委会的萎缩解散，房屋买卖出租占比近 50%，经常性出现杂物堆放、垃圾乱扔、车辆乱停、设施破损等一系列问题，整体环境不尽如人意。社区党委首先在小范围的党委会、议事会上讨论，争取到支持后，设计了一个问卷调查表，上门对 600 多户居民征集意见，"要不要引入物业？有了物业以后愿不愿意出物业费？愿意出多少？"经过多方努力，小区终于顺利委托给专业物业进行管理。社区党委继续引导物业对小区进行了全面的环境整治，对破损设施进行了全面的修复，对车位进行了全方位的改造，并将门卫、保洁均设置到位。

金筑社区是典型的动迁安置社区，有小高层和多层共 32 幢住宅楼，2080 户居民，目前入住约 6000 人，居民大多数是白洋湾辖区各个涉拆村的失地农民。从村民到市民身份转变的不适应，带来了生活习惯、身份归属等方面的问题，典型表现为楼道堆放杂物、毁绿种菜、违章搭建等环境治理问题及沟通意愿低、文化生活匮乏等社会化问题。社区党委积极探索"组织融入、生活融入、文化融入"的党建三融工作法，以社区党组织为领导核心，统筹各类资源，助推社区治理，引导失地农民群体融入城市生活。

（二）分型施策，提升基层治理效能

发现问题、分析问题，目的是解决问题。姑苏区制定发布《关于深化城市基层党建引领基层治理 构建"三圈六型"社区分类治理体系的实施方案》（以下简称《方案》），明确在摸清每个社区特点和治理难点等底数的基础上，强化从小切口破题，解决实际问题，提升工作成效；确定一批特色化治理示范样板，梳理出一系列多元化治理实践案例，生动展现党建引领基层治理的工作成效，形成示范带动效应。《方案》还提出建强六支专业化基层治理骨干队伍，充实基层治理"朋友圈"，打造由社区工作者、海棠先锋、社区医生、社区民警、社区调解员、社区规划师、城市体检师构成的基层服务"七支队伍"。自此，姑苏区分类型、分层次、分步骤打造了社区骨干队伍，并根据不同类型社区所需，配齐配强七类专业化力量，在社区治理、走访联系、便民服务、医疗保障、社区治安等方面协同发力，高效提升了基层治理的专业化水平。

石路社区是典型的商圈型社区，社区内有15幢商业楼宇和苏州华贸中心等商业综合体，常住人口6200余人，其中劳动年龄段4000余人，市场主体约1.3万余家。社区党委积极探索推行"党支部挂钩片区""党委书记挂钩楼栋""党员挂钩楼层"模式，建强"海棠先锋+网格员"联动队伍，以在"家门口"为重点就业群体提供就业帮扶为切口，重点聚焦失业人员、务工人员、就业困难人员，建立"一对一"就业援助档案，及时更新就业失业动态信息，量身制定岗位、政策、培训三张清单，通过"五色分类管理法"，开展有针对性的就业帮扶工作。自2023年以来，石路社区组织120余家企业提供就业岗位1830个，其中大学生岗位340个。开展"云端送岗·乐业姑苏"石路商圈专场直播带岗活动，上线"你好石路"微信小程序，形成商圈内的"岗位库"和"求职库"，截至2023年8月底，"你好石路"已覆盖用户1500余人。

长青社区是典型的普通商品房社区。人口主要以新苏州人及外来人员为主。居住人口体量大、外来人口多、流动性大、居民诉求多元，长期以来物业问题投诉量占比超过整个街道的70%，社会治理难度较大。针对这一治理瓶颈，社区党委一方面积极调处存量矛盾纠纷，打造了全市首个社区共享法庭，建立了基层社区治理社区召集人制度，成立了"杨阿姨工作室"，通过多措并举、齐抓共管、多元矛盾纠纷调处化解，将社区物业问题投诉量在街道的占比从75%降到18%。另一方面，主动推进物业问题增量预防。针对目前没有业委会的现状，社区打造了"常议长亲"居民议事会，代替业委会行使对物业的监督权，将每月第三个星期六上午固定为居民议事会和社情民意问题处办集中反馈日，针对居民反映的物业共性问题，制定举措方案、明确时间节点、反馈工作进度，有效解决了小区内几年未解决的篮球场修建、地库采光玻璃大面积损坏，以及小区路面机动车乱停乱放等问题。

(三) 党建引领，提供根本保证

中国特色基层治理体系是打造人人参与、人人尽责、人人共享的基层治理共同体，其中，党组织统一领导，以党建引领基层治理，是中国特色基层治理制度的优势，也是推进治理现代化的根本保证。姑苏区聚焦深化城市基层党建引领社区治理相关共性任务，从建强组织体系、夯实阵地网络、统筹资源力量等方面，提升社区党组织政治功能、组织功能向治理效能的转化水平。深化推进"根系工程"，探索"将支部建进小区"实践，推动小区党支部实体化、长效化运作。持续深化"千朵海棠 花开姑苏"党建服务体系建设，提升各级党群服务中心综合功能；持续将"海棠红韵"微阵地建到群众家门口，让"小巷红韵"议事活动场所成为汇集群众意见和智慧的重要渠道。发动辖区内机关部门在职党员、社区流动党员、离退休干部、"两新"党组织等资源力量参与到社区治理中来，形成多元主体共同参与、一体推进的治理格局。在党建引领基层治理过程中，鼓励基层探索创新，形成了一批党建引领社区分类治理项目品牌。

中街路社区是典型的开放式街区社区。辖区古街古巷里，坐落着多座古建古宅，蕴藏着许多名人典故和丰富的历史文化资源。社区党委与苏州市健康养老产业发展集团有限公司、姑苏区清服公司等市区级单位共建，与辖区单位苏州军队离休退休干部城中休养所、苏州市曹家巷幼儿园、苏州创元资产开发经营有限公司经营发展党支部、苏州机电五金公司等结对共建，为辖区居民提供帮助和服务。社区党委不断延伸基层组织末梢体系，打造出具有街巷标识、中街印记的"中街向心力 汇聚巷能量"的党建品牌。围绕聚力协同社区共治共享，凝聚中街"巷能量";聚力发挥文化资源优势,打造中街"巷旅游";聚力纾解街巷治理难题,引入中街"巷管家";聚力民俗技艺活态传承,创新中街"巷体验";聚力提升居民综合素养,开设中街"巷学堂",推动文化发展,推进社区共治,助力养老服务,从而精准聚焦居民需求,解决群众烦忧。

南环第二社区是动迁安置和南环商圈并存的混合型社区,是苏州人记忆中老南环新村的所在地,由居民住宅、沿街商铺、商业综合体和辖区单位共同组成。社区商居混合,管理模式复杂,党委充分调动辖区资源参与社区治理,创新打造"南环汇·惠南环"党建品牌,意在通过社区和辖区内商家联动等方式,激活社区常住党员和"两新"党组织的内生动力,调动多元主体有效参与,不断优化民生服务,推动社区治理共同体建设。提出用"和气、合力、和美"的工作法构建起社区治理共同体。社区党委书记徐颐玉表示,南环第二社区将做好社区居民工作,把大家团结好、协调好,形成和和气气的氛围,这是工作法的第一个圈层;把商户、居民等各方力量汇集、统筹好,从而形成强大合力是工作法的第二个圈层;实现居民安居乐业、社区安定有序、社会安宁祥和,达到和美境界,是工作法的第三个圈层。这三个圈层的叠加,最终描绘出社区的治理理念和工作方法。社区党委在一次次解决居民和商户的"急难愁盼"中、一次次社会矛盾调解中、一次次关心特殊群体活动中,实现了居民与居民、商户与商户、居民与商户之间的和气沟通、合力治理,营造出和美氛围。

惠民生、强治理：在增进民生福祉和加快社会治理现代化上实现新提升

县区实践

以"绣花功夫"绘古城新颜

近年来，常熟不断创新破题，用"绣花功夫"精准施策，不断推进城市更新工作，持续增强居民群众的获得感、幸福感、安全感。《光明日报》评价如今的常熟："人城互动，新老融合，常熟摆脱了'千城一面'的'魔咒'，成为一座具有鲜明文化标识、令人难以忘怀的江南历史文化名城。"

一、华丽转身现古城雅致

"2020年，常熟启动城区历史街区整理更新试点工作，在明确总体开发布局规划的基础上，以小规模院落试点为切入口，引导原住民选择使用权流转或腾换模式，形成'腾换''腾空'两类建筑院落。"① 新华社《经济参考报》报道中常熟首创的"房屋使用权集中"概念为古城焕新打开了思路。庙弄12、14号是西泾岸街区整理更新的第一批腾换类院落，国资公司按照保护和发展的原则对院落进行更新，设计建造了5套50~70平方米腾换房屋，并接通污水管道，做到雨污分流，居民的生活品质得到大幅提升。西泾岸街区西面店弄6号和西仓前下塘17号两栋历史建筑的修缮于2023年7月得到市住建局、文体旅局的竣工验收。在对这两栋历史建筑修缮过程中，施工团队严格遵循"不改变文物原状"和"最小干预"的原则，尽可能地保留原材料、结构和工艺，确保建筑的整体风格和历史特色。

在修缮之前，这些老宅面临着建筑破损、公共空间不足及基础设施匮乏等问题，严重影响了居民的生活质量。街区整理工作以"房屋使用权集中"为抓手展开，集中改善基础设施、优化公共空间，不仅提升了参与使用权集中居民的生活水平，也吸引了更多的游客和投资者前来

---

① "腾换"类用于修缮后街区原住民居住，"腾空"类用于市场化运作的产业植入和功能生态更新，为后续引导社会资本参与街区整理更新提供空间基础。

西面店弄 6 号院落修缮前后对比图
（图片来源："常熟住建"公众号）

探访和交流。2021 年 7 月正式实施的《常熟市历史建筑保护办法》从制度上形成了"确定公布—挂牌标识—测绘建档—安全评估—修缮保护—提升利用"的历史建筑保护工作链。截至 2023 年年底，已修缮并活化利用了老三星副食品商店、新建路 10 号、山前街祠堂等几十处历史建筑。

此外，城中村是城市更新建设过程一个绕不过的话题。常熟市烟雨路西片曾是典型的城中村，不少房屋建造于 20 世纪，结构陈旧，环境杂乱，道路狭窄，居民翻建意愿强烈。2019 年，当地按下"自主更新"按钮，由居民代表成立业主理事会，在广泛收集民情民意的同时宣传政策，推动改造工作顺利开展。常熟出台《城区城中村自主更新改造试点工作指导意见（试行）》，明确提出"谁受益、谁出资"原则，以一个区域多户人家为改造单元，吸引业主共同组织实施改造。同时，推动常熟市自然资源和规划局、住房和城乡建设局等部门优化业主建设手续办理等工作流程。靠着共建共享，聚焦房屋、消防、治安"三安全"，设施配套、小区环境、城市形态"三提升"目标，现在元和村烟雨路已经发生了天翻地覆的变化。

截至 2023 年 6 月，常熟已累计批复并组织实施了 30 个城中村单元的自主更新，主体完工 544 户，另有 10 个单元 280 余户列入储备计划。一座座城中村不见了，取而代之的是一片片整洁、宜居的新社区。

元和村烟雨路西一期
（图片来源："常熟发布"公众号）

二、区域蝶变展古城新潮

琴湖是三代人的精神原乡。20世纪80年代开放的琴湖公园成为常熟人最深刻的童年记忆。随着时代变迁，琴湖片区再一次迎来蝶变。经过无数轮方案修改完善的《常熟市琴湖片区控制性详细规划（修编）》创新体现了3个规划原则：环湖打造景观带和慢行系统，让琴湖公园成为真正完全向公众开放的公园；通过东高西低的环湖建筑高度控制，留出山湖通廊，将山水城融合理念延伸至琴湖，实现近观琴湖、远眺虞山，运动、休闲、文化、商业等多样化的功能性建筑布局，让市民更好地享受现代城市生活，满足多元需求。如今，在长三角一体化、环沪都市圈、苏常一体化的建设蓝图中，琴湖再次成为常熟城市发展的见证者。

昆承湖是常熟市最大的湖泊，生态环境优美，是常熟的重要生态屏障，也是常熟人心中的一份情感寄托。近年来，常熟乘借苏州市域一体化发展的强劲东风，积极推进各项重大项目建设，原生态景区昆承湖片区逐渐凸显出地理优势，成为环太湖科创圈的重要一隅。同时，常熟主动将其融入长三角区域创新发展大局，与苏州工业园区共同打造苏州市域一体化（常熟）融合创新区，推进以昆承湖为核心的南部区域蓬勃发展。

2022年，常熟编制《常熟市国土空间总体规划（2021—2035年）》，

琴湖片区现状
(图片来源：i 常熟公众号)

确认了以昆承湖片区为核心的"一心两带三轴四片"市域空间结构，对昆承湖片区的规划范围、功能定位、空间结构、生态保护、交通组织、公共服务设施等方面做出具体规划和设计，旨在将昆承湖园区打造成为常熟的城市新门户和生态创新示范区，招引高端人才和创新型企业入驻，推动区域经济高质量发展。遵循"一年定框架，三年出形象，五年成规模，十年展新城"的规划进度，昆承湖片区正积极进行基础设施与产业载体方案设计及工程开工。预计在不久的将来，昆承湖片区将崭新崛起，成为一个充满活力、适宜居住与发展的现代化新城，为我国长三角地区的创新发展提供强大动力。

三、灵动创意"绣"古城自在

近两年，常熟城区经过更新改造而涅槃重生的老街区、老厂房如雨后春笋般涌现，推动存量资源"腾笼换鸟"，为区域经济社会发展注入新的活力与价值。背靠虞山的旧厂房、旧仓库通过改造正在获得新生。

山前塘岸河街相依，至今仍与十里青山伴行，和千顷尚湖遥相呼应。作为苏州"2021年度十大文化与旅游消费集聚区"的山前坊文化创意街区，最早是常熟水运码头及货运集散地，后由于城市经济转型，成为木材加工、石材加工及废旧品的集聚地。在老建筑与新文化的精彩碰撞下，入口的山前坊已集文化创意、精品民宿、生活美学、休闲娱乐、活力运动、商业综合等业态于一体，内含53种文旅创意创新业态，是当地城市网红打卡站。

山前坊文化创意街区
（图片来源："常熟发布"公众号）

蓝·原茸森林文旅产业园是在20世纪80年代的电器陶瓷厂的前身基础上，保留了工业印记和历史遗存，以"数字文化+网红打卡"为核心，改建的综合性数字文化产业聚集区，汇聚了传统文创、买手店、餐饮、数字科技等商业形态。如今的白色厂房处处散发着时尚气息，吊床、艺术涂鸦点缀又让这里变成了色彩斑斓的世界，光影斑驳间、目光所及处皆绿色。

蓝·原茸森林文旅产业园
（图片来源："常熟发布"公众号）

（中共常熟市委党校　夏烨春）

风火轮上的"星骑士"如何融入基层治理

党的二十大报告提出,要"加强新经济组织、新社会组织、新就业群体党的建设"。苏州工业园区认真落实党中央及省委、市委组织部有关新业态新就业群体党建工作要求,把握建设外卖行业省级试点的契机,进一步深化对"星骑士"的关爱和赋能,推动外卖行业党建与行业发展、基层治理深度融合。曾经冲锋在抗疫最前线的外卖骑手,在数字赋能下,又站在基层治理的第一线。2023年6月,在2023数字中国创新大赛上,由苏州工业园区报名参赛的项目——"星骑士"平台赋能精细化基层治理,在700多支队伍里脱颖而出,获得数字党建赛道第二名的好成绩。

一、破解两难困境,党建引领新就业群体参与基层治理

苏州工业园区是中国和新加坡两国政府间的重要合作项目,被誉为"中国改革开放的重要窗口"。2022年,工业园区共有外卖骑手9000余人,长期活跃骑手6000余人。一方面,外卖骑手面临取餐送餐停车难、进出小区难和认同感低、事故率高、保障不足,对城市融入感缺失的困境;另一方面,新业态、新就业群体人员众多,流动性大,不少人没有与平台企业建立劳动关系,依托传统劳动关系管理人员的方法难以奏效,给基层社会治理带来一定困扰。

面对两难困境,工业园区认识到,外卖骑手固然存在"流动性大"的管理难题,但也有数量巨大,走街串巷辐射较广,可以全天候、广覆盖地发现各类问题、参与基层治理的职业优势。让"两难"变"两全",把新就业群体吸引过来、组织起来、稳固下来,工业园区拿出了一系列"独门秘籍"。

首先是党建引领。经济发展到哪里,党建工作就要到哪里。工业园区积极探索实践,把新就业群体紧密团结凝聚在党的周围。工业园区工委组织部印发《关于进一步加强外卖行业党建工作的实施意见》(以下简称《实施意见》),在组织架构上,由专业行业党委牵头、专门机构

·第六篇·

惠民生、强治理：在增进民生福祉和加快社会治理现代化上实现新提升

苏州工业园区外卖行业联席工作会议
（图片来源：苏州工业园区管委会网站）

指导，有专职人员负责、专项经费保障。《实施意见》自发布以来，得到广大平台企业和骑手的支持，在党组织建设上，做到了"应建尽建"，不仅有平台企业单独建，有分片划区联合建，还有街道社区兜底建，在经济发展的最活跃地带建设坚强战斗堡垒，汇聚起共创美好生活的强大合力。

其次，基层党建与社会治理的工作因势而动，融入"新"力量。"星骑士"平台是工业园区推进外卖行业党建的一项探索，集合了多元共治、数字赋能、高效运转等特点，充分发挥基层党组织引领作用，强化平台全过程管理、数据全流程纪实、信息全动态共享，实现"人地物情事"管理信息化。

苏州工业园区"星骑士"平台
（图片来源：苏州工业园区管委会网站）

平台创新推出通行证、随手拍、一键导航、积分兑换等功能，引导外卖骑手发挥职业优势，争当城市治理的"流动哨兵""移动探头"，推动社会治理端口前移，助力精细化基层社会治理。截至2022年年底，平台已有注册骑手1700余人，其中有685名外卖骑手加入"星骑士"志愿队，相关工作已入选"全国城市数字治理创新案例（2022年）"示范案例。

依托"星骑士"平台，工业园区赋予外卖骑手"社区治理信息员""党群服务守护员""城市管理质检员""安全生产保障员""社会文明引导员"的"新五员"身份，引导骑手运用平台学习党的创新理论、发现不文明现象和安全隐患、提出治理意见建议。目前，平台累计上传不文明行为、环境脏乱差等问题2万余件，全部通过工业园区智慧城市IOC统一流转、整改。

二、建立需求清单，立足服务奏响共治共享乐章

为了让新就业群体找到归属感，感受到家的温暖，工业园区提出"我为骑手送服务，骑手为我做贡献"，建立外卖骑手需求清单，推进凝心聚力工程，想方设法做好骑手服务，探索回答基层党建工作"谁负责"和党组织"怎么建"等课题，不断增强新兴领域的党建号召力、凝聚力。

针对外卖骑手"怎么帮、怎么暖"的问题，工业园区党工委依托现有党群服务阵地，"嵌入式"打造"外卖骑手加油站"280余个，按照集约高效、开放共享、便利可达原则，解决外卖骑手"饮水难、休息难、充电难"等现实问题。推出学习智库、安全教育、治理提升、急救培训、志愿宣传等"星骑士"十大服务项目。其中，"星骑士"先锋引路项目，充分发挥党组织凝聚引领力量，加大外卖行业党员发展力度，截至2022年年底，已有6家平台企业58人提交了入党申请。

海悦社区的外卖骑手"星骑士充电站"就是社区党总支积极链接社会资源的成果展现，这里有舒适的座椅、纯净水、充电宝、充电线一应俱全。海悦社区下辖的三个小区分别有三条商业街，这里商户众多，是外卖小哥们的聚集地。在"星骑士充电站"开放之前，海悦社区党总支就已经敏锐地捕捉到了周边外卖骑手们的实际需求，根据各文体团

惠民生、强治理：在增进民生福祉和加快社会治理现代化上实现新提升

"星骑士"劳动法律知识讲座
（图片来源：苏州工业园区管委会网站）

队的活动时间，分时分段错时为外卖骑手们开放教室，提供休整空间。

三、做强联动机制，激发双向奔赴"新"力量

加强党的组织建设，既要"塑形"，更要"铸魂"。外卖骑手离群众最近，服务群众最直接，园区党工委引导他们充分发挥职业优势，主动参与志愿服务及基层治理，通过数字平台，做强联动机制，激发双向奔赴"新"力量。

"星骑士"学习党的二十大报告
（图片来源：苏州工业园区管委会网站）

突破以地域、单位为主的党组织设置，推动党组织的建设与行业发展、业务发展有机融合，外卖行业党委和街道社区精准对接，围绕文明创建、群防群治等工作，引导外卖骑手参与社区志愿、治理类活动。

线上，搭建赋能数字平台，强化接入治理链条。"星骑士"信息化平台融合党建资源、信息发布、工单处置、星级管理等多项功能，引导骑手在惠民生、强治理中发挥先锋模范作用。通过"骑手上传问题——园区智慧城市系统统一流转派单——基层网格落实整改反馈"模式，构建多方联动的共建共治机制，进一步推动城市精细化管理。

线下，联合党群服务中心，共建外卖骑手加油站、"星骑士"共享站，通过领导小组工作例会、平台圆桌会，规范骑手行业公约。在安全生产保障、志愿服务等一线，"星骑士"发挥作用、担起责任，"亮身份、亮党徽、亮形象"。站在苏州中心广场区域，不时会看到马路上随手"拍一拍"的外卖员，他们穿行在这座城市的角角落落，如一道风景融入城市，也成为这座城市最亮眼的"行者"。

"星骑士"群体
（图片来源：苏州工业园区管委会网站）

（中共苏州工业园区工委党校　王亦乐）

第七篇

提品质、优环境：在城乡建设品质和生态环境持续改善上展现新图景

核心提要：自党的十八大以来，以习近平同志为核心的党中央深刻回答了为什么建设生态文明、建设什么样的生态文明、怎样建设生态文明的重大理论和实践问题，提出了一系列新理念、新思想、新战略，形成了习近平生态文明思想，成为习近平新时代中国特色社会主义思想的重要组成部分。

习近平总书记先后五次对江苏做出重要讲话指示，每次都对生态文明建设十分关心、寄予厚望。习近平总书记的系列重要讲话、重要指示，具有极强的针对性，为苏州推动生态文明建设迈上新台阶提供了战略指引，指明了前进方向。

苏州深入学习贯彻习近平生态文明思想和习近平总书记对江苏工作重要指示精神，认真落实中央、省关于生态文明建设和生态环境保护决策部署，努力打造"美丽中国"的苏州范本，长江大保护、太湖流域生态保护、四角山水保护、片区化推进乡村振兴等各项工作取得标志性成果，生态文明建设取得历史性成就、发生历史性变革，走出了一条具有苏州特色、时代特征的生态文明建设之路。

自党的十八大以来，以习近平同志为核心的党中央以前所未有的力度推进生态文明建设，全面推动生态文明理论创新、实践创新、制度创新，形成了习近平生态文明思想，开展了一系列根本性、开创性、长远性的工作，推动我国生态环境保护发生历史性、转折性、全局性变化。党的二十大报告指出，尊重自然、顺应自然、保护自然，是全面建设社会主义现代化国家的内在要求。苏州市委、市政府始终坚持以习近平生态文明思想和习近平总书记重要讲话与指示、批示精神为指引，举全市之力坚决扛起生态保护重大政治责任，确保中央各项决策部署在苏州落地生根、开花结果。苏州立足建市以来生态文明建设的丰硕成果，率先回应"五位一体"总体布局，自觉践行"绿水青山就是金山银山"的理念，坚持生态优先、绿色发展，牢牢守住发展和生态两条底线，把生态环境"高颜值"和经济发展"高质量"当作一幅发展"双面绣"来精细化操作，倾心守护好诗意栖居的"鱼米之乡"，开展了一系列生态文明建设改革创新的研究与实践工作，走出了一条社会经济发展与生态文明建设相辅相成的新路，在绿色发展的浩瀚长卷上，写下了先行先试的美丽答卷。

一、沿江三市合奏长江大保护"协奏曲"

苏州拥有 158 千米长江岸线，长江孕育了苏州独特的江南水乡风貌和历史文化，长江的生态环境对苏州地域文化的保护和传承具有重要意义。

近年来，苏州坚决贯彻落实习近平总书记关于长江经济带"共抓大保护、不搞大开发"战略部署，主动扛起长江经济带高质量发展的历史责任，以壮士断腕的决心和抓铁有痕的劲头高位推进长江大保护工作，狠抓生态环境突出问题整改，强化生态环境系统保护修复，力推生态绿色高质量发展，"黄金水道"活力迸发，生态效益日益彰显，书写了推动长江经济带高质量发展的"苏州答卷"。

（一）打好长江保护修复攻坚战，筑牢长江绿色生态屏障

苏州市委、市政府先后召开全市推动长江经济带发展领导小组会

议、长江大保护工作暨深入打好污染防治攻坚战推进会等会议,全面贯彻落实国家《长江经济带发展规划纲要》和《江苏省长江经济带发展实施规划》,组织开展《苏州市长江岸线资源保护利用和发展规划》编制等,将长江经济带打造成有机融合的高效经济体,上演了创新驱动与绿色发展的协奏曲。

坚持高标准、严要求,以生态环境修复倒逼产业转型和绿色发展。苏州计长远利、算整体账,重新规划沿江产业布局,管住控好排放大、耗能高、产能过剩的产业,确保涉及长江的一切经济活动以不破坏生态环境为前提。优化提升整治化工行业,加快推进先进制造业和现代服务业发展。

攻坚长江环境整治,狠抓岸上控源截污,紧盯涉及长江的环境违法违规问题。全面排查自2016年1月以来发生的破坏长江生态环境问题,紧盯违法违规问题和群众反映强烈的问题,部署开展长江环境大整治环保大提升"百日攻坚"行动,层层压实责任,健全完善督察考核机制,把发现问题、解决问题作为检验工作成效的第一标尺。

把长江流域禁捕退捕作为重大政治任务来抓,全面实现无捕捞渔船、无捕捞网具、无捕捞渔民、无捕捞生产的"四无"和清船、清网、清江、清湖的"四清"工作目标,退捕渔船5077艘,退捕渔民安置保障实现全覆盖,有效维护了长江流域的水生生物安全。

编制实施33个重要河湖"一河一策"行动计划,开展长江等重要河湖水岸同治专项行动;实施城乡污水垃圾治理工程,整治黑臭水体932条,提标改造污水处理厂89座;推进船舶和港口污染治理,完成本市籍小吨位货船生活污水防污改造,建立船舶污染物的接收、转运和处理联单监管制度;着力治理农业面源污染,规模养殖场户污染治理率达100%,畜禽粪污综合利用率达95%以上,高标准池塘改造面积22万亩,累计超55万亩耕地实施轮作休耕;开展"散乱污"企业整治,实施排污口排查整治;扎实推进沿江岸线保护和生态修复,建成张家港双山岛、张家港湾、常熟铁黄沙、太仓郑和公园等一批沿江生态修复示范工程。

截至 2021 年年底，沿岸 1 千米范围内实现"散乱污"清零；长江生态景观防护林带绿化贯通率超 85%。2023 年年底，长江苏州段岸线开发利用率控制在 50% 以下，生产岸线占比降至 33%；干流水质稳定达到Ⅱ类，42 条主要通江河道水质优Ⅲ比例达 100%。

（二）坚持"一盘棋"思想，合力构建美丽长江

推动长江经济带高质量发展，苏州既要服务"全国、全省一盘棋"，也要下好"全市一盘棋"，把苏州放到整个长江流域发展中来考虑，加强上下游统筹、左右岸协同、干支流互动，真正做好标本兼治、协同推进的大文章。

张家港湾是长江入海前最后一个超过 90 度的弯道，也是江海交汇的第一道湾。许多年前，张家港湾的拦门沙，仅仅 1.53 千米的岸线上，曾经密布着 8 处建材码头和 7 万平方米堆场。2019 年，张家港湾生态提升工程启动，将 9 千米生产岸线调整为生态岸线，开展百年江堤提升、水产养殖清理、生产岸线腾退、生态环境修复、交通道路优化"五大工程"，先后拆除 20 余家低效码头企业、10 万平方米违章建筑，修复 30 公顷芦苇滩涂湿地，实现了从"工业锈带"到"生态秀带"的精彩蝶变。如今，从老沙码头至段山港的 12 千米江岸上，茂密的芦苇几乎遮蔽了江堤，滩涂湿地等构建出一派宁谧美好的自然风光。

大江东去，流至常熟，铁黄沙的得名因当初江水浑浊，沙洲呈现铁锈色。自 2019 年以来，常熟先后投入 4.7 亿元用于铁黄沙的建设与生态修复，已形成沿堤宽 50~80 米、面积约 3000 亩的绿化林带，以及芦苇、水草、杨树等自然生长植物群落 7000 余亩，区域内有 100 多种湿地植物、176 种鸟类、60 多种鱼虾，成为"长江—太湖"节点重要的生态涵养区。如今，凸入江中的铁黄沙绿意盎然，成片的芦苇随风摇曳，虞美人、金盏菊、二月兰、苕子等各色花卉扮靓江岸。运气好的话，还能与包括国家一级保护动物东方白鹳在内的 176 种鸟类不期而遇，呈现"江海交汇七彩洲、花海如烟铁黄沙"的美丽景象。

继续向东，来到江尾海头。太仓璜泾镇的濒江浅滩——白茆口湿地因紧邻太仓港，滨江段曾落户不少木材加工、船类制造等企业。2020

年，太仓启动长江大保护"百日攻坚"行动，开展长江岸线利用项目清理整治工作，白茆口下游共拆除厂房5.2万平方米，滩地开发利用项目全部清零。整治后的白茆口建设起绿色生态走廊，逐渐复原生态自然循环。这里没有工厂、没有民居，只有寂静的芦苇荡和成片的树林。看似宁静的外表下，却是另一派生动的场景——各种各样的鸟儿在河流、芦苇湿地、农田、池塘、树林里觅食、栖息，自由生长，白茆口湿地成为一处生态秘境。

(三) 擦亮"长江文化"名片，建设长江文化高地

鱼米之乡离不开长江的浸润、滋养、孕育，长江天然水系及纵横交错的人工河渠让苏州成为水乡泽国，丰沛的水源和肥沃的土壤更让这里成为宜居宜业之地，造就了千年江南文脉。

为保护好长江文物和文化遗产，大力传承弘扬长江文化，2022年1月，长江国家文化公园启动建设。苏州的长江岸线，文化底蕴深厚、文脉源远流长，是长江国家文化公园建设的重要组成部分。

2022年6月，苏州市出台《长江国家文化公园苏州段建设推进方案》，不断保护、传承、弘扬长江文化，长江国家文化公园苏州段建设正在有序推进之中。长江国家文化公园苏州段建设主要以张家港、常熟、太仓作为核心区，将依托长江沿线文化资源，按照全市域突出江南水乡的总体编制思路，聚焦江海交汇入海门户、长江下游文明起源、江南水乡千年文脉、对外交流重要节点等独特优势，重点打造张家港湾——双山岛、黄泗浦、福山、常熟古城等核心展示园。

张家港市作为"六连冠"全国文明城市，自2004年以来持续打造"长江文化节"品牌，在展示城市自身精神文明建设最新成果、塑造城市形象的同时，积极推动长江流域文化资源整合、共享和利用，成为长江流域省市文化交流的重要载体和弘扬长江文化、彰显地域特色的特殊纽带。2021年，长江文化节提档升级，由江苏省委宣传部、江苏省文化和旅游厅、苏州市人民政府主办。2023年，长江文化节吸引了长江全流域多座城市参与，折射出连办20年积淀的品牌影响力。

（四）念好"生态经"，吃上"生态饭"

在推进长江大保护、挖掘长江文化的过程中，苏州致力于把生态优势转变成富民优势，张家港、常熟、太仓纷纷立足自身特色，发展沿江文旅产业，在拓展长江文化深刻内涵的同时，不断改善沿江居民的人居环境和生活水平，演绎"绿水青山就是金山银山"的生动实践。

抓住张家港湾建设契机，永兴村做优滨江旅游业态，精心培育江边人家、江上草堂、河边人家等特色农家餐馆，以"生态留白"引来"文化流量"，每年吸引市民游客达 10 万人次以上，农民人均年增收 1000 元左右。

在挖掘长江文化内涵的过程中，张家港同步提档升级民宿休闲、传统种植、江滩芦苇观光三大产业，打造以江畔风光为特色的生态景观村落。整合河阳山歌、烙画、苇编、棕编等本土非遗文化资源，推出"长江非遗乡村主题游"，让长江文化在新时代展现别样风采。

在"江尾海头第一镇"的太仓浏河镇，围绕浏河古镇、江滩湿地公园、七十二家村田园综合体、乐农庄园等主要景点谋篇布局，浏河镇打造出江海观日出地、海塘锚泊公式涯、浏河口芦苇滩涂等多个"网红打卡地"，擦亮江海文化、美食文化、书画文化等文化品牌。

依托长江岸线自然风貌，常熟围绕"一岛一湾一江滩"，重点打造沿江四季景观带，建设铁黄沙生态岛，构建"江海交汇七彩洲"。同时，结合农渔、耕种等文化特色，开发符合现代旅游需求的乡村体验区、民宿、共享农庄等乡村新业态，提升乡村旅游的发展水平，以"四色游"品牌为抓手擦亮"江南文化"新名片。

二、流域协同治理为太湖增添更多美丽色彩

天堂之美，在于太湖美。

习近平总书记高度重视太湖治理工作，先后多次做出重要指示批示。特别是 2023 年 3 月 5 日，习近平总书记在参加第十四届全国人民代表大会第一次会议江苏代表团审议时两次提到太湖。时隔 4 个月，习近平总书记考察江苏、苏州时再次强调，要把长江和太湖流域等生态环

境保护好。7月17日,习近平总书记在全国生态环境保护大会上,又对包括太湖在内的重要江河湖库生态保护治理提出了明确要求。习近平总书记关于太湖治理的系列重要讲话重要指示,为我们全面加强太湖综合治理提供了根本遵循和科学指引。

苏州拥有超过65%的太湖岸线,超过70%的太湖水域,超过80%的太湖峰峦,苏州始终牢记习近平总书记的殷殷嘱托,坚决把太湖治理这一"国之大者"时刻放在心上、扛在肩头、干在实处,推动太湖流域生态环境质量持续改善,以实际行动和过硬成效,回答好习近平总书记的"太湖之问"。

(一)出台系列政策文件,勾画苏州太湖保护时间表与路线图

2022年6月,国家印发了新一轮《太湖流域水环境综合治理总体方案》,将太湖治理"两个确保"(确保饮用水安全、确保不发生大面积水质黑臭)的要求调整为"两保两提"(确保饮用水安全、确保不发生大面积水质黑臭;不断提升生态环境治理现代化水平,提高流域防洪保安与水资源配置能力)。

2023年6月26日,江苏省委办公厅、江苏省政府办公厅印发了《推进新一轮太湖综合治理行动方案》,把太湖治理摆在更加突出的位置,提出了更高的目标和要求。

苏州市委、市政府坚决贯彻中央和江苏省的决策部署,进一步提高站位,坚持系统观念,加强统筹谋划,研究制定了太湖治理"1+N"苏州行动方案,印发《推进新一轮太湖综合治理行动方案》(以下简称《行动方案》)和太湖综合治理系列政策文件,建立太湖保护与发展市级协调机制,成立由苏州市委主要领导担任组长的苏州市环太湖地区系统性保护和高质量发展领导小组,统筹推进太湖保护与发展。

《行动方案》经过全面调研、科学论证,设定了太湖治理"十四五"目标和2030年、2035年远景工作目标。总体来看,到"十四五"末,高质量实现"两保两提",环境质量持续改善,生态功能持续提升。到2025年,全市国省考断面水质Ⅱ类比例力争达到70%,太湖水生植被面积持续增加,流域水生态环境综合评价指数提升至"良好",

生态质量指数保持稳定。远景目标为到2030年，太湖（苏州辖区）水质稳定达到Ⅲ类，流域环境质量进一步改善，生态系统质量进一步提升，水生态环境综合评价指数进一步提高，厚植"清水绿岸、鱼翔浅底"的苏州绿色水乡本底。到2035年，将太湖建成世界级生态湖区、全国湖泊治理的标杆、江南水乡山水城湖和谐发展的典型示范。流域生态环境质量实现根本性好转，生态系统多样性、稳定性、持续性显著提升。

在印发《行动方案》的基础上，苏州还出台了系列政策文件：《苏州市太湖沿线及其岛屿生物多样性恢复提升实施方案》《苏州市太湖沿线环境提升工作方案》《环太湖地区城乡有机废弃物处理利用示范区建设苏州市工作方案》等。

（二）做好"四水文章"，统筹推进太湖生态保护与发展

围绕统筹推进太湖生态保护与发展，精心写好水安全、水资源、水生态、水文化"四水文章"，苏州明确了重点任务。

1. 坚持系统观念，统筹推进保护和发展

把规范产业准入条件作为减少工业污染入湖的治本之策，高水平规划建设环太湖科创圈、吴淞江科创带，大力引导战略性新兴产业和未来产业优先向沿湖区域布局。更大力度推进产业绿色低碳转型，构建绿色循环农业新模式，推进生态农文旅高度融合发展。

2. 突出安全度夏，坚决兜牢"水安全"

深化饮用水水源地保护和管理，强化优质供水保障，推动苏州高品质供水走在全国前列。提升太湖流域防洪排涝能力，坚决打赢安全度汛硬仗。推动蓝藻主动防控体系建设，提升应急防控能力，高水平实现蓝藻"日生日清"。

3. 突出节水增效，高效利用"水资源"

全方位贯彻"以水定城、以水定地、以水定人、以水定产"的原则，严格用水定额管理制度，精打细算用好水资源。加强工业节水改造，推动高耗水行业节水增效，推进废水资源化利用。强化农业节水增效，实施农业用水总量控制和定额管理。优化太湖水资源调度，科学调

控太湖水位，充分发挥水资源调度对太湖水生态、水环境的正向作用。

4. 突出保护优先，不断提升"水生态"

大力推进湖泊生态修复，推进环湖陆域湖滨湿地带建设，高标准建设太湖生态岛，筑牢太湖生态安全屏障。持续深化通湖河道治理，大力开展支流支浜整治，打造望虞河清水绿廊。深化池塘养殖规范化管理，推进水产生态健康养殖，确保养殖尾水达标排放。

5. 打响特色品牌，大力弘扬"水文化"

围绕"最美太湖水、文化新地标、世界级生态湖区"的目标定位，着力打造太湖文化标志性载体，美化太湖苏州湾、东山岱心湾、西山消夏湾、镇湖西京湾等沿湖重要环湖节点。大力发展太湖文旅产业，坚持以文塑旅、以旅彰文，统筹推进古镇、古村、古街保护，加强传统风貌保护提升，促进"一镇一品"特色文旅发展。重点推进太湖博物馆、太湖水文化馆和太湖研究院组建。

6. 强化能力建设，不断提高治理水平

提升城镇生活污水收集处理能力，推进农村生活污水治理提质增效。进一步完善水环境和污染物通量监测监控体系，推进执法能力标准化建设，加强行政执法与刑事司法衔接，常态化开展联动执法、联合办案，深化流域联保共治，不断提升环境监管执法能力。

(三) 攻坚重点任务，形成太湖保护发展新格局

系统治理太湖，苏州一直在努力。开展太湖地区"一山一策""一湖一策""一岛一策"治理、"江苏苏州太湖湖滨国际重要湿地"申报、设立苏州太湖投资发展有限公司等重点工作，推动形成全方位、立体式、系统性的太湖保护发展新格局。

坚持把"生态优先、保护第一"作为首要标准，科学推进生态保护修复，更多运用基于自然的解决方案，把严格污染管控作为重中之重，有效维护太湖区域生态系统。

位于太湖生态岛金庭镇南部的消夏湾湿地，三面环山，南临太湖，背倚缥缈峰，是西山最大的湖湾，亦称"九里湾"，因春秋时期吴王夫差在此避暑消夏而得名。

消夏湾湿地
(图片来源:"苏州发布"微信公众号)

曾经,居民生产生活的废水直接流入太湖,不仅破败的滩涂上垃圾遍地,而且氮磷含量严重超标,水体富营养化,极大增加了蓝藻暴发的概率。如今,这里不仅能够有效拦截各类尾水、废水流入太湖,更是带动了周边居民增收,成了人人向往的打卡地。据悉,3.3千米长的消夏江边,建设了15.5公顷的各类功能型湿地,让周边4平方千米范围内的农村面源污染得到有效治理。一期项目通过山水林田湖草的系统性治理,目前每年可削减流入太湖的8.7吨总氮、0.87吨总磷,真正建立起一道生态屏障。这道屏障一方面让污水"下不去",另一方面也使清水"上得来"。

通过高科技加持,生物、物理手段的过滤等,项目产出的清水既能用于山上林果、茶树的灌溉及高标准农田的回补,也可进入清水回用廊道形成景观,还能作为消夏江清洁水的补充,提升区域生物多样性。有了优质水源和酸碱度适中的土壤,当地在缓冲区项目南侧采用北斗定位、5G传输等现代化技术,进行无人化、两无化水稻种植探索。出产的以"太湖绿"作为区域公用品牌的大米,成为稻米市场上外观与口感品质俱佳的优质品种,售价达每斤5~6元,为种植农户带来了较高的经济收入。

与此同时,在现代科技的加持下,自然恢复和人工修复相结合打造的生态屏障,正顺着湖岸绵延生长。行走在2.8千米的栈道上,更是可凭栏观景,与大自然亲密接触,古老的山水正焕发新的生机活力。

三、立足本土创建江南特色的国际湿地城市

湿地被誉为"地球之肾",与森林、海洋并称为地球三大生态系统。苏州是襟江带湖、河湖密布,以水为魂、因水而兴的江南水乡,拥有长江、太湖和"四角山水"生态基底,是一座名副其实的"生长"在湿地上的城市。

近年来,苏州深入践行习近平生态文明思想,积极实践基于自然的解决方案等创新理念,科学保护和修复湿地,维护健康的湿地生态系统,切实守护好湿地这一方净土,努力在建设美丽苏州中实现人与自然和谐共生,形成了湿地保护与修复的"苏州模式"。目前,全市以创建江南特色的国际湿地城市为目标,以创促建,推动湿地保护工作更上一层楼,向全国乃至全球输出苏州经验。

(一)呵护惊艳世界的"宝贵家底",筑牢城市生态基底

丰富的湿地资源是苏州最宝贵的"家底"。苏州全市有太湖、阳澄湖等400多个湖泊,158千米长江岸线,82千米京杭大运河苏州段,太湖水面绝大部分在苏州境内。全市湿地总面积497.96万亩,湿地率达38.35%,内陆湖泊湿地面积位居全省第一。全市湿地总面积497.96万亩,湿地率达38.35%,内陆湖泊湿地面积占比全省第一、全国前列。

如此丰厚的湿地资源,给促进经济发展、提升城市能级带来了得天独厚的优势。2023年,全市新增受保护湿地面积20余万亩,湿地保护率达72%,保持全省第一。全市湿地野生鸟类种数10年内增加了100余种,达到405种,已有15块湿地达到国际重要湿地水禽数量标准。太湖湖滨国家湿地公园、常熟南湖省级湿地公园生态修复获评全省"最美生态修复案例",昆山天福国家湿地公园鸟类栖息地修复项目获评"全球生物多样性100+案例"。2020年,苏州荣获"第二届生态中国湿地保护示范奖","苏州虎丘湿地公园"项目获得国际风景园林师联合

会2020年最高荣誉——野生动物、生物多样性、栖息地提升或营造类亚非中东地区杰出奖。

留住"鱼米之乡"方能匹配"人间天堂"。水稻田是典型的人工湿地,一头承担着粮食安全的功能,一头提供着特殊而重要的生态价值。金秋10月,"稻菽千重浪"是苏州的一道别样风景。自2012年起实施的"四个百万亩"(优质水稻、高效园艺、特色水产、生态林地各100万亩)工程,让水稻面积从逐年下降转为稳定于百万亩以上,还担当起"城市之肾"的角色。苏州市委、市政府深刻认识到,如果单纯算经济账,种水稻显然不划算,但能够优化生态环境、彰显鱼米之乡特色、保障绿色可持续发展,综合看、长远看都划得来。

2013年全国两会上,习近平总书记高度肯定"四个百万亩"工程,指出苏州"四个百万亩"工程提出要保护老百姓的庄稼地,水稻田就是湿地,种水稻本身也是一方美景。2013年9月,苏州市委、市政府专门召开"四个百万亩"推进会,明确要求410万亩生态空间全部完成上图落地。2015年10月,苏州出台《市政府关于加强"四个百万亩"用地长效管理的实施意见》。经过多年持续努力,水稻田已成为苏州面积最大的"城市之肾"。

(二)精细化顶层设计撑起"保护伞",法制"硬核"护航湿地保护

湿地保护必须依靠制度,依靠法治。苏州从先行一步到先行示范,从宏观层面纲领、中观层面制度、微观层面措施多方发力,不断完善湿地保护制度体系,为湿地保护提供了坚实制度保障。

坚持制度与法治建设同发力,六个"率先"走出独特的"苏州模式"。2012年,苏州在全省率先、全国较早出台湿地保护条例——《苏州市湿地保护条例》(以下简称《条例》),制定湿地的定义标准,保护行政管理主体、管理体制,并将湿地认定为重要湿地和一般湿地,要求设立湿地自然保护区、湿地公园、湿地保护小区等,遏制湿地资源的减少和退化。认定省级、市级重要湿地103个,建成湿地公园21个,其中国家级6个、省级8个,占湿地面积的75.2%,划定长江、太湖、阳澄湖等湿地保护小区113个,饮用水水源地保护区13处,水产种质

资源保护区 6 处，明确湿地范围和界线，设立湿地界标，真正实现"因材施教"，做到分级分类管理。并突破性地设立了湿地征占用行政许可，占用、征收湿地或者改变用途的用地单位，需征求林业部门意见，并按照湿地保护与恢复方案恢复或者重建湿地。

《条例》施行后，在监管模式上，苏州又在全国率先尝试将湿地保护红线与苏州市国土部门的土地利用规划红线对接，完成红线落地上图，形成多部门共同保护湿地的良好氛围。苏州在全国率先构建"天空地"湿地监管体系，对重要湿地和湿地公园开展动态监测，对侵占湿地行为进行严格监管，有效遏制了湿地资源的减少；在全国率先实施生态补偿政策，每年对 172 个湿地村、32 个水源地村进行生态补偿，每年湿地生态补偿资金 1.5 亿元。在全国率先设立"湿地好不好，鸟儿说了算"的考评体系，用鸟类生物多样性等生物考评因子客观反映湿地健康状况。

坚持科学规划引领，精细化的"顶层设计"为湿地撑起了保护伞。按照"多规合一"总体要求，将湿地保护工作纳入全市国民经济和社会发展规划及国土空间规划，推进全市湿地保护规划修编，重点打造长江沿线、太湖周边、水乡湖荡等重点片区，全面落实河湖长制管理制度，强化水资源保护。加强长江、太湖、阳澄湖等重点区域的湿地资源保护管理，编制重要湿地管理计划和预警应急预案。推进湿地名录管理，实行湿地面积总量控制。强化湿地资源监督管理，严格湿地用途管控，为高质量发展提供良好的生态支撑。

(三) 创新湿地保护模式，不断升级湿地保护的"苏州方案"

湿地生态系统复杂，涵盖土地、水资源、动植物等诸多自然资源要素，不同类型、不同原因造成的湿地生态系统退化的恢复与重建的技术、策略均不一样。因此，湿地保护与修复还得个性化定制。

苏州率先在全省开展城市规划区域内的湿地资源调查，结合水利河道疏浚工程，恢复河道的生态功能，将更多的自然湿地纳入保护范围。为加强遗产生态价值探索，苏州统筹全市湿地和世界自然遗产保护管理工作，积极开展退"渔"还"湿"、建设小微湿地等生态修复工程；加大推进国家级湿地公园、省级湿地公园和湿地保护小区建设力度；提升湿地科研监测能力，在全国率先构建湿地生态感知网络体系，探索小微湿地科研监测。

太湖三山岛国家湿地公园位于东山镇，创下了全国湿地公园建设"三个唯一"：唯一的太湖中的岛屿湿地，唯一以村级单位为建设主体的国家湿地，唯一社区参与共建的国家湿地，占地1.13万亩，其中湿地面积7748亩，湿地率达68%。三山岛在湿地生态修复中突出自然修复，秉承基于自然的解决方案，充分利用生态系统的"自组织"功能恢复岛屿生境，创新研究多层生态围隔系统修复技术，2023年，三山岛湿地生态修复案例入选江苏省"最美生态保护修复案例"。

三山岛湿地公园
（图片来源："苏州发布"微信公众号）

昆山天福国家湿地公园是以永久性水稻田为主体的湿地生态系统，700亩湿地上停留了227种鸟类，超过全国鸟种的10%。早在2021年，天福湿地就入选了"生物多样性100+全球典型案例"，成为湿地生物多样性保护的一个中国样本、全球典范。

（四）广泛科普形成保护合力，逐步形成共享共治局面

当前，依托优良的湿地资源禀赋和创新的湿地保护管理工作，苏州正在积极创建国际湿地城市。申报国际湿地城市有一整套严苛的标准，如行政区域内湿地率在10%以上、湿地保护率不低于50%，仅这两个刚性指标，就让许多城市望而却步。苏州深知，争创国际湿地城市，不是为了拿牌子、争荣誉，而是要让市民游客能够来到湿地、了解湿地，从而热爱湿地、守护湿地，最终实现人与自然的和谐共生。

苏州鼓励社会公众参与，营造湿地保护良好氛围。在全国率先成立湿地自然学校；编写的全国首个城市观鸟手册——《苏州野外观鸟手册》荣获"2021年度自然资源部优秀科普图书"；出版《湿地之城》《湿地之约》等专著。湿地科普基地数量在全国地级市领先，设立了类型更多样、覆盖面更广的自然教育场所，探索湿地自然教育学校融合新模式，同时策划推出一系列精品湿地教育课程，将湿地的知识理念推广至学校、社区、企业，让湿地保护成为共识，在全社会营造保护湿地、爱护环境的浓厚氛围。

同时，通过科学手段适度开发利用湿地资源，将湿地生态服务功能与休闲旅游、文化推广、农业等相结合，全方位维持湿地与区域经济发展的良性循环。湿地资源正成为苏州看得见、摸得着的生态实景。

四、城建"进度条"拉满"有福气"之城

苏州是一座传承了2500余年历史的江南古城，又是一座承载与见证了近现代中国发展史的现代之城，改革开放后城镇化进程加速，苏州抢抓机遇，不仅实现了经济社会与城乡建设的量质齐升，还实现了古城保护与城市发展的有机融合，苏州大地上生动演绎出城市发展"双面绣"。

习近平总书记明确要求把高质量发展同满足人民美好生活需要紧密结合起来。中央城市工作会议提出"要顺应城市工作新形势、改革发展新要求、人民群众新期待"，确立了城乡建设的鲜明价值导向。苏州作为享誉世界的历史文化名城，深刻理解城乡建设高质量发展内涵，统筹城乡融合发展，推动传统与现代有机结合、人居环境持续优化，让推动高质量发展与创造高品质生活有机结合、相得益彰，打造文人墨客笔

下、世界人民心中"最江南"的福地,争做高质量发展和高品质建设的践行者。

(一) 片区式改造推进城市整体焕新,城市功能日益完善

目前城市发展已经进入城市更新的重要时期,由大规模增量建设转为存量提质改造和增量结构调整并重,从关注"有没有"转向聚焦"好不好"。城市更新是社会发展历程中的一份"必答卷",也是政府聚焦、资本着力、百姓叫好、民间热议的民生实事工程。

2021年,苏州成为全国16个城市更新试点城市之一。2022年9月,江苏省公布城市更新试点首批项目名单,苏州10个项目入选,包括苏州市平江片区古建老宅活化利用、苏州市古城32号街坊保护更新等项目。其中,既有老旧民居改造更新,也有产业用地效率提升;既有对历史遗迹的保护利用,也有对城市空间的综合改善。苏州的城市更新试点工作也在不断实践中摸索出了一些"苏州经验",交出了具有苏州特色的第一份答卷。

2023年,苏州国土空间总体规划上报国务院审批,入选低效用地再开发国家试点。实施城市更新项目192个,完成老旧小区改造93个,惠及居民3.8万户。加强毗邻区域、背街小巷等市容市貌提质升级,高架道路桥下空间持续改善。建成口袋公园和小微绿地252个,新增及改造绿地2.64平方千米。公布第二批237处历史建筑名录,创新推出"古城保护更新伙伴计划",22处古建老宅通过引入社会资本实现活化利用,古城保护经验向全国推广。桃花坞唐寅故居文化区开街,同里、黎里、周庄和明月湾村入选全国历史文化保护与传承示范案例。

1. 项目化推进城市更新,激活古城"一池春水"

姑苏古城,城市肌理记录岁月悠长;古巷街区,传统现代实现交相辉映。以片区式保护更新,推进古城整体焕新,加快建设宜居、绿色、韧性、智慧、人文城市,这是历史文化名城保护的"苏州模式",更是实现城市可持续发展的关键所在。

近年来,苏州积极开展片区化整体规划和差异化定位设计,在保存传统区域风貌、改善居民生活品质、推动古城永续发展等方面取得了明显成效：平江片区扎实推进平江九巷、仓街九巷城市更新项目；32号街坊定位"金融街坊"，一批金融、类金融企业先后入驻；桃花坞片区定位"馆院聚集地"，持续构筑古城文化艺术新高地；虎丘片区计划再现江南水乡街区风貌；五卅路子城片区依托金城新村等历史文化遗产，打造近现代历史文化片区；南门、盘门片区打造新苏式现代生活沉浸式展厅和江南文化现代化演绎轻生活街区。

作为苏州首个开放式街区重奢购物中心，仁恒仓街位于平江历史文化街区仓街1号，毗邻耦园、拙政园、狮子林等世界文化遗产，东邻相门城墙，南望苏州大学。自2023年开街以来，仁恒仓街一直是苏州城市热门话题，其与平江路、相门城墙跨空间深度联动，打造多个火爆全城的现象级活动IP，成为市民、游客消费娱乐及深度体验在地文化的首选之地。仁恒仓街已开业的超120个品牌中，60%以上为苏州、江苏首店。

2024年，姑苏区十全街片区综合提升工程完成，十全街焕新亮相。2千米长的十全街是苏州古城最有代表性的特色街区之一，沿路有网师园、沧浪亭、织造府等名胜古迹，还保留了不少名人故居，历史文化遗存丰富、时尚潮流元素聚集，是居民重要的生活休闲去处，也是游客体验古城文化生活的重要旅游空间。近些年，伴随十全街自由生长、自我更新的同时也出现了开放空间不足、步行环境欠佳、交通混行情况严重等问题。针对这些问题，2023年12月，苏州市委提出，要更大力度推动环境提升、功能完善、业态升级，全力打造更具底蕴、更具特色、更具人气的古城示范街区。当月，十全街综合整治提升工程正式提上日程，对十全街"商圈+景区"进行了新一轮的整体提质升级。工程通过优化街道布局、拓宽步行空间、提升街道空间品质、激发沿街商家业态革新等举措，以全力打造更具特色人文底蕴的"古城保护更新示范街区"，最终形成了可观、可感、可享的高品质街道空间。改造后的十全街是一个尺度宜人、步行友好、功能混合的街区，既沉淀了江南文化底蕴，又洋溢着朝气活力，烟火气在巷口氤氲，居民的生活并没有因为现代消费业态的涌入而中断，底色和节奏都最大程度地被保留了下来，一处处精妙的设计为人文底蕴的彰显和人气的聚拢赋能，展现出潮流文化与姑苏历史的双面气韵，诠释了姑苏以人为本、文化赋能经济的更新保护"绣花"功夫。

2. 持续推进老旧小区改造，让"老"居民享受"新"生活

老旧小区改造既是民生工程，也是民心工程，苏州积极推进老旧小区加装电梯与老宅改厕，新建充电桩，增补绿化，植入园林元素，越来越多老旧小区换了新颜，人民群众更有获得感、幸福感、安全感。

美好生活"一键直达"。永林二区建于1990—2000年间，多为六层楼房，上下楼梯成为老年居民日常生活中的难题。2023年3月，姑苏区平江街道以老旧小区改造为契机，启动永林二区增梯工作，并会同属地社区和电梯公司组建"增梯老娘舅"队伍，成立工作协调推进小组。通过召开协商沟通会、入户走访，为居民提供增梯政策、方案设计等一站式服务，形成"一楼一策"。从增梯工作启动到正式交付使用前后历时15个月，圆了居民"一键直达"的电梯梦。

老旧小区增设电梯并非个例，苏州市住房和城乡建设局印发《市住房城乡建设局关于明确苏州市既有住宅增设电梯提取专项维修资金有关事项的通知》，自2024年7月1日起，苏州市既有住宅增设电梯可以提取专项维修资金，相信未来更多老小区居民可以幸福"一键直达"。

2024年，苏州全市计划改造老旧小区141个，惠及居民28389户。"精细、精微、精致、精雅"，苏州聚焦配套不足、管网老化等群众关心关切问题，同时持续推进电梯加装和楼道无障碍设施改造，让老百姓的居住环境更宜人。

3. 更新产业用地，盘活更多闲置资源

盘活存量工业用地资源是积极推进城市更新的重要手段，对城市转型发展至关重要。苏州深刻认识到，高效利用土地资源是高质量转型发展的前提和基础，要通过实施产业用地更新，着力解决产业空间不足问题，推动产业发展和转型升级。

2022年11月，苏州在城市更新方面有两项经验获得住房和城乡建设部认可推广，入选了全国可复制经验做法清单。一个是探索老菜场更

新的"市集模式",另一个便是吸引社会力量参与城市更新。作为后者的代表,苏州不少产业用地通过引入城市"合伙人",成功撬动市场主体参与。

在苏州工业园区的新虹产业园内,不少企业工作人员在"花园式"的环境中边喝咖啡边散步聊天。难以想象的是,几年前这里还是灰蒙蒙的老旧厂房,有着喧嚣轰鸣的机器运转声。如今这里已经蜕变为空间规划合理、现代设计感十足、内部配套设施完善的高科技产业园。据了解,新虹产业园项目通过"改造+新建"模式盘活了用而未尽的产业空间,将大盒子厂房结构打开,同时内置经营性配套,服务高端产业人才需求。目前,新虹产业园已有数十家优秀科技企业入驻,成为园区第一个用地更新"亿元产业园"。

姑苏区的蓝·芳华文化创意园和高新区的和枫科创园也都是苏州低效产业用地活力提升的典型项目,将原本的老旧厂房更新为花园式、高品质绿色产业园,有效激发了城市活力,实现了产业发展和城市环境提升的有机结合。

修旧谋新,并行不悖,苏州的各类空间都在更新中发生精彩蝶变。这些"精彩"的背后,也折射着不断开拓创新、精益求精的苏州性格。苏州计划到2025年年底,积累一批可复制、可推广的试点经验,打造城市更新"苏州样板"。我们期待苏州在不断的经验积累中,交出更多满意答卷,擘画新时代"苏州好风光"。

(二)重大项目加速推进,打造高水平现代综合立体交通体系

苏州持续推进交通基础设施建设,掀起"大交通"建设热潮,一批重点工程取得关键性进展,为构建现代综合立体交通运输体系提供强劲支撑,为建设社会主义现代化强市铺路。

截至2022年9月,苏州全市高速公路"成环成网",里程达620千米,列全省首位;建成沪苏通铁路和沪苏通长江公铁大桥,村镇公交通达率100%,获得国家"公交都市"授牌;建成交通运输指挥中心、公交智能调度中心,在全省率先实现一体化、扁平化调度管理模式。

1. 主动作为，服务重大国家战略

当前苏州正处于长三角一体化、"一带一路"等重大发展机遇叠加的关键时期，苏州以更高站位、更大格局和更实举措，大力构建现代化综合立体交通运输体系，不断满足人民群众对美好出行的需求。

2021年9月，苏州印发《苏州建设交通强国示范先行区实施方案》，明确了打造"国际性枢纽集群的重要组成部分、全国性综合交通枢纽城市、国际性铁路枢纽"，建设"交通强国示范先行区、交通运输现代化示范市、交通创新发展示范新高地"的战略目标。

苏州锚定"三枢纽三示范"，制定了"时间表"和"任务书"：到2025年，完成高铁综合枢纽建设、世界一流港口建设、轨道交通多网融合等十大示范任务，确立全国性综合交通枢纽城市地位；到2035年，基本形成在苏州市域各板块、上海大都市圈主要城市1小时通达的基础上，实现"123出行交通圈"和"123快货物流圈"；到21世纪中叶，全面建成"开放立体、创新高效、协调共享、便捷优质、绿色智能、安全经济"的现代综合立体交通运输体系。

苏州抢抓长三角城市群、上海大都市圈建设机遇，基本与周边所有接壤城市确立了共同目标，形成了协同机制，放大了同城效应。坚持"项目为王"，完善路网结构，推进108个项目，启动24个项目，建成36个项目，沪苏之间6条省际"断头路"实现贯通。省市际毗邻公交线路达到36条，日均客运量超过1万人次，毗邻镇公交联通率100%。开通轨道交通11号线，实现与上海轨道无缝衔接。开通"苏锡公交"1号线，公交直接进入硕放机场。两省四市共建的环太湖公路获评全国"十大最美农村路"，累计完成农村公路提档升级270千米、农村公路安全生命防护工程611千米。成功举办第29届智能交通世界大会，44个国家和地区的代表参会，一批长三角地区展商参展并形成合作意向；举办首届"姑苏杯"长三角智能交通创新技术应用大赛，产生1800个优秀作品，部分优秀作品进入应用领域。

2. 锻长补短，织密综合立体交通网

补短板、拉长板，苏州全力推进公路、铁路、水路等现代综合立体交通体系建设，通过交通的高效对接，实现投资强度的增加和区域经济的高质量发展。

沪宁沿江高铁通车运营，通苏嘉甬、北沿江等铁路项目有序推进，张靖皋、海太过江通道建设全面提速。通苏嘉甬铁路的开工建设，与正在建设的江苏南沿江城际铁路、沪苏通铁路二期、沪苏湖铁路，以及现有的京沪铁路苏州段、沪宁城际铁路、京沪高速铁路和沪苏通铁路一期，构成了三横一竖的"丰"字形国家干线铁路网，将从根本上消除区域城际交通南北向供给体系短板，实现长三角南北两翼客运快速化。

苏州南站建设目前各项施工作业有序开展、加速推进。苏州南站是沪苏湖和通苏嘉甬两条铁路"十"字交会枢纽，也是水乡旅游线和苏州轨交10号线并行45度斜穿的"十"字交会点，枢纽综合体与国铁多处交融，是功能叠加的站城一体化综合性交通枢纽，预计2024年年底具备通车条件。

与此同时，苏州织密公路线网。苏州重点推进的公路项目包括11条高速公路及过江隧道、13条普通国省干线公路、15条高速公路互通及路网连接公路、10条跨区域及市域一体化衔接道路等项目。尹山湖隧道、胥涛路对接横山路隧道、桐泾路北延等建成通车，吴淞江整治（江苏段）工程全线开工，苏台高速相城段建成全国首条全息感知智慧高速。正在改扩建的东西向交通干线——312国道苏州东段，完成后将实现苏昆快速连通，无锡、苏州、上海三地的交通出行也将更加便捷。全市新辟、优化公交线路302条，基本实现市区轨交站点与公交百米换乘。

作为"水运大市"，苏州一批水运工程也在紧锣密鼓地推进中。2024年，苏州航道重点工程年度投资计划7.6亿元，包括续建长湖申线苏浙省界至京杭运河段航道整治工程，新开工京杭运河绿色现代航运综合整治工程苏州段等。

3. 通达四方，群众出行幸福感满满

自长三角一体化国家战略实施以来，苏州积极打通"断头路"，铺就"大通道"，还开通50余条省际、县市毗邻公交线路，实现公交卡互刷，为融入长三角、服务国家战略"开路搭桥"。

太仓港疏港铁路专用线开通运行，开启了公路、铁路、水路多式联运的崭新一页。太仓充分发挥地处"一带一路"和长江经济带交汇点的区位优势，与苏州中欧班列运行平台实现资源共享、优势互通，发挥"1+1>2"的效应，打通公路、铁路、水路联运、转运衔接的"最后一公里"。

将农村公路与沿线景色、特色乡镇、非遗产业串联成线、线环成面，带动生态旅游、产业发展和文旅融合，打通了一条乡村振兴的"快车道"。截至2024年11月，苏州农村公路里程接近1万千米，占公路总里程的85%，实现了农村物流网络覆盖率100%、省级"四好农村路"示范县覆盖率100%等12个"百分百"，群众出行的幸福感大幅提升。

（三）打造"四角山水"空间格局，一体化保护"大苏州"

苏州地处长三角核心区，自然禀赋优良，四角山水环绕、太湖长江相依，生态系统的整体性得天独厚。山水相亲、园城相融，典型的江南风貌，积淀出苏州精致靓丽的生态底色和底蕴厚重的人文风情。

如果从"天空视角"看苏州，会发现古城像一颗明珠，浸润在温山软水的怀抱中——东南角，经独墅湖、吴淞江至澄湖；东北角，经阳澄湖、傀儡湖至沙家浜；西北角，经虎丘山、虎丘湿地至西塘河；西南角，经横山、上方山、石湖至太湖。

关于苏州的"四角山水"格局，建筑界泰斗吴良镛先生曾专门做过分析研究。20世纪90年代，苏州邀请一批国内顶尖规划专家，商量制定苏州城市总体发展规划，为古城未来发展出谋划策。其中，两院院士、清华大学教授吴良镛提出了"古城居中，一体两翼，四角山水"的城市空间发展构想。

这是一个灵巧的"九宫格"布局——古城居民，四角留出湖泊与空地，楔形绿地沿山脉、水系插入市中心；工业园区居东，高新区在西，吴中区和相城区分列南北，留足城市发展空间；此外，还利用快速路加强与吴江、常熟、张家港、太仓、昆山等板块的沟通与连接。吴良镛将"四角山水"格局比作一部"风车"——古城为中心，工业园区、高新区、相城区、吴中区是四片"风叶",而"风叶"之间镶嵌着四方山水,构成"山水园林城市"的理想空间格局。

对比一下今天的苏州,不难发现,20多年来,苏州的城市规划基本遵循了这一整体发展思路。"四角山水"格局,包含了苏州周边主要的山水、林田、湖草等生态要素,这里有塘浦圩田、水乡农舍等江南水乡特色文化景观,怀古堂、退思园等十余处苏州园林,虎丘山、太湖东山、石湖、同里等国家级风景名胜区,百余个各类公园。它们不仅是城市重要的公共活动空间,是市民休闲游憩、运动健身、交往会谈的场所,丰富了市民生活,更完美保存了苏州江南水乡基底和历史人文聚落。最重要的是在保护古城的同时避免了"摊大饼"式的城市发展,正是"四角山水"的自然阻隔避免了苏州城市的连绵扩张,彰显了人与自然和谐共生的理念和苏州"城中园、园中城"的特色。

从历史回到当下,苏州提出建立起以"四角山水"为主的城市特色空间格局,其实承载着用"大苏州"理念推进历史文化名城保护的深厚情感和系统谋划。

事实上,苏州如今的体量已经远超"四角山水"的范围,在历史文化名城保护方面,苏州也并未仅仅局限于历史城区的保护,而是从"大苏州"的空间脉络出发,把古城保护与江南水乡生态保护当作一个有机的整体,以"古城+山水+生态"的思路一体推进。

保护好19.2平方千米的历史文化名城内核,在建筑特色、道路宽度、沿河景观等多方面进行规范,顺应古城肌理、延续古城文脉,以"城区即景区、旅游即生活"的"大景区"标准推进活态保护和有机更新。

守护好苏州"四角山水"特色空间格局,构筑山水绿道网络,让市民从古城走向"四角山水",从"四角山水"走向太湖、长江,不断提升苏州的宜居性和吸引力。

呵护好全市域整体江南水乡风貌,一体化保护好古城古镇古村落、太湖山水、长江沿线和大运河风貌,在产业建设过程中注意生态修复、文化保护,形成"大苏州"的历史文化空间格局,全面打造江南水乡的典范。

可以说，从"一体两翼"到"一核四城"，再到全域一体化发展，多年来，"四角山水"模式在苏州推动古城保护、加强生态建设、重塑城市空间、实现经济社会快速发展与文化自然保护协调方面起到了重要作用。

五、片区化组团式打造新时代鱼米之乡苏州样板

乡村全面振兴，"全面"二字体现在乡村振兴的全面覆盖，就是要积极探索乡村连片打造、融合发展，推动规划建设、产业发展、富民增收、乡村治理、改革创新"五大协同"。

近年来，苏州学习运用"千万工程"经验，片区化推进乡村振兴，组团式开展乡村建设，高质量打造宜居宜业和美乡村，推动乡村振兴由"单打独斗"向"片区协同"升级，聚力绘就水平更高、内涵更全、特色更鲜明、示范引领性更强的乡村振兴现实图景。

（一）理念引领，划定50个乡村振兴示范片区

在苏州，片区化是贯穿乡村振兴的思路理念。2024年是苏州片区化建设推进年，当前，全市片区协同、共联共建的发展格局越发鲜明。

以片区化理念为引领，苏州坚持先规划设计后建设发展，强化县、镇、村统筹，按照"空间缝合、资源整合、发展聚合"的思路，促进乡村打破行政区域，实现连片发展。经过梳理，全市应开展实用性村庄规划编制行政村772个，应纳入片区发展规划行政村901个，划定50个乡村振兴示范片区（其中跨市域1个、跨县域3个、跨镇域23个、跨村域23个）。截至2024年4月，全市实用性村庄规划和片区发展规划已全部完成，实现两个全覆盖。

同时，以一体化布局促协同。苏州市级成立澄湖地区协同发展领导小组，构建"一办五组"等组织架构和运行机制，推动各地分别成立领导小组、联席会议等机制。例如，昆山市成立乡村振兴示范片区协同发展指挥部和工作专班，常态化开展研究讨论，协调解决全市乡村振兴示范片区建设重大问题。

此外，苏州还制定乡村振兴示范片区工作考核办法，纳入苏州市探

索高水平率先基本实现农业农村现代化实绩考核，分值占35%，切实发挥考核"指挥棒"作用，助推乡村全面振兴从"规划图"变为"实景图"。接下来，苏州将举办"一县一片"互比互看活动，在比学赶超中加快推进乡村振兴示范片区建设，推动全市各地聚焦1~2个片区进行重点打造，持续充实内容，提高质效，连片展现"诗意水乡、最美江南"现实图景。

走进位于太仓城西的金仓湖现代农业示范片区，优美的田园风光和农耕文化体验，吸引了众多游客，一条旅游巴士"游1线"串联起片区内各文旅点位，美丽乡村组团推进农、文、旅融合发展，正焕发"美丽经济"。片区发挥东林村作为重点村的"引流、带动、服务"作用，辐射带动电站村、万丰村、中荷村、胜利村、塘桥村、庆丰村6村实现共同发展。

环澄湖片区建设涉及昆山、吴中、吴江三地，自2024年以来，各地加快项目建设，全力推动乡村振兴示范片区高质量协同发展。在吴中区甪直镇，总投资1.15亿元的澄湖西岸岸线整治工程竣工，已投入使用。2024年1—3月，澄湖总磷采样数据分别为0.04mg/L、0.05mg/L、

澄湖地区区域位置图
(图片来源："吴中发布"公众号)

0.04mg/L，均达Ⅲ类，目标是全年达Ⅲ类。加快项目进度的同时，甪直镇还统筹澄湖地区、古镇片区协同发展，构建农业筑基、文旅增效、产业主导三环相扣的发展局面，构建乡村振兴新图景。

（二）"片"上共进，打造乡村建设"美丽集群"

2024年4月，江苏省委农村工作领导小组发布全省首批宜居宜业和美乡村名单，1241个行政村（涉农社区）榜上有名，其中苏州有139个村入选，数量位居全省第一。

成绩的背后，是苏州把握"宜居""宜业""和美"丰富内涵，扎实推进乡村建设行动的作用，通过点线面结合，不仅"点"上出彩，打造特色村庄，还在"线"上串联，打造风景廊道，同时"片"上共进，打造"美丽集群"。

如今，在苏州，绿色生态、水韵江南的乡村环境更加宜居。苏州通过强化系统建设，保护传统水乡格局，连片改善乡村风貌，提升乡村功能。

乡村建设不能生搬硬套，而是要注重因地制宜。在推进片区化建设过程中，应注重挖掘各片区特色，尊重乡村肌理，引导各片区根据自身地理位置、产业特色等，构建差异化、个性化的乡村振兴发展路径，实现乡村发展各美其美、美美与共。例如，常熟沙家浜渔、文、旅融合发展片区涉及沙家浜镇、古里镇、支塘镇，覆盖21个行政村，以现代渔业产业和文化旅游资源为依托，构建"一带三心四组团"的总体空间结构，打造常熟"虞文化"与"渔产业"协同发展的综合展示区。

注重对农村自然肌理的保护和传承，依托原有建设用地做"加减法"，避免因"发力过猛"而对江南水乡风貌，以及水韵桑田肌理造成破坏。在乡村形态的构建中，房屋多数保留了原始风貌，减少硬质驳岸、人工驳岸等，以维系河道的原始自然之美。例如，吴中区牵头成立"太湖原乡设计联盟"，组建"共同缔造工作坊"，以"微介入"方式改造村庄，保留乡村本土特色。

苏州还始终坚持市场化导向，强化农业农村招商理念，广泛吸引社会资本投入乡村建设、参与投资经营。现有建设片区中近半引入了社资本，如蓝城"曲水善湾"、村上长漾里等，有序推广了政府和社会资本合作的成功模式，切实发挥出运营企业的专业优势，确保了乡村建设的活力和可持续发展。

（三）共融共联共建，增添乡村发展活力

阳澄湖地区作为苏州资源禀赋最为丰富的地区之一，生态本底、农业禀赋和文化资源条件优厚。2023年6月，《阳澄湖地区乡村振兴协同发展规划》发布，规划面积276.5平方千米，覆盖苏州工业园区、昆山、常熟、相城46个行政村（社区）、265个自然村。通过构建"一环四岛六圈多核"的空间结构，着力打造文化赋能型乡村振兴典范、城市群核心区艺术生活湖区，片区化打造中国式乡村现代化典范。

在相城，阳澄湖片区重点打造"四圈一片一线"，激活"曹庄"圈、"刘家庄—悦榕庄"圈、"消泾手作村"圈、"莲花岛"圈，提升澄林路"一线"生态景观，推动"环阳澄湖"跨域示范区建设。

在苏州，片区化建设让乡村业态更添活力。苏州通过统筹片区内的土地资源、项目资源等，发挥好实力较强重点村的"引流、带动、服务"三大作用，辐射带动片区内相对落后村、薄弱村实现共同发展，形成了产业发展共融、集体经济共联、富民载体共建的生动局面。

苏州扎实推进片区农业生产社会化服务合理配置，做好"土特产"文章，挖掘特色优势，选准主导产业，统筹推进片区产业优化发展、抱团发展、全产业链发展。例如，苏州高新区围绕"漫享科村"核心IP，统筹"农、文、旅、体"发展合力，形成片区优势品牌。太仓、昆山、常熟协同发展片区签订《农文旅协同发展合作备忘录》，推动太仓—昆山—常熟"边界携手、三地并进"，系统推进三地协同农、文、旅融合发展。

促进集体经济抱团发展、联合发展，做大做强片区集体经济，探索片区内村集体经济组织参与农、文、旅项目运营，承担区域性公益服务。例如，金仓湖现代农业示范片区内7个村集体合作社农机资产试点评估作价入股，组建农业服务公司，形成"国企+合作社"利益共享、风险共担的合作机制。

统筹集聚资产资源，共同搭建富民载体，投资富民项目，通过搭建村级抱团发展平台，探索片区内多种主体利益联结机制，融入周边城镇产业创新集群，承接产业和功能溢出，推动强村富民。例如，太仓市城厢镇将全域分为三个片区，由村集体成立劳务合作社（物业公司），开展农村人居环境管护，带动本地农民实现就地就近就业。

聚焦"三基三主"（基层组织、基础设施、基本公共服务，主导产业、主体风貌、主题文化），片区化推进乡村振兴，组团式开展乡村建设，将有力有效推进乡村全面振兴，促进"智造之城"与"鱼米之乡"相得益彰、相辅相成，以加快农业农村现代化更好推进中国式现代化的苏州新实践。

县区实践

太湖生态岛，生态蝶变绘就最美画卷

宽尾凤蝶是我国特有的世界级珍稀蝴蝶种类，又被称作"国蝶"。2022年，科学家们在苏州吴中的太湖生态岛上就发现了这种蝴蝶。不止宽尾凤蝶，桃花水母、毛脉槭、松叶蕨等也开始在岛上出现，作为衡量生态质量好坏的指标，珍稀动植物们纷纷选择太湖生态岛定居，这充分证明了生态岛的环境之美。而这背后，也藏着太湖生态岛以生态蝶变绘就太湖最美画卷的成长故事。

一、起笔：守护自然的文化基因

太湖生态岛又叫西山岛，位于苏州市吴中区西部，是中国内湖第一大岛，也是太湖健康生态系统维护的关键节点和生态屏障。早在春秋战国时期这里就有先民居住，西山岛的明月湾古村，就得名于吴王夫差与西施观景赏月的典故。吴地先民也自古就有保护环境的传统，明月湾的两块石碑——《明月湾永禁采石》碑和《明月湾湖滨众家地树木归公公议》碑是最好的实物见证。

二、转承：一波三折的绿色发展

这座历史悠久、风景秀美的小岛，却曾经陷入没落。由于交通不便、产业落后、疏于打理等原因，小岛的发展曾一度陷入停滞。二十多年前，太湖蓝藻危机的爆发也曾给小岛发展蒙上了一层阴影。

太湖是习近平总书记一直牵挂的地方。自党的十八大以来，习近平总书记十分关心重视太湖流域的保护治理，多次对太湖治理做出重要指示批示，为太湖治理指明了实际路径，提出了更高要求，提供了根本遵循。

苏州牢记习近平总书记的殷殷嘱托，下大力气治理太湖，从太湖围网拆除到禁捕退捕，再到推进"一山一策""一湖一策""一岛一策"，从"靠山吃山，靠水吃水"到守望"绿水青山"，这背后是苏州为守护

母亲湖所做的牺牲，是发展思路的巨大转变。

太湖水质的持续改善，为西山岛生态修复和绿色发展奠定了基础，是西山岛绘就太湖最美画卷的转笔之处。

三、绘卷：绿色发展的"四篇文章"

（一）立法先行，做好"制度"文章

习近平总书记曾说，抓生态文明建设，必须搭建好制度框架，抓好制度执行。苏州以制度规划建设为第一保障，坚持筑牢生态文明的制度基石。2020年11月，苏州市委、市政府提出，要高标准建设"太湖生态岛"；2021年3月1日，江苏省"十四五"规划《纲要》正式发布，"支持苏州建设太湖生态岛"被纳入规划；2021年4月25日，苏州市人大常委会审议通过条例并报江苏省人大备案；2021年8月1日，《苏州市太湖生态岛条例》正式施行，这是苏州首次、江苏首例以立法方式保护太湖岛屿。2021年12月，苏州市发展和改革委员会对外发布《太湖生态岛发展规划（2021—2035年）》，提出将太湖生态岛建设成为全球可持续发展生态岛的"中国样本"。

（二）多措并举，做好"治污"文章

在这一系列条例、规划和方案中，生态保护始终被摆在首位。苏州开展了太湖生态岛环岛湿地带建设，目标是实现环岛约50千米沿湖岸线建设生态湿地全覆盖。2022年7月底，一期湿地修复工程完工，已完成保护和恢复湿地面积0.318平方千米，生态保育现状湿地带0.119平方千米。与此同时，在太湖生态岛金庭镇南部，苏州生态涵养发展实验区重点项目——消夏湾湿地生态安全缓冲区也已建设完成，该项目作为农业面源污染防治典型案例获全国推广。

（三）环境整治，做好"留白"文章

如今，太湖生态岛早已不见蓝藻身影，只留下一片洁净的碧水蓝天。环太湖城乡有机废弃物处理示范区建设2019年7月获副总理韩正批示，并于2020年5月纳入2020年国民经济和社会发展计划，在太湖生态岛率先探索推进有机废弃物循环利用。

（四）系统治理，做好"添绿"文章

为进一步守护好太湖生态岛的佳果茶香，2023年2月，金庭镇启动了太湖生态岛"小流域治理、农业灌溉、森林消防"三合一的引水上山工程，增加应对极端干旱天气的能力，确保生态岛茶果农旱涝保收。《苏州市太湖生态岛条例》中明确规定了加强土壤污染防治、减少农业面源污染、化肥农药减量增效、有机废弃物资源化利用等内容。为此，金庭镇大力应用绿色生态防控技术减少农业面源污染，有机肥替代化肥即是其中一项，力争到2025年实现60%替代。

在众多生态项目的助推下，太湖生态岛发生了翻天覆地的变化，实现了生态美丽蝶变，如今岛上生物多样、风景秀美、游人如织，随处可见鱼虾嬉戏、飞鸟栖息、水草缤纷。

四、上色："绿金双高"的兴旺之岛

绿水青山想要转化为金山银山，中间还有一个通道，那就是产业的发展。太湖生态岛积极探索推进生态产品价值实现，打通两山转化通道，真正让绿水青山"流金淌银"，成功实现"绿金双高"。

（一）"生态+现代农业"，建设现代生态农业高地

太湖生态岛以获批自然资源部首批生态产品价值实现机制试点为契机，全力推动产业生态化、生态产业化。加强碧螺春原产地、青种枇杷、太湖鹅等地方优质种质资源保护，建设特色农产品全产业链运营中心，打造长三角绿色有机高端农产品供应地。

（二）"生态+文体旅"，提升现代服务业功能品质

太湖生态岛依托国家全域旅游示范区建设，树立大景区理念，以离岛、悠游、慢生活为主题，推动旅游供给从风景和产品向环境与服务全链条拓展。深入挖掘"文体旅"产业链，推进全域生态文化旅游，整合全镇旅游资源，依托西山岛开心农场、传统历史村落、梅花坞C空间等点位，推进文旅产业串点成线，形成"吃住行游购娱"全产业链，通过游客的沉浸式消费实现生态产品的增值溢价。2023年上半年，旅游目的地接待人次266.91万，为民宿、农家乐带来收入约7.2亿元。

(三)"生态+新经济",推动新经济新技术发展

太湖生态岛正在推广使用新能源交通工具,并开出了岛上第一家新能源汽车展示体验中心。百度世界级自动驾驶示范岛项目也落户太湖生态岛,现已完成覆盖82平方千米双向200千米道路的车路协同基础设施建设,建成全国最长的单条智能网联道路,投入运营30辆自动驾驶车辆,无人驾驶客车、巡逻车成为生态岛一道独特的风景线。同百度智车科技(苏州)有限公司联手推出苏州首个室内外一体化车位级导航项目,"太湖生态岛智慧出行文旅项目"成功入选《国家新一代人工智能创新发展试验区(苏州)应用场景案例汇编》。随着百度Apollo Park的落地,未来3年还将建成百度首个文旅自动驾驶运营区,打造全域自动驾驶商业运营示范岛。

(中共吴中区委党校 陈佳杰)

跨域一体治水　共绘"水乡江南"生态之美

吴江是典型的江南水网地区，素称"千河之乡、百湖之城"，太湖岸线长达47千米，各类河道2600多条，大小湖泊300多个，水域面积占全区总面积的三分之一。区域内沪苏浙水系交错相通，跨界河湖众多，有交界河湖47个，包括大运河、太浦河、淀山湖、元荡等重点水域。一直以来，跨界河湖由于存在行政区划壁垒，治理过程中经常出现各种矛盾。

随着长三角一体化上升为国家战略，作为长三角一体化发展的核心要地，吴江肩负着为全国探索示范的时代使命。吴江立足区域水治理实际，积极协同周边单位，率先探索跨区域一体治水体制机制改革。通过构建一体化河湖治理体系，优化常态化水治理机制，破解了跨界河湖治理的传统难题，实现治水由各自为战、推诿扯皮走向协同合作、共治共享，各交界河道水质整体明显提升，从曾经矛盾不断的纷争河一变成为水清岸绿的友谊河。"联合河长制"有力擦亮了示范区"水乡江南"的生态底色，为推进生态治理区域一体化提供了先行示范。

示范区首个跨界湖泊滨水岸线生态修复项目——元荡
（图片来源：新华社上海分社）

一、坚持绿色生态理念，推动跨界河湖协同共治

（一）聚焦责任落实，打造河湖治理高效履职队伍

2019年，随着长三角一体化上升为国家战略，吴江与青浦、嘉善三地全域纳入长三角生态绿色一体化发展示范区。这就将对沪苏浙交界区域水生态环境治理的要求提到了新高度。吴江重点以全面推行河长制、湖长制为抓手，不断提升履职能力。一是逐河逐湖设立党政河长湖长，实现"有人管"；二是建立河长湖长牵头、河道主官为"纽带"的"交办、督办、会办、查办"工作机制，实现"合力管"；三是编制实施一河（湖）一策、一事一办清单，实现"管得住"；四是坚持目标导向，打造生态美丽河湖，实现"管得好"。

（二）强化一体联动，构建多元协同共治良好氛围

为进一步优化跨区域河湖一体治理，吴江协同青浦、嘉善等周边兄弟区县，编制完成《长三角生态绿色一体化发展示范区跨省河湖治理实施方案》，全面落实跨界联合河（湖）长治河护河政治责任，构建跨省界"联合河（湖）长制"：一方面，不断完善示范区青浦、吴江、嘉善三地总河（湖）长牵头抓总、各级基层河（湖）长恪守岗位的上下联动机制，突出重点难点问题交办督办；另一方面，不断完善三地河长制办公室与有关部门之间的横向联动机制，理顺工作关系，提高工作成效；同时，吴江不断完善政府机关、群团组织、媒体力量、社会公众之间的整体联动机制，形成全社会参与的河湖管理格局。

二、打破区域行政壁垒，构建规范高效体制机制

（一）建立联合巡河机制，实现巡河制度化

2021年，青浦、吴江、嘉善、昆山四地联合印发《长三角生态绿色一体化发展示范区跨界河湖联合河长湖长巡河工作制度》，明确联合河长巡河职责、内容、方式、频次等内容，实现了联合巡河的规范化与制度化。联合河长定期开展联合巡河，及时掌握交界河湖水事情况，发现问题现场会商、现场解决，最快速度解决交界河湖问题。近年来共开展联合巡河上千余人次，解决了大量的涉水矛盾纠纷。

青浦、吴江、嘉善三地河长开展联合巡河
（图片来源："上海市水务局"公众号）

（二）建立联合监测机制，实现监测互通化

交界河湖统一整合水质监测点，统一明确监测内容（氨氮、总磷等6项）、统一联合监测时间。吴江、青浦、嘉善、昆山协同打造"跨界联合河长制"信息化系统平台，建设基于"空天地水"即"卫星遥感+无人机+视频监控+地面监测站"的协同监测体系，加强信息共享和协同预警。建立基础信息月报互报制度，实现环境监测数据的互通共享。对涉及跨区域的重大水环境安全信息，做到第一时间通报，提升应急联动能力。

（三）建立联合执法机制，实现执法高压化

按照统一指挥调度、统一队伍建设、统一检查程序、统一执法力度和统一自由裁量的"五统一"原则，构建生态环境统一执法模式。实现环境执法跨界现场检查互认常态化，专业执法巡查队伍每季度至少开展一次定期联合执法巡查，对巡查结果、通报事项逐一研讨，明确解决措施，分头落实整改，有效打击涉水违法行为。

（四）建立联合保洁机制，实现保洁常态化

建立联合巡查、会商、打捞等一整套河湖联合保洁流程。通过全段委托、上下游分段、轮流养护和经济补偿等多种方式,划分明确交界区域河道、湖泊责任区域。建立专职保洁队伍,将管护责任落实到人,实现河面漂浮物源头互控,打捞设备人员互援,重点区域攻坚互助,上下游、左右岸协调联动。

(五)建立联合治理机制,实现治理科学化

在跨界河道治理过程中,更多从河湖自然属性角度进行规划,实现治理措施协调同步。在交界河道治理规划编制过程中,事前进行充分沟通,全面梳理河湖问题清单,从统一治理的角度共同谋划河道整治内容、整治规模、投资强度、整治时间等事项,对具体问题逐一立项,形成治理任务书,实现河湖治理联动化、科学化。2021年,编制完成《长三角生态绿色一体化发展示范区跨省河湖治理实施方案》,从河湖清淤疏浚、岸线绿化美化,到岸源污染防治、产业优化升级等方面全面协同推进跨界河湖综合治理。

青浦、嘉善、吴江三地执法部门针对太浦河流域生态资源公益诉讼子项目开展联合行动
(图片来源:"上海检察"公众号)

三、发扬改革首创精神,打造区域一体化发展先行示范区

(一)为全国范围内深化河湖长制提供先行示范

2018年11月,苏州市吴江区与浙江省嘉兴市秀洲区建立联合河长机制,开创跨越省级行政区划联合治水新模式。2019年,"跨界联合河长制"进一步复制推广,吴江区、青浦区、嘉善县、桐乡市、南浔区相

继签署协同治水协议。目前，一体化示范区交界河湖已实现"跨界联合河长制"全覆盖。示范区首创的"跨界联合河长制"，是在多年水污染防治的探索与实践中，逐渐建立的一种共治共享机制，具有很强的可操作性和可复制性。"跨界联合河长制"工作经验先后被编入中共中央组织部《贯彻落实习近平新时代中国特色社会主义思想、在改革发展稳定中攻坚克难案例》丛书，国家发展和改革委员会"中国改革2020年度50典型案例"，为全国范围内深化完善河长制、推动跨行政区域河湖协调衔接提供了典型示范。

（二）为坚持生态绿色发展提供路径模式

水是流动的，污染物是漂动的，河湖是一个有机整体，本身没有行政界线，河道不能分段治。只有遵循河湖本身的自然属性，打破治理措施的人为割裂，河湖治理才能取得事半功倍的效果。吴江改革跨界河湖治理模式，通过跨区域协同统筹开展综合治理，符合系统化、全流域治水的科学规律，为坚持生态绿色发展导向、推进区域治理一体化提供了新的路径模式。

（三）为加快区域一体化发展提供典型引领

"不破行政隶属、打破行政边界"，推动区域一体化体制机制改革创新是作为长三角生态绿色一体化发展示范区的吴江的题中之义。吴江作为一体化示范区的重要主体，以联合河长制为纽带，打破区域行政壁垒，推动区域统筹协调和经济社会多方面深度融合，为加快长三角一体化发展、实现从区域项目协同走向区域一体化制度创新提供了可复制、可推广的范例和引领。

长三角区域一体化上升为国家战略已经走过5个年头，以联合河长制为代表的一体化体制机制创新，改善了基层治理，提升了区域生态发展质效，展现了长三角地区人民群众在一体化实践中勇于突破、善于创新的卓越智慧。如今，一体化发展正驶入快车道，长三角必将迎来更加充满发展活力和更多美好憧憬的一体化发展新时代。

（中共吴江区委党校　肖安元）

孤岛乡村的蝶变之路

聊起苏州昆山，来过的人一定可以侃侃而谈，但说起吴淞江南岸的张浦镇金华村，知道的人或许很少。不过，就是这样一个名不见经传的小村庄里，藏着许多和美乡村发展的故事。

30多年前，金华村四面环水，是一个村级经济不发达、基础设施落后、公共文化服务欠缺的偏僻闭塞村庄。从一个卫生环境脏乱差、群众出行靠摆渡、"外来姑娘"不愿嫁的"孤岛"村，蝶变成远近闻名的全国文明村、中国美丽宜居示范村庄、全国妇联基层组织示范村，金华村的蜕变之路值得思考与借鉴。

一、一场变革：注入增收源头活水

（一）奔赴坦途，村里有了"摆渡人"

"要想富，先修路"，这句口口相传的朴素话语，蕴含着老百姓对修路致富实践的高度认可。金华村脱贫致富的实践也要从造桥修路说起。20世纪90年代以前的金华村四面环水，俗称"小台湾"，群众出行靠摆渡，走的是泥泞路，交通的不便严重阻碍了金华村的发展，当时金华村集体经济收入不足24万元，条件差、底子薄、开发难。拥有一座像样的金华大桥成了金华村人的迫切需要。

1991年，汤仁青当上了金华村党委书记，为了拔掉"穷根"，他决心带领村民造桥，但造桥工程的开展并不容易。"造这座桥，最大的困难就是经费问题。"汤仁青说。整项工程核算下来需要150万元左右，这对当时这个经济薄弱的村子来说，无疑是一个天文数字。为了筹集资金，汤仁青领着一众村干部东奔西走，四处筹款，跑断腿为建设金华大桥筹集了124万元。

两年后，横跨吴淞江的金华大桥建成了，孩子上学、大人工作都方便了许多，村民们由衷地将金华大桥称作为后代造福的"幸福桥"，这座桥也翻开了金华村人命运的崭新篇章，汤仁青成了全村人的"摆渡人"。

（二）筑巢引凤，村里添了"致富经"

"乡村要振兴，产业是关键，没有产业支撑，一切都是空谈。"金华村党委书记、村委会主任丁新良说。为了做大做强村级经济，实现乡村产业振兴，金华村人善抓机遇、乘势开拓，用活了"一村二楼宇"政策，拆除村内"三老"（老厂区、老街区、老片区）资产，到张浦镇工业园区换得0.05%建设用地指标，在异地建造打工楼、标准厂房，利用现有村集体资产购买镇中心店面商铺、异地不动产共计约9.8万平方米，在盘活老旧资产的同时大大增加了村集体经济收入，为金华村下一步产业振兴计划提供了极大的资金支持。

实现乡村产业振兴，除资金支持外，最大的问题就是土地资源。为给本村经济发展留下足够的空间，金华村创新发展"村集体主导"模式，由集体经济组织对集中连片的闲置宅基地及农房进行动迁安置，对腾退宅基地自主投资统筹再利用，开发建设物业进行出租，拉满老旧厂房修缮改造"进度条"。

资金和土地支撑，加上金华村人敢想敢干、敢闯敢试的精神让一只只金凤凰源源不断地飞进了金华村，金华村的发展焕发出全新的活力。

（三）腾笼换鸟，村里按了"美颜键"

乡村振兴，生态宜居是关键。为此，金华村又在发展质量上做文章，通过"腾笼换鸟"，"换"出了新动能。金华村大力整治和清退"散乱污"企业，全村共腾退面积1万多平方米的厂房。利用腾出的土地，金华村引进优质工商资本，积极搭建田园客厅平台。当前，金华村正在与上海国盛思尔腾集团合作，立足于建设"田园客厅"目标，以农、文、旅结合为产业核心，打造集农事体验、艺术田园、乡村众创、亲子度假于一体的产、学、创、游相结合的乡村振兴综合示范区。

得益于农、文、旅深度融合发展，如今的金华村稳定性收入超2300万元，村经营性资产近1亿元，村民人均纯收入超5.77万元。村容村貌焕然一新，呈现出一幅"村在园中、房在景中、人在画中"的水乡美景。产值与颜值兼具、面子和里子均实。

二、一个IP：激发乡村鲇鱼效应

（一）"匹格"IP诞生记

"匹格村落·岛外民宿""匹格·拾月派对""匹格双创产业园"……打造"匹格"IP是金华村依托自身资源禀赋、全面激活乡村文旅产业的关键一招，正是这个IP让金华村焕发出新动能。

"匹格"IP的诞生离不开金华村人的大胆创新。2021年9月，上海国盛集团旗下乡村振兴专业运营平台——思尔腾科技与张浦富民合作平台——乐浦强村投资发展有限公司合资成立昆山思尔腾科技服务有限公司。为了充分发挥专业运营人才的能力、资源、人脉优势，金华村的产业运营几乎均由思尔腾接手。打响金华文旅品牌，需要一个统一的文旅IP，对此，金华村人想到了金华特产——金华腊肉。金华村人选取了猪的英文单词"pig"的谐音"匹格"对IP进行命名，并由思尔腾实际运营该IP。

思尔腾的入驻叫响了"匹格"IP，将金华村打造成集农事体验、艺术田园、乡村众创、亲子度假为一体的产、学、创、游相结合的乡村生活体验目的地，一批又一批参观团、旅游团纷至沓来，感受"匹格"魅力。

（二）联营孵化搭建融合发展平台

各地发展乡村文旅综合体之风盛行，如何长盛不衰，避免陷入各领风骚一两年的窘境是金华村人常常思考的问题。为了让金华乡村文旅综合体保持长久的生命力，思尔腾科技、乐浦强村投资发展有限公司和金华村三方各出资200万元共600万元成立"浦腾壹号"母基金，采用"基金+运营"模式，孵化乡村文旅、资产盘活类等项目。

"匹格村落·岛外民宿"就是以联营孵化方式引入的首个基金孵化项目。从母基金中拿出50万元注入民宿项目，7个社会投资主体加上管理团队再出资100万元，共同成立了"浦腾贰号"子基金，作为专项资金用于民宿硬装改造、软装投资及运营孵化。

民宿融入整个村的文旅项目中，整个村的文旅项目又给民宿带来了源源不断的客源。基金孵化后，"匹格村落·岛外民宿"半年度实现营收超 60 万元，获评苏州特色民宿客栈第二名。

（三）匹格流量带来致富良机

匹格村落的流量为金华村人带来了致富良机。随着乡村业态的逐步开发，多元化格局也为村民提供了更多的就业岗位。丁新良表示："就业岗位优先提供给村民，村庄保洁、绿化养护的工作目前全部由村民来做。对于相关小型业态，鼓励村民参与入股，建设运营的利润也可分红。"

在匹格村落上班的村民喜笑颜开。"在家门口工作，每月有 6000 元的收入，还能及时照顾老人和孩子，这在以前是不敢想的。""相比以前，现在的生活太幸福了，村里就像个旅游景点，看到一张张笑脸每天都很开心，到处都是挣钱的机会。"

金华村做好产业富民、就业富民、创业富民三篇文章，老百姓的日子越发美了，幸福感越发强了。

漫步金华村，老人悠闲地听着戏曲，孩子聚精会神地诵读绘本，一派其乐融融的景象……一栋栋小洋房错落有致，与平坦的道路、摇曳的花草一起，绘出了一幅和美乡村新画卷。

（中共昆山市委党校　史燕群、范怡雯、万宇）

"一根草、一头羊、一袋肥、一片田"
——以现代循环农业为引领的东林之路

东林村是太仓市城厢镇的一个行政村。该村村域面积7平方千米,全村共有42个村民小组,768户农户,人口2714人,耕地4400亩,每年村集体可支配收入超3200万元,村民人均可支配收入近5万元。近年来,东林村先后被评为国家级生态村、国家森林乡村、江苏省文明村、江苏省民主管理示范村、江苏省卫生村、全国乡村治理示范村。

东林村依托集体经济组织,通过"一根草、一头羊、一袋肥、一片田"的"四个一"农牧循环,摸索出一条现代农牧业循环发展的路径,成为远近闻名的新时代乡村振兴典型。

一、"四个一"探索现代循环农业新模式

循环农业是东林村的金字招牌,构成了东林村经济社会发展的重要基础,多年的探索实践,东林村走得大胆又稳健,形成了"种植—秸秆饲料—养殖—有机肥料—种植"的生态循环模式。这种"优质稻麦种植、秸秆饲料生产、肉羊生态养殖、羊粪制肥还田"四轮驱动循环模式,被东林人形象地概括为"一根草、一头羊、一袋肥、一片田"。

"一根草"。东林农场利用现代化秸秆收集设备,将稻麦产生的秸秆收集到饲料厂加工成饲料。原本是废料的稻麦秸秆收集后,加工制作成牛羊饲料,实现了秸秆综合利用的最佳选择。

"一头羊"。东林村生态羊场养殖的本地特色——湖羊,年出栏育肥羊6000头,平均每只羊每天可消耗约2千克的秸秆饲料。

"一袋肥"。羊粪收集进入肥料厂后,通过混合秸秆、菌渣发酵生产有机肥,年均可产生3000吨生态有机肥料,大大提高了土壤的有机质。

"一片田"。东林村以稻麦两季为主,加上生态果园,主要生产稻麦果蔬。稻麦田和生态果园生产出优质稻米蔬果,有机肥施用于农田,稻麦田产生新的秸秆。

"一粒米、一头牛、一根芽、一根菌"。东林村循环农业进入"2.0模式",在原有基础上增加了"一粒米""一头牛""一根芽""一根菌"四个新节点,东林村在发展生态循环农业的基础上,大力发展农产品深加工,先后创办了金仓湖米业公司、金仓湖食品有限公司、芽苗菜生产基地等,拓宽了特色农业发展道路。

二、"一群人"展现新时代东林人新气象

党建引领、先锋带头。东林村始终坚持"党建引领乡村振兴"的思路,通过加强党的基层组织建设,充分发挥基层党组织的战斗堡垒作用和党员的先锋模范作用,促进村级事务和集体经济蓬勃发展。

20世纪90年代,在东林村经济发展面临各种困难之际,苏齐芳开始担任村支部书记,他既有企业家的敏锐目光,又有乡村干部的务实作风,更有共产党员的为民情怀。他抓住东林村的几次重大机遇,选择发展循环农业的独特道路,实现了富民强村的愿望。苏齐芳先后荣获江苏省"吴仁宝式优秀村书记""苏州市优秀共产党员"等荣誉称号。

合作农场奠定农业机械化基础。前些年,城镇化进程加快,村里的许多年轻人都选择外出打工,"谁来种地""地怎么种"成为困扰当地发展的难题,东林村也不例外。

2007年,东林村开展土地整治,通过土地流转、复垦,建设2000多亩的高标准农田,成为太仓市第一个全面完成土地综合整治的村庄。

如何让整治后的耕地出效益?村民纷纷要求改变农村生产方式,抱团求发展。"合作农场"在此背景下应运而生。

2010年5月,东林村组建了负责稻麦、果蔬等产业的专业合作社,实行集中管理、连片经营,首先解决了全村450多位失地中老年农民的就业问题,当年盈利超100万元,实现了村集体财政和农民钱袋子的"双增收"。

自2012年开始,东林村提出"大承包、小包干"的种粮激励政策,组建合作农场,开发融承包制和合作制优势于一体的农村经营新模式,深化农村集体经济产权制度改革,由村集体发起组建农场专业合作社、投资富民合作社、农村劳务合作社等各类农村新型集体经济主体,引导

村民全面参与合作经济组织的生产、加工、仓储、销售等过程。

土地经营权掌握在村集体组织手里，有助于总体规划，进行种养之间的合理配置，而村劳务合作社则将全村的劳动力组织起来，统一进行安置，实现集体和村民共同发展、共享成果。

农业新兴技术提供有力支撑。现在东林农场通过标准化、机械化，以及数字化、电气化种植粮食，只要10来个人，就可以种植2200亩土地。

东林村积极与高校、科研院所对接，南京农业大学、江苏省农业科学院等多家科研单位在东林村创办合作研发项目，并与江苏省农业科学院合作建立秸秆饲料化产业研究院。东林村的生态种养循环农业模式获"国家级星火计划项目"证书。

东林村从韩国、德国、日本引进先进生产设备，还建成了以智慧大脑为支撑的一体化农业平台，引进智能灌溉、北斗导航、飞防植保、激光平整等新兴科技，实现农业"四精准"，助推全程机械化。

共同富裕见行见效。东林村实施"四个一"惠民工程，即为每一个村民"提供一张社保卡，一个就业岗位，一份股份分红，一份资产租赁收入"，2022年达到退休年龄的东林村民人均月退休金约为2000元，70周岁以下再就业农民月工资4000元左右，户均年股金分红1000元左右。

此外，村党委还成立睦邻基金，发放村民福利，包括130斤富硒大米、300元蔬菜补助、360元"十不"规范考核奖励、200元家财险及大病补助等10项福利，力争让村民进一步共享乡村振兴发展成果。为进一步照顾东林村老年人口，村党委在小区附近建设了家门口的养老院——晚晴睦邻服务中心，建筑总面积达3000平方米，内设食堂及棋牌室、保健康复室、理发室等，针对高龄或者行动不便的老年人还可上门送餐、上门量血压等，为东林村老年人提供多种暖心服务。

三、"一列车"牵引现代田园城的农、文、旅融合发展新思路

稻田不仅产优质大米，还是乡村旅游的景点和循环农业的起点，东林村在循环农业发展的基础上，树立"构建生态农业、建设美丽乡村"

的发展理念,将生态循环农业发展融入全村发展规划,加快文化旅游产业发展,先后建设了穗月广场、名人水街、"田园新干线"观光小火车等文化旅游项目,形成了"味稻彩虹路""现代田园路""水街风光路"等乡村振兴带,让更多的游客流连忘返于水乡韵味和田园风光中,感受新时代鱼米之乡的幸福底色和美丽画卷。东林村每年接待各地参观团队700批次和游客30多万,实现了经济和生态双赢,走出了一条"农田变景区、田园变公园"的农旅融合发展、农民增收致富新路。

随着一、二、三产业的融合发展,如今,一幅产业强、生态美、人气旺的乡村发展画卷正在东林村徐徐铺展,成为诠释太仓"现代田园城 幸福金太仓"的最美窗口。

东林村的实践探索充分证明:以农业为主、以粮食生产为主,依靠农村集体经济组织,凭借先进的技术与科学的经营范式,一样能够实现乡村振兴,在保障粮食安全、提升生态文明的同时,实现广大村民共同富裕的美好愿望。

(中共太仓市委党校　张杨)

第八篇

防风险、守底线：在高质量发展和高水平安全良性互动上交出新答卷

核心提要： 在全面开启社会主义现代化强国建设的新征程中，高质量发展是高水平安全的基础条件和能力保障，激发高质量发展的同时必须将高水平安全贯穿于各领域、全过程，实现高质量发展和高水平安全的良性互动。苏州始终牢记习近平总书记赋予的代表未来发展方向、走在前列的光荣使命，在"安全"上自我加压，努力交出经济发展、安全稳定高分报表。全力构建安全防范长效机制，坚持安全第一、预防为主，深层次化解存量风险，多角度防范增量风险，全方位应对变量风险，有效提升本质安全水平；塑造安全发展营商环境；进一步完善数据安全治理体系，为新质生产力的快速发展筑牢坚实的数据安全屏障；大力推进网格化、专业化、数字化监管，全面推动企业加强全员化、实体化、手册化建设，促进社会稳定，维护社会发展；不断创新安全文化理念，营造公共安全文化氛围，擦亮城市安全发展新名片。

防风险、守底线：在高质量发展和高水平安全良性互动上交出新答卷

统筹发展和安全是我们党治国理政的重大原则，也是社会主义现代化建设的宝贵经验，习近平总书记对此高度重视，明确要求各级党委和政府、各级领导干部牢固树立安全发展理念。要始终把人民群众生命安全放在第一位，牢牢树立发展不能以牺牲人的生命为代价的观念。2024年，习近平总书记参加第十四届全国人民代表大会第二次会议江苏代表团审议时特别强调要抓好安全生产，进一步做好安全隐患排查，强化预警监测，落实应急措施，保障人民群众生命财产安全。苏州坚决贯彻中央和省委的决策部署，深刻认识安全生产工作的极端重要性，时刻保持归零意识、忧患意识、前瞻意识，加强风险管控，整治安全隐患，抓紧、抓细、抓实安全生产各项工作。

一、防控"三种风险"，提升本质安全水平

近年来，苏州安全生产形势虽连年保持稳定趋好态势，但作为全球第一大工业城市，固有风险依然面广、量大、线长、点多，动态风险管控任务重，防范化解和整治攻坚挑战大。要有效预防事故发生，须有针对性地精准辨识各类风险隐患。

（一）深层次化解重点行业领域的存量风险

苏州在对全市生产安全事故年度汇总分析的基础上，因地制宜聚焦20个重点行业领域，特别紧盯危化品、交通运输、建筑施工等重点行业领域，形成专项整治总体方案和专项方案的目标任务，逐条逐项明确任务和措施。

1. 抓细、抓实，梳理处置重大隐患

苏州各级地方领导不定期以"四不两直"方式深入"九小场所"，通过现场查看，深入分析事故隐患，全面排查监管过程中存在的短板弱项和漏洞盲区；在全市范围建立领导蹲点挂钩村（社区）机制，推动全市打造一批安全生产示范村、示范企业；依托社会面"小场所"安全治理系统，精准指导社会面小场所、多业态混合楼宇单位开展安全隐患自查和网格员巡查；进一步完善有关工作制度，落实事故防范措施。2024年5月，苏州市委办公室、市政府办公室会同苏州市安全生产委

员会办公室,对下辖的10个县(市)区安全生产工作进行了检查,检查了26个点位,共发现87处安全隐患问题,结合安全生产检查反馈问题的整改落实,进行"回头看",确保闭环管理。

2. 抓重点领域,深入整治,防患未然

以重点领域专项整治为抓手,推动隐患整改。在交通运输行业,为管住人的不安全行为,苏州所有"两客一危"重点营运车辆都已安装主动安全智能防控系统,通过人脸识别等新技术,及时发现和消除驾驶员不安全驾驶行为;为管控物的不安全状态,严格开展营运车船的定期检测和安全例检;为化解环境的不安全因素,根据季节变化和不同的复杂路况,适时对公交、客运等运行线路进行调整;为消除管理的缺陷,出台道路运输企业考核办法,通过大数据等信息化手段,对重点企业实施分类、分级精准监管。在危化品领域,实施风险分级管控,形成问题隐患和整改措施"两个清单"及"一企一策"整治方案;对部分危化品企业实施关停并转搬以压减重大危险源;严把项目准入关口,从源头降低风险、杜绝隐患;持续推进化工园区和危化品企业信息化建设,推动重点化工企业全流程自动化改造,推动危化品企业"工艺低危化"改造;推进化工园(集中区)等级评定和安全整治提升;开展危化品企业老旧装置安全风险防控专项整治;同时,线上线下双向发力,对危化品企业开展全覆盖排险除患。紧盯城镇燃气安全专项整治,完成公共场所安全风险、老旧管道摸底排查,改造老旧管网,推动工商用户安装燃气泄漏报警保护装置。在工矿重点领域,加快"四个一批"实施进度;鼓励企业进行智能化改造,推动企业标准化建设,提升本质安全。通过购买服务,引入专业机构参与模拟测评和第三方抽查,推动"保险+服务",帮助企业管控风险,提升水平。

3. 设督办机制,跟踪督办重大隐患

对高危行业领域的生产、经营、建设过程中有可能导致重特大事故、危害和整改难度较大、应当全部或者局部停产停业治理方能排除的隐患,经各地各部门排查梳理报告,筛选审定并征求意见后以市政府名义督办,采取一次性确定和动态挂牌相结合方式。明确定期申报、跟踪督办、档案管理、动态管理、责任考核五项工作机制,落实重大隐患全过程跟踪督办,每季度对各级挂牌督办项目进行督查抽查,检查通报工作进度。对完成整改的市级项目进行现场验收,并通报进展情况,每半年对现存重大隐患进行"回头看"。对日常排查发现的各类重大隐患,特别是对于存续时间长、安全风险高、整治难度大的区域性隐患、深层次隐患,实施动态挂牌督办。

(二) 多角度防范交叉行业领域的增量风险

1. 以联动机制促风险预防

深入剖析国内外同期发生的重大事故,相关部门积极梳理排查整治,建立部门联动机制,推动相关部门共同"向前走一步",消除监管盲区,堵塞漏洞。众所周知,气象预报信息是做好应急处置工作的基础和支撑,有效防灾减灾必须全力以赴筑牢气象预警第一道防线,以及时、科学、高效、专业的气象监测预报预警助力提高防灾减灾水平。为此,苏州市应急管理局与苏州市气象局召开工作对接会,以进一步强化合作联动,开展信息共享,提高气象预报的精准性,建立定期会商研判工作机制,完善预警信息发布和应急响应联动机制,丰富气象数据赋能应用场景,通过"小巧灵"的举措,推动靶向预警、精准防控、科学处置,实现应对突发事件能力的"大提升",做好极端灾害天气防范和应对处置工作。

2. 以综合监管补短板弱项

因新兴业态未知风险管控难度大,安全可靠性还需充分论证评估。在加氢站安全管理上,2021年苏州出台全国首个规定,明确了相关部门的具体责任,对加氢站建设审批、日常监管、应急处置等方面起到了很好的监管指导作用,有力保障了行业的健康发展。为有效防范和坚决遏制电化学储能电站安全事故发生,组织相关部门、相关人员和专家,开展电化学储能电站安全风险隐患专项整治,进行"回头看"联合检查。针对发现的各类问题隐患,督促相关行业部门实现跟踪闭环。

(三) 全方位应对其他方面的变量风险

1. 定期开展风险研判处置

每月围绕安全生产、自然灾害等,由苏州市安全生产委员会办公室梳理中高风险并提出防范措施建议,督促各地、各部门抓好落实。同时,强化应急准备,做好值班值守和信息报送,落实灾情会商研判、应急力量前置、灾情统计评估、应急物资储备调用、基层防灾减灾责任机制。

2. 结合特殊时间节点研判处置

在气候干燥时节提前发布森林防灭火警示,开展全面部署,完善基础设施,提升人防、物防、技防水平,组织防火巡查,强化火源管控,前置应急队伍,做好备勤值守;雨雪冰冻天气期间,组织好应急抢险队伍,安排人员随时待命,准备好各类应急装备、应急物资等。夏季晴热高温,提醒各地、各部门单位要切实督促各类生产经营建设单位,坚决防止因盲目蛮干和"三违"行为引发生产安全事故,严格执行夏季高温天气防暑降温、劳动保护、停止作业等有关规定。统筹做好供电、供水、供气等调度保供工作,确保安全度夏。同时做好防灾救灾和防汛工作,全力防范应对强对流极端天气,及时会商研判,做好预警提示,发送气象专题服务单、气象灾害提示单、发布预警。组织汛前安全检查,督促重点圩区、自然保护区企业明确防范应对措施,做好转移避险准备。在春节、清明节、"五一"假期等重点时段,苏州市党政主要领导直接深入现场专项督查检查。

3. 延伸风险防控触角

在省级以上报纸、微信公众号上加大宣传力度,与市本级主流媒体合作,开设专版专栏,宣传安全生产工作;持续提升全民安全意识,加大对新《安全生产法》的宣传贯彻,做深做实市、县、镇三级安全宣传。持续推进"百团进百万企业千万员工"、"四个一"说安全、安全宣传"五进",开展安全生产月、"5·12"全国防灾减灾日等系列宣传活动;加强阵地建设。与常熟理工学院共建苏州应急管理技术学院,成立由政、校、行、企共同组成的理事会,推动合作事项,建设完成苏州市安全生产考试中心,组织开展各级各类安全生产培训。全市应急管理系统依托1个新时代文明实践分中心、3个行动支部服务基地、10个新时代文明实践站、116个文明实践基层点位,做精擦亮城市安全新名片;开展"百校百馆"工程,推动镇(街道)设立安全学校,推进建设公办体验馆和企业体验馆。

二、"一网统安",推动数字政府网络安全建设

(一)苏州探索"一网统安"联防模式

首先,打造"一网统安"联防范式。"一网统安"是运用现代化科技手段打通网络安全边界,深化网信、公安、大数据局等职能部门的网络安全图谱,利用网络安全数据推动网络安全共建、共享、共治,最终实现苏州市数字政府网络安全的统筹、统管、统建、统防,将网络安全从分散向集中转变、从被动处置向主动发现转变。其次,夯实"一网通用"安全基座。"一网通用"强调"云""网""数""枢""安"等能力,其中"安"就是"一网统安"基础阐述,提出了"云网安一体"的安全防护体系,即利用主动防御思想,提高"一网通用"的安全水平,依据法律法规,加强数据安全和隐私保护,通过多级协同,形成市域一体化的安全运营机制。再次,"一网统安"是"一网通用"的补充,宏观性地阐述主动防御框架,将终端安全、网络安全、云安全、应用安全和数据安全等内容有机融合,构建清晰、明确的安全能力框架和协作关系。数字安全是系统性工程,应从顶层设计着手,打通网信、公安、大数据等单位职能,构建市域安全运营中心,加强数据安全和隐私保护,通过多级协同,形成市域一体化的安全运营机制,提高"一网通用"的安全水平。

网信、公安、大数据管理局作为"一网统安"的先行实践典范,聚焦落实重要保护措施,积极开展网络安全保护、数据安全保护、政务云安全保护、网络安全实时监测、信息通报预警、事件应急处置和网络安全攻防演练,构建市域数字安全保障体系,促进数据要素规范融合开发,推动网络空间安全有序发展,全面提升数字政府网络安全整体保护

能力和水平。

(二)"天盾工程"实践,构建市域数字安全保障体系

1. 打造全局网络安全监测预警

为全面提升苏州市城市网络空间安全防护能力,苏州市委、市政府在《关于全面推进数字苏州建设的意见》中明确,围绕"数字安全",由苏州市公安局牵头推进"城市网络空间防护体系"(又称"天盾工程")建设工作。自2022年以来,苏州市公安局全力投入"天盾工程"项目建设工作,重点围绕前端感知设备建设、防护平台建设和运营服务体系建设三个方面开展工作。2023年,城市网络安全防护平台已全面建成并在市、县两级部署应用,平台共汇聚网信、公安、通信管理、大数据及网络安全厂商数据1000余万条,实时接入前端检测设备,采集数据和互联网情报信息,开发了基础档案、实时监测、情报信息、等级保护、通报预警等系统功能。通过构建一套完善的城市网络安全解决方案,实现各类网络安全案(事)件"早发现、早预警、早处置",已发现处置网络安全事件1262起,协助修复网络安全高危漏洞304个,全市网络安全事件较2022年同期上升26.3%,全市漏洞发现整改数较2022年同期上升21.3%,大量网络安全威胁在初期就被发现处置,全市网络安全事件和漏洞的发现、通报及处置的闭环工作体系进一步构建完善,企事业单位落实网络安全保护义务的能力得到提升。

2. 组织全域网络安全攻防演练

为检验苏州市数字政府网络安全整体防护能力,自2023年以来,苏州市公安局依托城市网络安全防护指挥中心和安全防护平台建设,组织开展全领域覆盖的数字政府网络安全实战攻防演练,面向全市党政机关、重点单位等开展了5次网络安全攻防演练行动。其间,邀请了全国顶尖网络安全攻击队伍,对全市200余个政府信息系统,500余个企事业单位信息系统,开展实兵、实网、实战攻防演练,发现并清除各类网络安全隐患,优化应急处置机制。目前,苏州市公安局网络安全支队利用天盾平台及攻防演练结果,建立苏州市网络安全评估指数,对政府、企事业单位的网络安全状态进行量化,形成红色、蓝色、橙色、绿色等网络安全状态标识，利用网络安全指数，有针对性地开展分类分级安全保障服务，促进数字政府网络安全整体水平全方位提升。

（三）数据安全实践，促进数据要素规范融合开放

1. 建立健全地方数据安全规范

习近平总书记指出，要坚持促进发展和依法管理相统一，既大力培育人工智能、物联网、下一代通信网络等新技术、新应用，又积极利用法律法规和标准规范引导新技术的应用。随着海量数据加速产生、应用和流转，数据要素汇聚亟须立法推动，公共数据开放亟须立法规范，业务应用创新亟须立法引领，加快推进苏州市数据安全立法势在必行。苏州市政府高度重视数据立法工作。2022年10月28日，苏州市第十七届人民代表大会常务委员会第四次会议通过《苏州市数据条例》，自2023年3月1日起施行。《苏州市数据条例》包含以下几个方面：一是明确了各级人民政府及部门在数据治理工作中的具体职责分工，创新性地提出"数据共治"概念，建立政府主导，鼓励、引导和规范社会参与的数据共治体制，并形成区域数据治理合作机制，为全市数据管理工作构建了制度框架。二是聚焦公共数据。对公共数据采集、编目、归集、共享、开放等工作做出一般规定。重点围绕公共数据开放，对开放原则、开放属性、开放主体等内容进行了具体规定，同时提出要积极探索建立公共数据授权运营机制，充分挖掘公共数据价值，促进公共数据内外"双循环"。三是促进要素流动。提出要加强产业、民生、治理等方面的数据利用，推动信息基础设施、数字经济、数字征信等领域的数字化进程。重点聚焦数据要素流通，对数据资产管理、数据交易流通、数据要素市场做出了原则性规定，为后续数据交易落地实施提供法律保障。四是理清数据权责。围绕数据权益，界定了在数据流通过程中自然人、法人和非法人组织的权利与义务；聚焦数据安全，提出了数据安全责任制、分类分级管理等体制机制要求，为数据安全保障提供了指导性意见，进而明确法律责任，对违反条例规定的各类行为的法律责任做出了具体规定。

2. 系统推进政务数据治理融合

数据日益成为社会经济发展的重要生产要素，数字政府快步迈入以"数据挖掘、应用融合"为特征的新阶段，加强政务数据治理成为推动数字政府建设的内在需要和必然选择。自2021年起，苏州开展全市政务应用清理整合工作，经过一年多的时间，共清理整合政务APP、微信公众号、小程序等移动端政务应用228个，工作取得了初步成效。通过建立技术与管理相结合、贯穿数据全生命周期的制度体系，实现注重实际效益清理一批、加快内部集约整合一批、统一服务入口对接一批，将所有面向自然人、法人提供的政务服务向"苏周到""苏商通"主动接入，以此集中各部门最优秀的服务力量、技术力量、运营力量，打造统一、优质、高效、便捷的互联网移动端政务应用，服务市民百姓。通过开展政务系统整合共享，逐步解决长期以来政务信息化建设"各自为政、条块分割、烟囱林立、信息孤岛"等问题，实现政务数据资源跨层级、跨地域、跨系统、跨部门、跨业务的协同管理和服务。

3. 推动构筑政务数据共享、开放

政务数据的有序共享与开放，能够让其在不同主体之间进行科学流转，进而有效提取并整合相关领域的关联数据，使之产生新的价值数据，以此提高政务数据利用率与增值空间，促进以数据为驱动的城市科学决策体系的形成。2022年，苏州市公共数据开放平台上线，平台融合了35个开放部门的22类主题数据，开放了290个接口，实现了"可用不可见"模式下的数据开放与开发利用，促进城市数字治理，赋能数字经济发展，保障社会民生，提升政府管理理念，实现政府治理体系和治理能力现代化。为规范和促进本市公共数据开放安全管理工作，加快政府数字化转型，推动数字经济、数字社会发展，苏州市大数据管理局根据相关法律法规和国家有关规定，结合本市实际，制定了《苏州市公共数据开放前安全审查指南》和《苏州市公共数据开放安全管理制度》，落实数据质量责任，破除制约数据交换、共享和开放的体制机制性障碍，提高数据可用性、安全性、交融性，提升数据使用价值，加快实现政务数据合理有序流动，全面赋能数字政府建设。

（四）网络安全实践，推动网络空间安全有序发展

1. 组织开展政务网络安全普查

为全面排查政务领域网络安全、信息系统安全和数据安全风险隐患，及时堵塞网络安全漏洞，全面提高政务网络和信息系统安全防护水平，为"数字苏州"建设营造平安稳定的网络环境，2022年6月，苏州在全市政务领域开展了为期3个月的网络和信息系统安全普查。政务领域安全普查的内容分为两个方面：一是政务系统网络安全保护情况，包括网络和信息系统的物理环境、通信网络、边界管理、技术防护措施、安全审计、日志留存、管理制度等方面的落实安全保护情况；二是政务数据安全保护情况，包括数据（特别是公民个人信息及其他敏感信息数据）的收集、传输、存储、处理、备份、恢复、销毁等全生命周期各环节安全保护工作落实情况。本次普查由市、县级市（区）两级大数据管理部门和公安机关联合推进，各地各部门全力配合，分为网络安全自查、远程技术检测、现场监督检查、督促整改完善四个阶段开展。其中，网络安全自查阶段，全市共有585家政务单位对2400余个政务系统开展安全自查；远程技术检测阶段，共组织92家次技术支撑单位、245人次专业队员，开展远程渗透测试、漏洞风险扫描，发现并通报安全隐患3160个；现场监督检查阶段，共组成11支联合检查组，分赴相关重点单位开展现场检查114次，发现安全管理隐患389个。本次普查面向全市乡镇以上各级政务部门建设、使用、运营或维护的网络与信息系统等信息化资产落实安全保护情况，实现了隐患发现能力的全面提升，是苏州覆盖面最大、成效最明显的一次网络安全大检查。

2. 开展安全态势感知平台建设

以构建全面发现、快速响应、有效保障的安全管理机制为目标，建设电子政务外网态势感知平台。通过数据采集与关联分析、数据计算与存储资源、大数据计算与分析能力、威胁情报驱动、基于规则链的自动检测、自动化的告警响应处置、调查分析及安全态势感知的建设，利用本地全量的网络和主机行为日志，以及云端威胁情报和内部网络数据进行深入分析，利用搜索、统计、可视化关联等方法和技术，将采集到的

数据和威胁检测、分析的结果按照网络及业务逻辑结构实时地呈现出来,以不同的视图给不同的安全管理角色展示不同维度的威胁数据,能够对所关注的内容一目了然,对安全态势有全局性的把控,有效构建了苏州市政务外网的主动防御能力,实现对安全威胁的提前感知与预测预防,对正在发生的安全事件的实时防御和响应处置,对潜在的安全威胁的持续监测,对已发生的安全事件的分析溯源。结合政务外网安全事件报告和处置管理制度,确保通告及时、处理有效,最终实现"看得见、用得好、管得住"的安全目标。

3. 持续完善政务云安全建设

按等级保护安全级别划分互联网接入域、安全管理域、数据中心资源域等,实施有针对性的安全防护措施。强化边界安全防护,在互联网出口处部署防火墙、抗 DDOS 攻击设备和负载均衡设备,对 DMZ 区通过 Web 防火墙、防毒墙和 IPS 进行隔离防护,资源区通过防火墙、Web 防火墙和 IPS 进行过滤防护。建成政务云安全平台,针对虚拟化平台的安全需求和特性,从主机层、东西向、南北向、应用层进行立体防护,提供深度适配、松度耦合的云安全能力,形成一体化安全防御体系。强化服务器安全管理,通过奇安信安域、知道创宇进行云安全防护及流量清洗,部署 onedns 平台,拦截恶意外联行为,使用虚拟化防病毒系统对服务器系统防护进行统一管控。定期对服务器、网络设备、安全设备等进行安全漏洞扫描,对发现的安全问题及时通知相关单位处理。规范政务云运维,编制《苏州市级政务云运维规范》,明确云资源提供、使用、管理部门职责边界和标准流程,严格按照职责权限划分标准,做好政务云资源申请使用管理、运维机构和人员管理、政务云平台安全应急管理、政务云平台服务质量评估等工作,提升运行效能。

三、"六化建设",压实基层安全生产

安全生产的大量工作要靠基层落实,关键也在基层。俗话说,"基础不牢,地动山摇",只有抓好基层基础,才能实现本质安全。

一是重点落实基层网格化建设。根据辖区工业企业(重点领域、混

合楼宇、九小场所）数量和分布情况，优化监管网格，合理划分网格，形成辖区监管网格图；配置与监管网格相适应的安全网格员队伍，按照每60~80家企业配备一名网格员的要求进行配置。有条件的地区可适当增配人员；制定完善安全网格员职责清单、行为规范，进一步明确人员的工作职责、工作任务，规范工作行为；组织安全网格员培训，原则上新进人员必须参加24个学时的安全生产通用基本知识培训，考试合格后上岗，其他人员一般每季度参加不少于8学时的培训，掌握必要的安全巡查和信息报告等基本知识。每半年组织网格员业务比赛，通报表扬先进，提升履职能力，形成"比学赶超"的良好氛围。

二是深化专业化能力建设。全面加强"五个专业化"建设，强化专业监管能力，提升企业单位管理水平。第一，加强专业化队伍建设。建强一支监管人员队伍。各地、各部门按要求配齐安全监管人员；举办应急管理综合素质能力提升培训班，对各地、各部门安全生产分管领导、处（科）室负责人，各县级市（区）应急管理局局长、镇（街道、开发区）行政主要负责人开展培训；组织开展全市镇（街道）应急管理机构负责人培训班，提升基层应急管理部门负责人履职能力；组织全市安全生产监管执法人员轮训，举办全市安全生产执法比武竞赛，提高执法人员业务水平。遴选一支行业专家队伍。各地、各行业领域加强安全生产专家库建设，明确专家开展巡查检查、事故调查及突发事件应对等工作职责，完善专家日常管理、准入退出、定期交流等制度；加强与国家级安全生产专业机构合作，各县级市（区）协调第三方专业力量成立技术团队，提升常态化技术支撑保障能力；打造一支企业骨干队伍。督促生产经营单位依法设置安全管理机构，配齐安全管理人员，推行安全总监制度，严格落实特殊作业人员持证上岗要求，定期组织相关人员的培训与考核；市、县、镇（街道、开发区）三级联动，定期对生产经营单位安全管理人员开展业务培训；联合人社部门定期对生产经营单位安全分管负责人、车间主任、班组长等重点岗位人员开展安全生产专题培训。第二，建立"专业化"标准体系。完善政府部门安全监管标准。加快地方立法进程，推动《苏州市安全生产监督管理规定》

尽快出台实施，细化落实《安全生产法》《江苏省安全生产条例》等上位法要求；制定《安全生产技术服务机构管理规范》，对安全生产技术服务机构基础管理、服务质量、满意度、诚信情况等制定评级标准；细化行业领域安全管理规范。编制粉尘涉爆、深井铸造、钢铁、金属冶炼、使用中频炉等企业重点岗位安全管理手册，强化工矿重点行业领域安全风险防控措施；制定生产经营单位安全生产导则。指导重点工矿企业和重点行业领域生产经营单位修订完善特殊作业安全管理制度和操作规程，对电气焊动火作业实施提级审批，强化特殊作业管控措施。第三，健全"专业化"管理机制。推行风险研判机制；深化双重预防机制；试行包保责任机制。第四，强化"专业化"支撑保障。健全专业委员会制度，发挥各行业安全生产专业委员会牵头抓总作用，落实定期会议、信息共享、联合督查、专家指导、协同整治五项工作机制，提升重点行业领域安全管理专业化水平。注重数字化赋能，推动标准化创建，整合安全培训资源，完善应急救援体系。第五，凝聚专业化治理合力。推行"执法+服务"联合行动，推广"企业+机构"合作模式，发挥"保险+服务"保障功能，建立"行业+协会"互助联盟。

三是强化数字化赋能监管。首先，完善风险感知体系。推动危化、工矿重点行业企业物联感知建设。推动钢铁企业、铝加工（深井铸造）企业、单班作业10人以上铝镁金属粉尘企业、30人以上木质粉尘企业接入安全风险监测预警系统。接入涉及重点高危工艺和化工重点监测点危险化学品企业双重预防、特殊作业等数据。推动企业全覆盖安装烟感报警器，推动其他重点行业领域物联感知建设。引导推广在输油管线、燃气管网等城市生命线领域，大型房屋市政工程、交通工程等建筑施工领域，"两客一危"等交通运输领域，以及既有建筑与古城古建重要区域、重点行业布设风险物联感知设备；推动社会面小场所物联感知建设。推进小餐饮等社会面小场所燃气报警、智能烟感报警等装置安装，实现人员密集场所和残疾人、孤寡老人、独居老人等群体智能烟感报警装置安装全覆盖。其次，打造开放共享的安全生产数据赋能体系。明确安全生产数据规范，推进安全生产数据共享，创新研发数据预警模型针对"人的不安全行为、物的不安全状态和环境的不安全因素"积极构建开发安全生产预警模型,提升安全生产数据和实时海量感知数据的大规模并行计算和处理能力。再次,建设实用联动的安全生产数智化应用体系。探索研发"小巧灵"运用("切口小、方法巧、效果灵"的小应用、小创新、小模型等应用场景),常态化运行维护系统,迭代升级数字化平台。最后,健全科学高效的安全生产数字化工作保障体系。培养数字化人才,研发科技兴安产品,发展安全应急产业。

四是推动全员化安全提升。落实企业全员化安全责任体系。企业压紧压实法定代表人和实际控制人的第一责任,建立健全安全生产责任制度,组织全员安全生产责任制落实情况考核,建立全员参与、全岗位覆盖、全过程衔接的隐患排查机制,持续组织开展事故隐患排查治理;落实企业全员化安全培训教育;落实企业全员化应急处置;确保企业全员安全责任体系建设到位;确保企业安全培训教育全员覆盖到位;确保企业应急演练全员组织到位。

五是实施实体化安全管理。首先,企业安全生产管理机构实体化。督促指导重点行业领域100%按规定设置安全生产管理机构,配备专职安全生产管理人员。督促指导从业人员超过100人的其他生产经营单位100%按规定设置安全生产管理机构,或者配备专职安全生产管理人员。其次,企业安全生产管理人员实体化。督促指导重点行业、领域生产经营单位100%设置安全总监,或者其他专职安全生产分管负责人,协助主要负责人履行安全生产职责。指导和鼓励其他规模以上工业企业设置安全总监。督促指导其他从业人员100人以下的工业企业配备至少1名安全生产管理人员。最后,企业车间班组安全生产管理人员实体化。督促指导生产经营单位明确企业车间、班组层级负责人为管理区域安全责任第一责任人,建立健全全员安全生产责任制;督促指导企业车间、班组尤其是小微企业的生产现场,明确1名专(兼)职安全员,承担安全管理责任,履职期间统一佩戴臂章、袖标等标识。督促指导企业和车间、班组安全员实名上墙公示,岗位职责上墙公示,接受社会监督。

六是落实"手册化"行为规范。首先,建立安全手册管理制度。企业要制定安全手册管理制度,明确各部门职责和分工,细化安全手册的制定、审核发布、实施等流程和要求;企业要制订安全手册建设工作计划,明确工作目标、工作步骤和工作要求等,有序推进安全手册建设工作。企业要建立安全手册检查评估机制,定期对安全手册的运用情况进行检查和评估,及时发现问题并加以解决。对检查结果进行总结和分析,提出改进措施和建议。企业要建立安全手册考核机制,将安全手册建设工作纳入企业日常管理,持续推进安全手册建设工作。其次,科学编制实用安全手册。企业要组织安全管理人员、技术人员和作业岗位人员代表参与手册的编制,全面系统地考虑安全手册的内容,满足企业安全管理的需要。全面细致地梳理手册编制清单,科学编制管用实用的安全手册,并将安全要求和措施细化到每一个环节和操作步骤,根据法律法规、标准和实际情况的变化,及时对安全手册的内容进行修订和更新,确保符合要求。再次,推动安全手册全面应用。企业要结合三级安全教育、班前班后教育等方式开展全员宣贯培训,对安全手册的内容进行详细讲解,确保每位员工都能理解和掌握。加强安全手册的实操实训,充分借鉴航空业管理经验,"手指口述"进行全面实施应用。加强监督检查,班组长等一线人员要常态化观察、巡查作业人员操作行为,及时制止违章行为,督促员工养成使用安全手册的习惯。将员工岗位操作行为作为工作考核的重要内容,对不胜任岗位的人员要及时再培训,对屡教不改人员要及时调岗,引导员工在工作中自觉遵守安全手册的规定。最后,建设安全手册长效机制。企业要建立统一的安全手册标准和规范,确保安全手册内容全面、准确、一致,并与其他安全管理措施相结合,形成安全管理体系。建立安全手册建设正向考核机制,坚持生命至上、安全第一,推行不安全不作业安全行为,以正向安全文化提升企业本质安全水平。常态、长效开展安全手册建设工作,以安全手册建设工作为契机,积极开展安全生产达标创建,切实提升风险管控能力和水平。

四、以"三心汇聚",打造开放安全新图景

近年来,苏州在不断深化改革、扩大开放的同时,持续推动创新,高效推动引进外资与对外投资、出口与进口协调发展,深化开放载体平台建设,努力打造具有全球竞争力的双向开放节点城市。为此,积极帮助企业应对国际化经营中的合规风险,提升企业对外发展的信心;提升海外风险防范处置水平,让在外发展主体更舒心;构建整体联动领事保护机制,让在外发展主体更放心

(一)建设贸易合规法律服务平台,树立企业发展信心

为帮助苏州企业更好识别、评估、处置国际化经营中的合规风险,提升企业跨境贸易合规管理能力,由苏州市商务局指导推动律师事务所、会计师事务所、评级机构、信息系统公司、知识产权公司和商业协会、工作站等多类主体成立公益性法律服务平台"苏州市贸易合规促进联盟"。联盟成员包括金杜、益友天元、知识产权保护中心等32家机构及58位合规专家,并在持续吸纳增长中。联盟成员间共享合规经验和信息资源,通过沟通协作和帮扶指导,促进企业合规稳健发展。在以轮值会长制度为特色的"1个中心、4个机构"的框架下,开展"7项+"活动,包括政策引导、资源共享、行业自律、规范秩序,制定合规指南,组织合规培训,发布合规刊物,排查合规风险,进行合规咨询。一是打造苏州市贸易合规促进联盟系列活动品牌。先后策划举办"企业国际化经营合规风险排查专题培训会""产业创新集群出口管制合规高峰论坛""镓锗出口管制新规解读""企业海外商业秘密保护及风险防控专题培训会""国际经贸风险应对和敏感物项进出口许可实操业务培训""苏州企业国际化经营合规发展论坛暨新形势下贸易管制政策分析及应对研讨会"等活动,辅导全市电子信息、装备制造、生物医药、先进材料等四大主导产业核心产业链重点企业700余家。二是建立公众号宣贯涉外国际经营合规动态。建立"SZ贸易合规促进"公众号,截至2024年6月,已发布文章48篇,累计阅读量近五千次。公众号及时发布国际贸易相关动态和风险预警信息,知名律师、合规专家动态评析,

企业与联盟的咨询互动，联盟培训及走访调研信息等。三是走访服务企业，提供法律服务和合规指引。紧扣当前形势，加强贸易合规建设，从法律视角和实务层面出发，帮助企业寻求风险应对的新思路和合规发展的新路径。积极走访苏州市进出口公平贸易工作站与相关重点企业、重点行业，现场答疑解惑，并根据企业需求提供律所律师、合规专家等专业服务资源，结合企业合规建设及风险防范等问题，开展风险点排查评估和应对指导。

（二）提升海外风险防范处置水平，让在外发展主体更舒心

一是加大领事保护宣传。2023年至2024年6月，苏州市人民政府外事办公室共在"苏州外事港澳"公众号发布海外领事保护信息汇总78篇，累计在大市范围内发放领事保护折页和行李贴纸7.1万份，制作领事保护展板及展架196块。共完成20余场进机关、企业和学校的预防性领事保护宣讲，提醒"危地不往、乱地不去"，引导"走出去"企业和人员进一步提升海外风险防范意识和应急处理能力。二是建立全市领事保护领域专家库。为进一步加强苏州在领事保护领域的综合管理和风险应对能力，切实提升海外风险防范与处置水平，充分发挥决策咨询和技术支撑作用，2024年6月，苏州市人民政府外事办公室启动全市领事保护领域专家库建设，拟邀请教育、公安、司法、国际形势、国际救援等10个领域的专家参加，结合各自行业就领事保护相关内容进行授课宣传，在专业知识和技术层面给予"走出去"企业和人员相应指导，为苏州的领事保护工作提供支撑。三是加强全市外事领域干部培训。2024年，苏州市人民政府外事办公室制订专项培训计划，邀请外交部、江苏省外事办及相关领域专家来苏州授课指导，通过专题授课、案例教学、分组研讨等形式分层级、分领域、分主题组织开展专题培训。结合对《中华人民共和国领事保护与协助条例》和《中华人民共和国对外关系法》的解读，进一步提升全市各级领事保护工作人员的能力与水平，积极营造"走出去"企业和人员更加满意的涉外安全环境。

（三）构建整体联动的领事保护机制，让在外发展主体更放心

由苏州市人民政府外事办公室负责牵头和协调苏州市境外公民和机

构的安全保护工作，坚持多部门整体联动，构建高效顺畅的工作模式。近年来处理领事保护事件近百起，包括2022年俄乌冲突撤侨（涉苏州籍市民17人）。2022年2月，俄罗斯与乌克兰之间的战争突然爆发，在乌克兰学习和工作的苏州籍市民面临安全风险。苏州市人民政府外事办公室协同苏州市侨联、公安、安全、商务等部门及各板块第一时间摸清在乌人员底数，建立实时沟通机制，并组织在乌同胞建立互助群，通过沟通信息、建立通道、接洽使领馆等方式对在乌人员进行多方面救助，最终除一人自愿驻留乌克兰外，其余16名苏州市民均平安返回。

五、"小切口、抓关键"，擦亮城市安全新名片

苏州作为服务人口超1600万、市场主体超280万家、规模以上工业总产值超4万亿元的经济大市、工业大市、开放大市，防风险、守底线工作任务非常艰巨。近年来，苏州市委、市政府认真贯彻落实习近平总书记关于安全生产重要论述和考察江苏重要讲话精神，树牢安全发展理念，坚持人民至上、生命至上，压紧、压实安全生产责任，以"时时放心不下"的责任感全力抓好安全生产重点工作，坚决防范遏制重特大事故和有影响的事故，切实保障人民群众生命财产安全。2022年生产安全事故起数和死亡人数与2012年相比明显下降，城市安全运行总体平稳、趋势向好。

在严守安全生产红线、底线的同时，苏州充分发挥信息化助安效能，创建风险报告动态监管系统，扎实推进基层安全学校和安全教育体验馆"百校百馆"建设，着力打造一批群众身边的"安全小站"，擦亮城市安全新名片。截至2023年8月底，全市已推动建设基层安全学校126所、公办体验馆130家、企业体验馆135家，累计有近200万名市民群众前往打卡学习体验。

（一）用好"绣花"功夫，推动"百校百馆"从有形到有效

习近平总书记强调，既要善于运用现代科技手段实现智能化，又要通过绣花般的细心、耐心、巧心提高精细化水平，绣出城市的品质、品牌。自2023年以来，苏州市安全生产委员会办公室先后制定《关于推

进基层安全学校和安全教育体验馆建设工作的通知》《关于做深做实市、市（区）、镇（街道）三级安全宣传工作的实施方案》等，从政校企联动、建管用并举、线上线下融合、常态长效管理等方面提出15项具体要求。

注重"安全+科普""安全+文明""安全+健康"。将基层安全学校和安全教育体验馆建设纳入科普基础设施建设发展规划，与全民安全素养提升计划、全民自救互救技能培训、青少年科技素质教育、文明典范城市创建等同步推进、建设和考评，增强基层安全学校和安全教育体验馆建设的社会性、公益性、群众性、开放性。

坚持按需施教原则。在广泛开展调研的基础上，会同合作院校、技术服务机构、行业协会等，为各行业企业、各层面从业人员和中小学生量身定制35份针对性强、实效性好的培训体验方案。同时，坚持勤俭办一切的理念，紧密结合经济发展水平、产业结构特征、事故多发领域、公众安全素养等因素，统筹当前与长远，鼓励各地充分对现有科普设施、宣教场所等资源进行改建与扩建，确保每一笔钱都用在刀刃上、紧要处。

各地联系具体工作实际抓好落实。吴中区细化制定《镇（街道）安全学校运行规范》，建立由专职安全培训教师、安全生产领域知名专家学者、具备丰富安全管理经验的企业负责人和安全总监、具备丰富实践经验的一线工人、基层负有安全监管职责的干部等组成的师资库，在临湖镇举办安全学校规范化建设和实体化运行现场观摩活动，依托胥口镇安全学校，探索构建教学课程体系，14家基层安全学校累计开展培训60多场次；常熟市突出以用促建，由常熟市安全生产委员会成员单位共同排定体验馆主题活动计划表，各单位结合行业领域重点工作，定期在体验馆内开展面向市民群众的讲座、沙龙、培训等安全宣传教育活动，让体验馆每月都有新看点。

（二）强化数据赋能，推动"百校百馆"从线下到线上

习近平总书记强调，把数字技术广泛应用于政府管理服务，推动政府数字化、智能化运行，为推进国家治理体系和治理能力现代化提供有

力支撑。数字化浪潮深刻改变了人们的学习习惯和行为方式，也对公共安全产品供给和公共安全文化建设提出了新挑战、新课题。

苏州充分发挥数字创新的基础性和先导性作用，加快现代科技在安全生产领域的推广应用，在绘制基层安全学校、公办体验馆、企业体验馆三张"热力图"的基础上，研发"百校百馆"微信小程序。主动对接苏州市风险报告动态监管系统，建立员工库，强化实名培训、线上测试、积分奖励等措施，分批导入已建成的虚拟现实（Virtual Reality，VR）安全学校、VR 公办体验馆、VR 企业体验馆，逐步实现一键预约、全景浏览、线上培训、虚拟体验、统计分析、管理考核、满意测评等功能，构建全市基层安全学校和安全教育体验馆互联互通、共建共享的信息化平台。同时，积极推广组建"安全生产联盟"等做法，引导各地在相关功能区合理布局，发挥区域龙头企业的示范作用和辐射作用，做优做大数据云、知识云、共享云。

鼓励安全学校和安全教育体验馆建设运营网站、手机 APP、微信公众号、抖音号等，向社会提供丰富实用、便利快捷的信息服务，满足社会团体、企业和个人的个性化需求。提升展陈设施科技含量，积极引入虚拟现实、人工智能等前沿技术，合理配置声、光、电、感等场景，增强沉浸式体验、互动式体验效果。

太仓市依托"安知宝"平台，深化"网上安全学校"建设，上线涵盖自然灾害、工贸、危化品、特种设备、行刑衔接、应急演练、委外作业、灾害保险、警示教育等类别的课程 33 门，2023 年以来已培训企业员工 18.06 万人，完成考试 8.99 万人；昆山市建成市工业安全教育馆、高新区消防科普教育基地、花桥国际安全社区安全体验馆、周市镇安全生产实训基地等 8 家 VR 安全体验馆，制作上线涵盖 20 个具体点位的安全文化阵地云地图，初步形成了覆盖镇（街道、开发区）、村（社区）的数字体验馆矩阵。

（三）加强内涵建设，推动"百校百馆"从阵地到要地

"百校百馆"建设的初衷，就是从辨识风险、防范风险、管控风险入手，切实增强全民安全意识，让有效宣教跑在风险前面。

2023年5月6日揭牌的苏州市安全文化教育体验馆作为首家市级综合性安全教育体验馆，涵盖台风暴雨体验、地铁安全教室、空中安全课堂、交通安全、燃气安全、地震屋、烟雾逃生隧道、高层缓降、心肺复苏等特色元素，在4个月的时间里迎来1.6万人参观体验，受到了企业员工、中小学生和市民群众的广泛好评。

苏州将进一步支持引导基层安全学校和安全教育体验馆专业化、规范化、特色化发展，指导基层安全学校定对象、定课程、定机制，安全教育体验馆有计划、有活动、有制度，策划推出"1+1+1"（安全学校+公办体验馆+企业体验馆）等理论与实操并重的培训模块。

坚持"小手拉大手""安全教育从娃娃抓起"，常态化组织开展面向社会全员的"扫盲班"、面向中小学生的"学生班"和面向企业的"重点班"，引导受众能应急懂避险、能自救会互救，通过"全生命周期"安全宣传教育培训，切实拧紧安全生产的每一颗螺丝钉。

加强与苏州大学、苏州科技大学、常熟理工学院等高等院校和中国化学品安全协会、中国安全生产科学研究院等专业机构，以及区域内一级、二级安全生产标准化企业的合作共建，充分调动企业、科研院所、公益组织、社会服务机构的积极性。

及时听取一线产业工人、中小学生、市民群众的意见建议，将基层安全学校和安全教育体验馆建设工作纳入高质量发展综合考核，适时组织开展基层安全学校、安全教育体验馆星级评定和示范评选，着力绘制以"百校百馆"为支撑的全域安全文化地图，有机嵌入苏州"一刻钟便民生活圈"，进一步筑牢城市安全发展的基础，不断增强人民群众的获得感、幸福感、安全感。

县区实践

"四化四阵地"赋能基层治理：
立体布局构建危货运输安全监管体系

危险货物道路运输全过程涵盖托运、承运、装卸、车辆运行等多个环节，2024年全市现有危险货物道路运输业户180家、从业人员1万余人、运输车辆6491辆，年运输量约1500万吨，规模约占全省的五分之一，且另有日均进出和途经苏州的外地危险货物运输车辆约5000辆，存在较大安全隐患。苏州市交通运输局始终坚持安全第一、预防为主、综合治理，积极推进危险货物道路运输全过程、全链条、可追溯的安全监管体系建设，形成链条化共治阵地、精准化监管阵地、智慧化数字阵地、品牌化党建阵地的"四化四阵地"格局，为危险货物道路运输行业安全提供坚实保障。

一、"链条化+协同监管"，打造"同频共振、同向发力"全市域的共治阵地

一是齐抓共管聚合力。牵头成立全市危险货物道路运输全链条协同监管工作专班，集中大数据、公安、财政、生态环境、住建、交通、商务、卫健、应急、市场监管和消防等多方力量推动构建综合监管长效机制，印发《进一步加强危险货物道路运输全链条协同监管十二条工作措施》，明确职责分工、固化治理经验，为后期规范化、制度化安全监管奠定基础。二是多维联动促执行。持续深化交通公安"1+8+N"战略合作及"沪苏浙毗邻城市"联合执法模式，部署开展危险货物运输道路执法"天网"专项行动，2023年共检查危险货物企业571家次、危险货物车辆4090辆次，查获危险货物违章532起。三是聚焦春运安全保障。自2023年12月至2024年2月底集中开展危险货物运输安全专项治理行动，共排查并整改隐患79个，查处危险货物运输违章案件18起，发布冬季行车安全提醒6000余条。四是聚焦重点抓攻坚。有序推进槽罐车清洗隐患专项治理工作，2024年，全市996辆常压液体危险货物罐车已全部完成信息申报，并形成常态长效治理模式。

二、"精准化+严管厚爱"，铺设"执法有力度、治理有深度、服务有温度"全过程的监管阵地

一是首创安全执法，对点突破。持续探索实践《安全生产法》《江苏省安全生产条例》在道路危险货物行业的处罚应用，提高企业违法违章成本，倒逼企业从"要我安全"向"我要安全"转变。2023年共立案查处道路货运行业安全执法案件262起。二是首推分级治理，对标找差。在全省首推"分类分级评价系统"，形成"实时风险提醒+季度分级考核+年度信用评价"的治理新模式，考核评价结果作为企业新增更新运力、扩大经营范围安全条件审查，以及重点监管、表彰奖励的重要依据，鼓励货源单位优先选择分类分级和信用评价等级高的运输企业，发挥市场资源配置的指挥棒作用。截至2024年3月已连续9个季度公布危险货物道路运输企业分类分级评价结果，A级企业自50家上升至97家，行业整体安全水平显著提升。三是首用邀约服务，对症下药。率先将"邀约式"检查服务引入道路危险货物行业合规指导范畴，引导企业树立"安全就是最大效益"观念。服务自推出以来，向18家道路危险货物企业开展上门"帮扶性"检查，督促企业按规定开展操作技能、应急处置能力等方面培训，全市在营道路危货企业511名"两类人员"已全部通过考核。

三、"智慧化+动态监管"，建立"人、车、货、户"全起底的数字阵地

一是顶层延伸，拓展数字图谱。开发建设"苏州市危险货物道路运输监测系统"，实现在苏经营和途经苏州的本、外地危险货物运输车辆全覆盖，对在苏州运营的所有危险货物运输人、车、企进行"红、黄、绿"三色码赋码管理，强化源头防范。依托该系统，多部门结合各自职责，强化平台应用，共同加强危险货物道路运输全链条安全管理。二是末梢疏通，激活前端应用。应用"驾驶员行前安全测评系统""主动安全智能防控系统"等安全技防手段，辅助企业在运输前、运输中及时发

现、掌握、干预因车辆技术状况和驾驶员生理、心理问题导致的行车风险和安全隐患，2024年3月，全市主动设备安装率、行前测评使用率已达到100%。三是整合串联，打通管理脉络。交通、工信、生态、应急、市场监管五部门联合出台方案，运用"危险货物道路运输电子运单系统"共同督促各行业装货人严格落实"五必查"，有效防止危险货物装货风险向运输环节传导，避免非法托运、违规充装、违法运输等行为发生。全市累计报备完成危险货物电子运单近104万条。

四、"品牌化+为民服务"，推动培育"上下贯通、纵横经纬"的全方位党建阵地

一是"纵向+横向"共建。在市委组织部牵头抓总下，市委"两新"工委、交通、网信、公安、市场监管、退役军人事务、总工会七部门联动，建立市县两级"1+9"行业党委工作体系和行业工会联合会，分片区组建30个流动党支部，多元化开展安全提醒、政策指导等活动。二是"路上+云上"服务。组织建立市、县两级"1+P"行业党委工作体系和"1+N"党群服务阵地，并分片区组建30个流动党支部，因地制宜建设一批司机之家、卡友驿站、暖心驿站，为危货司机提供车辆停放、休息调整和便利服务。三是"品牌+品质"提振。以"海棠花红·苏运先锋"行业总品牌为引领，形成"一地一品牌、一地一特色、一地一亮点"党建集群，带动司机自觉履行社会责任，为行业安全保障持续蓄力。

（苏州市交通运输局）

后　记

"走在前、做示范"是习近平总书记对江苏的殷殷期望和谆谆嘱托，为苏州谱写中国式现代化建设新篇章注入了强大的精神动力。为进一步推进苏州深入贯彻党的二十大精神和习近平总书记考察江苏、苏州的重要讲话重要指示精神，展现中国式现代化的苏州创新实践，中共苏州市委党校组织全市党校系统科研骨干编写了《走在前、做示范：中国式现代化的苏州新实践》一书。

杨军同志负责统筹本书的编写工作，方伟、周国平同志负责本书的总体框架设计、统稿和修改。参加书稿写作的有周国平（绪论）、顾思敏（第一篇）、全洛平（第二篇）、朱琳（第三篇）、屠鹃（第四篇）、姜春磊（第五篇）、刘铭（第六篇）、李静会（第七篇）、徐成华（第八篇），中共张家港市委党校（张家港市行政学校）、中共常熟市委党校（常熟市行政学校）、中共太仓市委党校（太仓市行政学校）、中共昆山市委党校（昆山市行政学校）、中共吴江区委党校（吴江区行政学校）、中共吴中区委党校（吴中区行政学校）、中共相城区委党校（相城区行政学校）、中共姑苏区委党校（姑苏区行政学校）、中共苏州高新区工委（虎丘区委）党校、中共苏州工业园区工委党校等负责书中的案例编写，张建明同志负责本书撰写过程中相关会议等事务性工作。

本书编写过程中，中共苏州市委办公室、苏州国安办、苏州市大数据管理局、苏州市应急管理局等单位在案例编写和调研上给予了大力支持，在此一并致谢。

由于水平和时间有限，书中不当之处，敬请读者批评指正。

编　者

2024年11月